JN101179

Child Health and Safety

2022

DOBUNSHOIN

Printed in Japan

保育・教育ネオシリーズ21

子どもの保健・健康と安全

―理論と実際―

改訂新版

【監修】

岸井勇雄

無藤 隆

湯川秀樹

【編著】

岩田 力

前澤眞理子

同文書院

執筆者紹介 *authors*

【編著者】

岩田 力（いわた・つとむ）／第Ⅰ部第1章，第Ⅱ部第10章-3
学校法人渡辺学園常務理事，東京家政大学かせい森のクリニック院長

前澤眞理子（まえざわ・まりこ）／第Ⅰ部第3章
クリニック飯塚院長，元鶴見大学短期大学部教授，釧路医師会看護専門学校非常勤講師

【著者】＊執筆順

益邑千草（ますむら・ちぐさ）／第Ⅰ部第2章，第Ⅱ部第11章-3
元・子ども家庭総合研究所

宮島 祐（みやじま・たすく）／第Ⅰ部第4章，第Ⅱ部第10章-4
東京家政大学教授

中原初美（なかはら・はつみ）／第Ⅰ部第5章
東京家政大学（附属みどりケ丘幼稚園・ナースリールーム）管理栄養士

高見澤 勝（たかみざわ・まさる）／第Ⅰ部第6章-1～5，第Ⅱ部第9章
東京家政大学教授

八木麻理子（やぎ・まりこ）／第Ⅰ部第6章-6～8
甲南女子大学教授

石川正子（いしかわ・しょうこ）／第Ⅱ部第7章
盛岡大学短期大学部教授

小國美也子（おぐに・みやこ）／第Ⅱ部第8章
鎌倉女子大学教授

細井 香（ほそい・かおり）／第Ⅱ部第10章-1，2
東京家政大学准教授

工藤佳代子（くどう・かよこ）／第Ⅱ部第11章-1，2，4
東京家政大学ナースリールーム施設長

Introduction
はじめに

　グローバル化に象徴されるように，現在の社会は従来の枠のなかでの安定にとどまることが許されず，市場原理にさらされる自由競争の時代を迎えている。このことは基本的には必要なことではあるが，厳しい現実を伴う。優勝劣敗という弱者に冷たい社会。短期的な結果や数字にあらわれる成果の偏重。基礎的な理念よりも人目を引くパフォーマンスの重視など──。

　これらは人間形成としての教育，とくに乳幼児を対象とする保育にとって，決して望ましい環境ではない。教育者・保育者は，すべての価値の根源である1人ひとりの人生を見通し，その時期にふさわしい援助をあたえる見識と実行力をもたなければならない。

　こうした観点から，本シリーズは，幼稚園教諭ならびに保育所保育士（一括して保育者と呼ぶことにする）の養成機関で学生の教育にあたっている第一線の研究者が，研究の成果と教育の経験にもとづいて書き下ろしたもので，養成校のテキストや資格試験の参考書として配慮したものである。

　各章の著者はそれぞれ研究と教育の自由を活用し，個性豊かに叙述したので，その記述に多少の軽重や重複が見られるかもしれない。無理な統一を敢えて避けたのは，テキストを絶対のものとは考えないからである。教科書を教えるのではなく，教科書で教える──といわれるように，あくまでもテキストは参考書である。担当教員は自ら大切と思う点を詳細に重点的に講義し，それだけでは偏る恐れがあるので，他のところもよく読んでおくようにと指示することができる。学生諸君も，読んでわからないところを教員に質問するなど，幅広く活用していただきたい。

　「幼稚園教育要領」と「保育所保育指針」は，近年いちじるしい深まりを見せている保育学および周辺諸科学とともに多くの実践の成果を結集したものである。その趣旨が十分に理解されてよりよい現実をもたらすにはさらに少なからぬ努力と時間を要すると思われるが，本シリーズが，この重大な時期を迎えているわが国の保育・幼児教育の世界と保育者養成のために，ささやかな貢献ができれば，これに過ぎる喜びはない。

初版 監修者　岸井勇雄

無藤　隆

柴崎正行

i

編者まえがき　改訂新版によせて

　本書『子どもの保健・健康と安全』は，2011（平成23）年12月10日発行の『子どもの保健―理論と実際―』の改訂版である。初版は，故巷野悟郎先生のもと，我々2名が編集に加わらせていただいた。巷野先生の深い知識と経験からなされた編集の切り口であった。しかしこの10年以上の間，我が国の状況は大きな変化を示し，特に少子化が顕著になるとともに子どもの保育をめぐる環境も変化が大きい。保育士養成課程も改正され，従来の子どもの保健は，「子どもの保健」と「子どもの健康と安全」という2分野となることが示された。新保育士養成課程における保健領域科目の単位数は減少となっているが，実際の保育現場での保健的な考え方と実践は，子どもの発育（成長）と発達を保証する上で欠くべからざるものである。保育実践に必要な保健的な知識は，保育分野の学問総体と同じく，その量も質も充実を図るべきものである。さらに社会において専門職としての保育者という役割を根付かせていく必要がある。保育の現場では，子どもの命を預かる使命を常に意識する必要があり，ベテランになればなるほど命の重みを実感して実践において体現している。

　本書は，保育士養成課程で求められる項目を満たすとともに，同じ領域の教科書に比較して，意図して小児科学的な分野の充実を図った。さらに叙述の精度を増すために，根拠資料としても参照できる参考文献あるいは引用資料のURL等を利用できるようにしたことも特色である。各章ごとに示しているので，ぜひ参考にしていただきたい。

　本書の作成過程はまさに後世に名が残る「新型コロナウイルス」感染症のパンデミックのただなかであり，多くの人は自らがヒトという生物であることも実感したのではなかろうか。改めて健康を保つことの大事さをも実感できたと思う。そして，子どもの存在と発達を保証する職業的な役割を持つ保育者の社会的必要性もまた重要視された。少子化という傾向に歯止めをかけることは困難であろうが，そうであればなおさら保育者は，子どもを育てる知識と技術を備えたプロフェッショナルとして求められる存在である。本書が，保育者養成の一環としてお役に立てば幸いである。

2021年12月

編著者　岩田　力

前澤眞理子

Contents

目次

第Ⅰ部

子どもの保健

子どもと保健

〈学習のポイント〉　①保育所保育指針を理解し，実践できるように，子どもの健康の意義について学ぶ。
②成長，発達，発育の用語を理解する。
③子どもの発育段階の区分について学ぶ。
④子どもの健康状態の評価法を理解し，実践できるようになる。

1. 子どもの定義と範囲，区分

■1 子どもとおとな

　子どもはすべてが未熟で，成熟へと成長，発達している段階にある。これがおとな（成人）との違いで，その境界はからだの成熟，心身の発達，社会的存在などから一概に線を引くことはできない。しかし，生活する上で，また個人の健康や保健・育児・保育などでは，生後何年経過しているか（年齢），発育はどの段階にあるか，子どもとおとなの社会的な生活での境は何歳かなどを定めておくことが必要である。

■2 成長，発達，発育

　ヒトの誕生は精子と卵子の結合（受精）にはじまり，受精卵が子宮内膜に着床して妊娠がはじまる（受胎）。受精卵の細胞分裂による量的増加（成長）と，臓器，器官などの形成とその質的成熟（発達）が進む。

（1）成長（growth）：からだの全体及び各部の形態に関する量的な大きさの増大をいう。

（2）発達（development）：成長とともにみられる質的な変化で，身体機能や精神，知能などから社会的な面などに及んで用いられる。

（3）発育（growth and development）：成長と発達の両者を合わせて発育と表現されているが，発育と成長が同義語として使われることがある。

　出生後の発育の全体像は，2歳ごろまでが顕著で，その後は10歳ごろまで緩徐，次いで発育旺盛な思春期を迎えて成人期へ続く。

■3 子どもの区分

　子どもの発育段階を表現するには，生後の年齢・月齢・日齢など時系列があり，これは世界共通である。特に幼児では，○歳○か月というように，詳しく表現する必要があることもある。

（1）年齢

　予防接種や定期健診，小学校入学など法律で定められた年齢については，正しい数え方が必要である。年齢計算ニ関スル法律（1902〈明治35〉年12月22日施行）には，「年齢ハ出生ノ日ヨリ之ヲ起算ス」とあり，民法では以下と定められている。

民法　第143条

2　週，月又は年の初めから期間を起算しないときは，その期間は，最後の週，月又は年においてその起算日に応当する日の前日に満了する。ただし，月又は年によって期間を定めた場合において，最後の月に応当する日がないときは，その月の末日に満了する。

　つまり年齢は出生の日（誕生日）より起算して，翌年の誕生日の前日午後12時に満了して年齢が加算される。例えば，4月1日生まれの子どもは，翌年の3月31日で満1歳となる。

　学校教育法第17条1項の記述によると，満6歳に達したあとの，最初の4月のはじめに入学することになる。したがって4月1日生まれは，3月31日が満6歳なので，翌日に入学することになる。（4月2日生まれは翌年の4月）。

（2）法律による区分

　子どもの保健・福祉の領域では，児童福祉法，母子保健法などがあり，年齢で区分されている。

①児童福祉法第4条

　この法律で児童とは，満18歳に満たない者をいい，児童を次のように分ける。

（a）乳児―満1歳に満たない者

（b）幼児―満1歳から，小学校就学の始期に達するまでの者

（c）少年―小学校就学の始期から，満18歳に達するまでの者

②その他の法律

　少年法，刑法，学校教育法，民法*，労働基準法，道路交通法，未成年者喫煙禁止法，未成年者飲酒禁止法などがある。

４ 発育段階から

（1）受胎・妊娠

　受精卵が子宮内膜に着床し，妊娠がはじまり継続される（胚芽期）。

（2）胎芽期

　妊娠の初期で3〜8週までをいう。受精卵が分裂を続けながら，各臓器を形成している時期なので最重要である。このころの母体の感染，化学物質・放射線など外界からの作用が胎芽の発育を阻害して，奇形をつくることがある。風疹罹患

---

*2022（令和4）年4月1日施行の改正民法では，成年年齢を18歳に引き下げることになる。しかし少年法（改正）第2条では，この法律において「少年」とは，20歳に満たない者をいう，とあり，18，19歳を「特定少年」として18歳未満とは区別することになる。

や薬物の使用などがよく知られている。

（3）胎児期

胎芽期が終わって出生までを胎児期という（正期産は37〜41週）。この期間に胎児の諸臓器は子宮外生活に適応できるまでに発育する。このころの胎児は自身の発育のすべてを母体に依存している。

（4）出生

子宮内から娩出されると同時に，呼吸運動がはじまる。

（5）新生児期

子宮内の母体依存から，子宮外の独立した生理的適応の基本が終了するまでをいう。

この間に，胎児期の血液循環は独立した肺呼吸にともなう循環へと変わる。その期間には個人差があるが，WHO（世界保健機関）では新生児期を生後4週間以内としている。

（6）乳児期（0歳）

生きるためのすべてが他者依存である。毎日の食事摂取・恒温動物としての体温の維持・感染や事故に対する予防・皮膚の保護などのケアが基本である。

（7）幼児期（1〜6歳・小学校入学まで）

0歳に続く幼児期は，なお基本的な発育が著しい。

1〜2歳を幼児期前期，3〜6歳を幼児期後期に分けることがある。

①幼児期前期（1〜2歳）

幼児期の前期はなお乳児期に続いての，成長・発達が著しい（二足歩行・言葉の発達・排泄の自立など）。発達面は個人差も大きい。

行動が広がると同時に感染症の罹患・不慮の事故が多くなる。身体的には第一充実期で，諸臓器の発達が進む。

Column　妊娠期間の定義

WHO（世界保健機関）の定義：正常妊娠持続日数は280日とする。28日を妊娠歴の1か月と定め，妊娠持続を10か月とする。7日を一週と定め，妊娠持続を40週とする。妊娠満週数で数えることとする。

このWHOの定義によると最終月経開始日は妊娠0週0日となり，妊娠2週の開始日（妊娠2週0日）が14日目，妊娠4週の開始日（妊娠4週0日）が28日目で，この日（妊娠4週0日）から妊娠2か月に入る，ということになる。

②幼児期後期（3〜6歳）

　3歳ごろから脳の成熟が進み，自我が芽ばえるとともに自分と他者（親・友だち）が存在し，時間と空間が広がる。

　身体的には第一伸長期。

（8）学童期（6〜11歳）

　学校教育法では児童と呼ぶので，学校児童を略して学童とも表現する。学童期は，第二充実期から次いで第二伸長期となり，思春期へ移る。

　学童保健では，「早寝・早起き・朝ごはん」が基本で，ことに肥満対策が重視される。

（9）思春期

　第2次性徴がはじまるころからおとなの成熟した身体へ移行する時期であるが，精神・心理的にも大きな変化があり，かつ個人差も大きい時期である。第2次性徴の開始年齢は女子ではおよそ8〜12歳，男子では10〜13歳と男子の方が遅い。

(10) 成人期

　思春期からのひき続きで，身体的には身長の伸びが見られなくなる時期からと考えられ，女子ではおおむね18歳，男子では18歳より後に当たることが多いであろう。そのころは身体機能としてはほぼ成熟し，人生で一番活発な時期とも考えられる。身体機能的には以後，老年期へ向かって維持から下降傾向となる。一方，社会的には，18歳から成人とされるが，前述のように少年法では20歳に満たないものを少年という。

2. 子どもの健康と保健

1 健康とは

　健康という日本語は，今では普通に使われ，定義も以下に示すように広く認識されているが，歴史的には，江戸時代の終わりごろに，高野 長 英*や緒方洪庵**によって用いられたという。特に緒方洪庵は，著書のなかで繰り返し健康という言葉を用いているという。一方，英語のhealthという言葉を健康と訳したのは，福澤諭吉であったとされる。明治時代に入り，有名な『学問のすゝめ』の中でも用いて，日本語として定着していったという***。

　英語のhealthは，「完全な」を意味する古代の英語"hal"が語源であるという。興味深いことにhalからはwhole，holly，healなどの言葉が派生するという****。

　健康であるということは年代を問わず人間が生きていく上で必須であると，多くの人は考えているであろう。しかし，いざ健康とはなんであろうかと正面切っ

*高野長英（1804〜1850）：江戸後期後期の医学者，蘭学者。長崎でシーボルトに学び，多くの蘭学書を翻訳する。

** 緒 方 洪 庵（1810〜1863）：江戸時代末期の医学者。大坂（当時）に蘭学を教える適々斎塾を開き，福澤諭吉や大村益次郎などが学んだ。

***北澤一利『「健康」の日本史』平凡社新書，2000

****江藤裕之「healthの語源とその同属語との意味的連鎖—意味的連鎖という視点からの語源研究の有効性—」長野県看護大学紀要，第4巻，p.95〜99，2002

て考えると，この問題は意外に難しい。何も病気がないということが前提のように考えられがちであるが，それで正しいのであろうか。あらためて健康の定義を見てみる。

WHO（世界保健機関）が1948（昭和23）年に設立されたとき，その憲章の前文に健康の定義は次の通り述べられた。

Health is a state of complete physical, mental and social well-being and not merely the absence of disease or infirmity.

1951（昭和26）年の官報に記載された日本語訳は「健康とは，完全な肉体的，精神的及び社会的福祉の状態であり，単に疾病または病弱の存在しないことではない。」となる。

日本語訳で難しいのは，well-beingをどのように訳すかである。社団法人日本WHO協会では次のようにこの前文を訳している。

> 健康とは，病気でないとか，弱っていないということではなく，肉体的にも，精神的にも，そして社会的にも，すべてが満たされた状態にあることをいいます。

このように，官報では福祉の状態と訳されたのを，すべてが満たされた状態と訳している。この方がわかりやすいかもしれないが，well-beingという英語の意味合いはいずれの訳においても十分に伝わっているとは言い難い。well-beingとは，直訳をすれば「良い存在」であるが，「存在」という言葉そのものを解釈し理解しなければならないので，簡潔な訳語が見つからない状況である。

健康を考える上で，重要なことは，健康とは病気がないということを単純に意味するのではないということであろう。肉体的な疾患がなくても精神的に安定を欠けばそれは健康とはいえず，病弱でなくとも，社会的に不利な状態にあるときは，やはり健康とはいえないであろう。

２ 子どもの健康

以上の定義で子どもの健康をすべて理解できるであろうか。本来的に子どもでも定義は成立するはずであるが，あえて付け加えるとするなら発育（成長）と発達が保証されていることが必要である。すなわち子どもにおける健康とは，病気でないとか弱っていないということではなく，肉体的にも，精神的にも，そして社会的にも，すべてwell-beingであり，かつ発育（成長）・発達が保証されていることを意味する。そうすると，その子どもの月齢や年齢に応じた健康ということも考えていかなければならないであろう。例えば0歳児の保育をしている場合，その子どもが生後何か月であるのかという意識が大事であり，その月齢に相当す

る発育と発達が保持されていて初めて健康であることの基本的な条件が満たされることになる。さらに，その子どもがもしも未熟児で生まれていたならば，その月齢も修正して数え直さなければならない。36週の早期産で出生したならば，40週の満期産の児に比べて4週間の差がある。健康状態の把握には，細かな条件の差を知ることが必要である。

　小児科学者の高野陽(あきら)によると，健康な小児像は以下のようである*。
①その小児なりの条件に応じて，順調な発育・発達がみられること
②それぞれの発育・発達段階として可能な生活を支障なく送れること
③その生活が次の段階の発育・発達を促すこと

*高野陽「小児の健康」，改訂・保育士養成講座編纂委員会編『小児保健』全国社会福祉協議会，p.11，2010

　発育（成長）と発達の保証はすなわち肉体的精神的に保障され，条件や生活とは環境，社会の状況を意味すると考えられる。

　特に年齢のいかない乳幼児においては，保護者を中心としたまわりのおとな，特に保育者が，彼らの健康を担っていくという意識が重要である。

３ 健康状態の評価

　すでに述べたように，まず発育・発達の状態を評価する必要がある。発育（成長）の評価のために有用なものは，身長や体重の成長曲線である★。2歳までは頭囲の測定も有用である★。

★成長曲線
第3章 子どもの成長と発達，p.39

★頭囲の測定
第3章 子どもの成長と発達，p.41

　保育者は子どもの体調が良いか悪いか，疾病の有無の評価を行う。そのためには，日々の観察からその子どもの平均的な体調を把握していることが重要であり，そこからの逸脱の程度で，何か疾病が隠れていないかどうかをおおざっぱに判定することができる。

　保育者が行う観察として，子どもの様子を表1−1のような順で追ってみると良い。

　このような観察項目に加えて，体温の測定は簡便であり，保育の現場でもしばしば行われる。これもその子どもの平熱を普段から知っている必要がある。わが国では体温の測定はおおむね腋窩(えきか)で行われる（図1−1）。いわゆる発熱の定義として，特に2020（令和2）年初頭からの新型コロナウイルス感染症のパンデミックの状況下で，37.5℃以上をもって発熱とすることが一般化したが，あくまでもその子どもの平熱を基準として病的な発熱であるかどうかを判断することが望ましい。

　一般に平熱は，乳児から学童へと年齢が上がるにつれ，やや低下傾向にある（表1−2）。さらに腋窩温よりも口腔(こうくう)内の温度，そしてそれよりも肛門計で測定する直腸温の方が高い。また当然ながら，安静時よりも運動後の方が高いのでどのような状況で体温測定をしたのかを留意する。

表1－1 保育者による子どもの観察

観察する箇所	観察の視点
（1）全体の様子	活発であるか，機嫌が良いか，遊び具合はどうか
（2）顔	・顔色の良し悪し ・目の動き，白眼の色合い，目やにがないかなど ・口の様子（口唇（くちびる）の色合い，口の動き，よだれの量，口臭がないかなど） ・表情が良いか（生き生きしているか）
（3）手足	動き，皮膚の色合い，表面の様子，傷がないかなど
（4）体幹部（からだ，胴体）	胸の動き，お腹の動き，皮膚の様子，発疹がないかなど
（5）排泄	・尿の量・回数，色調，排尿時に痛みがあるかなど ・便の回数，性状（硬便（こうべん），軟便，下痢，色調，においがいつもと違うか）など ・肛門周囲の皮膚も観察
（6）食欲	食べる量（いつもより少ないか，逆に多いか），食べ方の様子など
（7）睡眠	入眠しやすいか，ぐっすり眠るか，睡眠時の呼吸の様子など
（8）呼吸	咳がないか，息苦しそうではないか

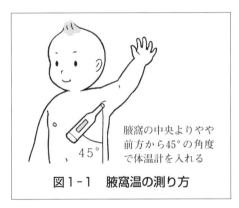

45°

腋窩の中央よりやや前方から45°の角度で体温計を入れる

図1－1 腋窩温の測り方

表1－2 健康な子どもの腋窩温

	体温（腋窩温）
新生児	36.7～37.5℃
乳児	36.8～37.3℃
幼児	36.6～37.3℃
学童	36.1～37.5℃

出典）鴨下重彦，小佐野満監修『BED-SIDE MEMO小児科　実地医家のためのノウハウ　第4版』世界保健通信社，p.570，1988

４ 保健

　保健とは文字通りに健康を保つことである。2017（平成29）年3月に告示された保育所保育指針で述べられている保育の目標の中に，保健の重要性が示され，特に今回の改訂において強調されている健康と安全は独立した章構えとなっている。以下に保健に関する箇所を引用する。

保育所保育指針　第1章　総則（抜粋）　※下線筆者
1　保育所保育に関する基本原則　（2）保育の目標
ア　保育所は，子どもが生涯にわたる人間形成にとって極めて重要な時期に，その生活時間の大半を過ごす場である。このため，保育所の保育は，子どもが

現在を最も良く生き，望ましい未来をつくり出す力の基礎を培うために，次の目標を目指して行わなければならない。

（ア）十分に養護の行き届いた環境の下に，くつろいだ雰囲気の中で子どもの様々な欲求を満たし，生命の保持及び情緒の安定を図ること。

（イ）健康，安全など生活に必要な基本的な習慣や態度を養い，心身の健康の基礎を培うこと。

（ウ）人との関わりの中で，人に対する愛情と信頼感，そして人権を大切にする心を育てるとともに，自主，自立及び協調の態度を養い，道徳性の芽生えを培うこと。

（エ）生命，自然及び社会の事象についての興味や関心を育て，それらに対する豊かな心情や思考力の芽生えを培うこと。

（オ）生活の中で，言葉への興味や関心を育て，話したり，聞いたり，相手の話を理解しようとするなど，言葉の豊かさを養うこと。

（カ）様々な体験を通して，豊かな感性や表現力を育み，創造性の芽生えを培うこと。（以下中略）

第3章　健康及び安全

　保育所保育において，子どもの健康及び安全の確保は，子どもの生命の保持と健やかな生活の基本であり，一人一人の子どもの健康の保持及び増進並びに安全の確保とともに，保育所全体における健康及び安全の確保に努めることが重要となる。

　また，子どもが，自らの体や健康に関心をもち，心身の機能を高めていくことが大切である。

　このため，第1章及び第2章等の関連する事項に留意し，次に示す事項を踏まえ，保育を行うこととする。（以下略）

　子どもの健康を保つということは，保育士（保育者）がその専門性を持って保育を実践していく上で，いわば前提条件である。子ども自身が本来持っている能力を十分に発揮できる社会の一員となるためには，自らの育てられる権利が実行されなければならない。保育士（保育者）の立場は，その権利を保障し，手助けをすることでもある。そうであれば，子どもの健康に留意しそれを増進させる役割もまた専門的な意識を持って担われなければならない。つまり保育者の行う保育の行為とは保健活動と表裏一体をなしていると考えることができる。

【参考文献・資料】

厚生労働省「保育所保育指針」2017

北澤一利『「健康」の日本史』平凡社新書，2000

江藤裕之「healthの語源とその同属語との意味的連鎖―意味的連鎖という視点からの語源研究の有効性―」長野県看護大学紀要，第4巻，2002

改訂・保育士養成講座編纂委員会編『小児保健』全国社会福祉協議会，2010

鴨下重彦，小佐野満監修『BED-SIDE MEMO小児科　実地医家のためのノウハウ　第4版』世界保健通信社，1988

親と子どもの保健*

〈学習のポイント〉　①母子保健の主要指標を概観し，母と子どもの保健が直面する課題を探る。
　　　　　　　　　　②ライフスタイルの変化や，貧困が子どもの成長と発育に及ぼす影響を知る。
　　　　　　　　　　③地域における母子保健の制度や主要な保健対策や活動を理解する。
　　　　　　　　　　④子ども虐待の状況を知り，法令・施策や保育所が果たす役割を学ぶ。

1. 子どもの健康に関する現状と課題

　子どもの健康状態は，同居する家族や身近な保育者，さらには地域の人々の心身の健康状態や生活環境に強く影響される。それらを背後で支えるのが，人びとの健康増進と維持を担う地域保健サービスである。本章では日本の人口構造や母子保健の主要な指標を概観して，現在の子どもの健康状態と課題を考えていく。

■1 子どもの出生と死亡の状況

（1）出生数と合計特殊出生率

　日本の子どもの出生数は，「第2次ベビーブーム」（1971〈昭和46〉年〜1974〈昭和49〉年）以降は長期的な減少傾向にある（図2-1）。1989（平成元）年には合計特殊出生率**が「ひのえうま」の年を下回る1.57となって「1.57ショック」と言われた。

＊子どもが幼い時期は，最も密接な関係にあるのは母親である。母性並びに乳児及び幼児の健康の保持及び増進を図るための法律は，「母子保健法」であるが，施策の対象には，育児に関わる両親や家族から周囲の環境まで含まれる。母子保健は，父親との関係を強調して「親子保健」と呼ばれることがある。

＊＊合計特殊出生率：15歳から49歳までの女性の年齢別出生率を合計したもの。一人の女性がその年齢別出生率で一生の間に生むとしたときの子どもの数に相当する。

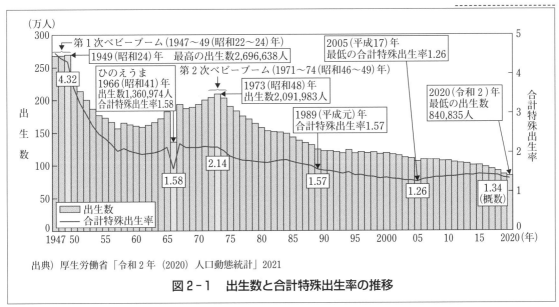

出典）厚生労働省「令和2年（2020）人口動態統計」2021

図2-1　出生数と合計特殊出生率の推移

「令和2年人口動態統計」によると，2020（令和2）年の出生数は84万835人（確定数）で最低を記録し，合計特殊出生率も1.34（概数）と前年割れとなった。

出生数の減少の背景には未婚化・晩婚化がある。未婚率は男女とも，どの年齢階級においても長期的に上昇しており，婚姻年齢については1989（昭和64）年から2019（令和元）年にかけて，初婚夫で2.7歳，初婚妻で3.8歳上昇した。

（2）乳児期の死亡

生後1年未満の死亡を**乳児死亡**という。乳児の健康は，母親の健康状態，養育環境などの影響を強く受けるため，乳児死亡率（出生千対）はその地域の保健，教育，経済など社会状況を含めた母子衛生の状態を示す重要な指標とされている。

日本の乳児死亡率は，1918（大正7）年に188.6の最高値を記録したが，その後，感染症の予防，栄養状態や衛生環境の改善などの対策が講じられたことで，1940（昭和15）年には二桁台の90に，1976（昭和51）年には9.3と下がり続け，2020（令和2）年の乳児死亡率は1.8となった。現在は世界最低率を保っている。

主要な母子保健指標の推移を**表2-1**にまとめた。

諸外国に比べて，日本の周産期死亡率は低率である。

（3）乳児と幼児の死亡原因

生後まもなくは周産期の影響があり，環境に対する適応力が十分でないため不安定な時期であり，乳児死亡についても先天的な要因が占める割合が高い。生後1か月を過ぎると感染症や不慮の事故など，後天的な要因による死亡が多くなる。なお日本では乳児期の死亡は減ったが，幼児期の死亡が諸外国に比べて多く，課題があると言われている。乳幼児期の死亡を減らすには，事故の予防が重要である。

2020（令和2）年の人口動態統計で年齢別の死因を**表2-2**に示す。

表2-1　母子保健指標の推移

年　次	出生率 （人口千対）	乳児死亡率 （出生千対）	新生児死亡率[1] （出生千対）	周産期死亡率[2] （出産[3]千対）	妊産婦死亡[4]率 （出産10万対）	死産率[5] （出産千対）
昭和40（1965）年	18.6	18.5	11.7	－	80.4	81.4
昭和50（1975）年	17.1	10.0	6.8	－	27.3	50.8
昭和60（1985）年	11.9	5.5	3.4	15.4	15.1	46.0
平成7（1995）年	9.6	4.3	2.2	7.0	6.9	32.1
平成17（2005）年	8.4	2.8	1.4	4.8	5.7	29.1
平成27（2015）年	8.0	1.9	0.9	3.7	3.8	22.0
令和2（2020）年	6.8（概数）	1.8	0.8	3.2	2.7	20.1

※1：新生児死亡：生後4週間未満の死亡
※2：周産期死亡：妊娠満22週以後の死産と早期新生児死亡（生後1週間未満の死亡を合わせたもの）
※3：出生数に妊娠満22週以後の死産数を加えたもの
※4：妊娠中又は妊娠終了後満42日未満のもの。ただし1978年までは「産後90日以内」，1979～1994年は「分娩後42日以内」
※5：死産数を出産数（死産数＋出生数）で除したもの
出典）厚生労働省：「令和2年（2020）人口動態統計」2021

表2-2　年齢階級別死因の順位～死亡数・割合（％）～

		第1位		第2位		第3位		第4位		第5位	
0歳	死亡数	先天奇形，変形及び染色体異常	544	周産期に特異的な呼吸障害等	232	乳幼児突然死症候群	92	胎児及び新生児の出血性障害等	62	不慮の事故	58
	割合(%)		36		15.3		6.1		4.1		3.8
1～4歳	死亡数	先天奇形，変形及び染色体異常	86	悪性新生物＜腫瘍＞	61	不慮の事故	57	心疾患	22	インフルエンザ	19
	割合(%)		18.4		13.1		12.2		4.7		4.1
5～9歳	死亡数	悪性新生物＜腫瘍＞	77	不慮の事故	49	先天奇形，変形及び染色体異常	31	心疾患	19	インフルエンザ	11
	割合(%)		25.2		16.0		10.1		6.2		3.6
10～14歳	死亡数	自殺	122	悪性新生物＜腫瘍＞	82	不慮の事故	53	心疾患	27	先天奇形，変形及び染色体異常	22
	割合(%)		28.6		19.2		12.4		6.3		5.2
15～19歳	死亡数	自殺	641	不慮の事故	230	悪性新生物＜腫瘍＞	110	心疾患	46	先天奇形，変形及び染色体異常	23
	割合(%)		50.8		18.2		8.7		3.6		1.8

注：1）以下の通り死因名を省略している
心疾患：心疾患（高血圧性を除く）　周産期に特異的な呼吸障害等：周産期に特異的な呼吸障害及び心血管障害　胎児及び新生児の出血性障害等：胎児及び新生児の出血性障害及び血液障害
2）割合（％）は，それぞれの年齢別死亡数を100とした場合の割合
出典）厚生労働省「令和2年（2020）人口動態統計」2021

2 乳幼児の身体発育と低出生体重

　厚生労働省が10年ごとに実施する「乳幼児身体発育調査★」をみると，5歳児の身長と体重はこの半世紀で男女ともに伸長・増加し，幼児の体格がよくなっていることがわかる。いっぽう出生時の平均体重は減少傾向にある。

　母子保健法では出生時の体重が2,500g未満の乳児を低出生体重児としている。総出生児に対する低出生体重児の割合は1980年代から上昇傾向にあり，2020（令和2）年は男児8.2％，女児10.3％であった*。

　低出生体重児の割合を母親の年齢別にみると10代と40歳以上が多い。母胎のコンディションと出生体重は強く関係していることから，厚生労働省は特に早産の注意などを呼び掛けている**。

3 肥満傾向児・痩身傾向児

　文部科学省が実施する「学校保健統計調査***」で6歳と12歳の肥満傾向児と痩身傾向児の出現率の推移をみると，近年，6歳児の痩身傾向は横ばいだが，肥満傾向児は増加している（図2-2）。12歳児では肥満傾向児，痩身傾向児の出現率はともに増加している。肥満は生活習慣病の危険因子であり，幼児期から肥満への対応が必要である。摂食障害の低年齢化の点からも体重の過多・過少は常に

★乳幼児身体発育調査
第3章 子供の成長と発達, p.39

*厚生労働省「令和2年（2020）人口動態統計」2021

**厚生労働省「低出生体重児 保健指導マニュアル」2021

***文部科学省「学校保健統計調査報告書」2021

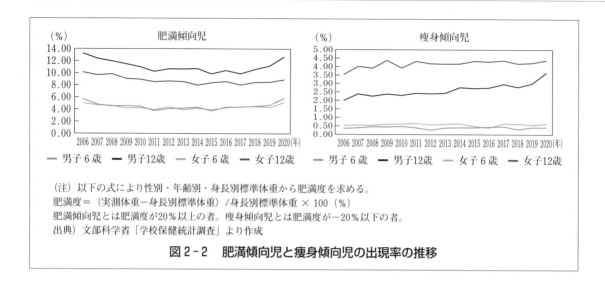

図2-2　肥満傾向児と痩身傾向児の出現率の推移

見守る必要がある。

④子どもの病気

（1）患者調査

　厚生労働省が3年ごとに実施している「患者調査」によると，0～14歳の受療率（人工10万人に対する推計患者数）は，2014（平成26）年より2017（平成29）年は低下した。年齢階級別にみると，5～9歳が最も入院患者が少ない。外来患者も乳児期から10歳代にかけて減少する。

　入院と外来について，年齢別の傷病分類をみると**表2-3**，**表2-4**となる。

（2）国民生活基礎調査

　厚生労働省の「国民生活基礎調査」は毎年実施され*，3年ごとの大規模調査では世帯員の健康状況に関する調査が含まれる。有訴者とは，世帯員（入院者を除く）のうち，病気やけが等で自覚症状のある者をいう。子どもが訴える症状のうち頻度の高いものを**表2-5**に挙げた。0～9歳は，鼻づまりや咳・痰などの風邪症状，かゆみや湿疹などが多いことがわかる。

*2020（令和2）年調査は，新型コロナウイルス感染症対策を優先して中止。

2. 家庭環境とライフスタイル

①児童のいる世帯

　2019（令和元）年の国民生活基礎調査によると，児童（満18歳未満の子ども）のいる世帯は1,122万1,000世帯（全世帯の21.7％）であった。児童が1人いる世

表2-3 入院受療率（人口10万対）の傷病分類順位（1-5位）

	0歳	受療率	1～4歳	受療率	5～9歳	受療率
1	周産期に発生した病態	708	呼吸器系の疾患	54	呼吸器系の疾患	14
2	先天奇形，変形及び染色体異常	134	先天奇形，変形及び染色体異常	24	神経系の疾患	11
3	呼吸器系の疾患	114	神経系の疾患	14	先天奇形，変形及び染色体異常	9
					新生物＜腫瘍＞	9
4	健康状態に影響を及ぼす要因及び保健サービスの利用	23	新生物＜腫瘍＞	14	損傷，中毒及びその他の外因の影響	8
5	感染症及び寄生虫症	20	筋骨格系及び結合組織の疾患	10		
	内分泌，栄養及び代謝疾患	20				
	神経系の疾患	20				

出典）厚生労働省「平成29年患者調査」2019より作成

表2-4 外来受療率（人口10万対）の傷病分類順位（1-5位）

	0歳	受療率	1～4歳	受療率	5～9歳	受療率
1	呼吸器系の疾患	2,350	呼吸器系の疾患	3,206	呼吸器系の疾患	1463
2	健康状態に影響を及ぼす要因及び保健サービスの利用	2,195	健康状態に影響を及ぼす要因及び保健サービスの利用	947	消化器系の疾患	893
3	皮膚及び皮下組織の疾患	1,071	皮膚及び皮下組織の疾患	522	健康状態に影響を及ぼす要因及び保健サービスの利用	515
4	感染症及び寄生虫症	289	消化器系の疾患	379	感染症及び寄生虫症	313
5	先天奇形，変形及び染色体異常	258	感染症及び寄生虫症	376	皮膚及び皮下組織の疾患	276

出典：厚生労働省「平成29年患者調査」2019より作成

表2-5 有訴者の最も気になる症状～年齢階級別・人口千対～（1-5位）

	0～4歳	有訴者数	5～9歳	有訴者数	10～14歳	有訴者数
1	鼻がつまる・鼻汁が出る	299	鼻がつまる・鼻汁が出る	213	鼻がつまる・鼻汁が出る	175
2	せきやたんが出る	168	せきやたんが出る	115	骨折・ねんざ・脱きゅう	84
3	かゆみ(湿疹・水虫など)	79	かゆみ(湿疹・水虫など)	90	かゆみ(湿疹・水虫など)	64
4	発疹（じんま疹・できものなど）	64	発疹（じんま疹・できものなど）	53	せきやたんが出る	61
5	下痢	29	切り傷・やけどなどのけが	47	頭痛	50
総計		917		812		891

※有訴者には，入院者は含まない。「その他」を除く。
出典）厚生労働省「2019年国民生活基礎調査」2020

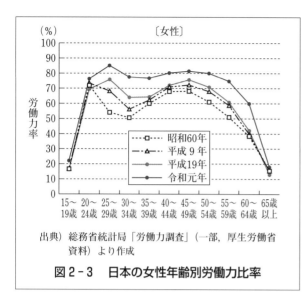

出典）総務省統計局「労働力調査」（一部，厚生労働省資料）より作成

図2-3　日本の女性年齢別労働力比率

帯は525万世帯（全世帯の10.1%，児童のいる世帯の46.8%），2人いる世帯は452万3千世帯（全世帯の8.7%，児童のいる世帯の40.3%）となっている。

世帯構造をみると，「夫婦と未婚の子のみの世帯」が852万8,000世帯（児童のいる世帯の76.0%）で最も多く，次いで「三世代世帯」が148万8,000世帯（同13.3%）であった。

2 女性の就労

女性の就労について，結婚・出産に伴う離職を示す，いわゆるM字カーブ問題*が指摘されてきた。2019（令和元）年には，25～29歳，30～34歳，35～39歳女性の就業率の上昇により，就業率のグラフは台形に近づいた（**図2-3**）。1990年代には未婚率の上昇，2000年代以降は有配偶女性の就業率の上昇の影響が主であると考えられている。

2019（令和元）年には男性雇用者世帯のうち，共働き世帯が66.2%（1,245万世帯）を占めている。

＊M字カーブ問題：年齢階級別の労働力率を示すグラフで，女性の場合はM字型となる。出産・子育て期の30代に仕事を辞め，子どもがある程度成長した40代に復職する傾向を示していると考えられる。

3 ライフスタイルの変化

乳幼児期は，健康的なライフスタイルを身につける重要な時期である。近年，新型コロナウイルス感染症の流行によってテレワークが推進されるなど，大人のライフスタイルが変化し，子どもの生活への影響が大きくなっている。

子どもとメディアの関係も大きく変化し，スマートフォンやタブレットが身近な機器となり，眼鏡型や腕時計型などのウェアラブルデバイスも子ども用機器が普及しつつある。早期教育の教材としてのタブレットなどの使用が低年齢化し，乳児期からデジタル機器のおもちゃを与えるようになり，心身の発育・発達への影響が憂慮されている。

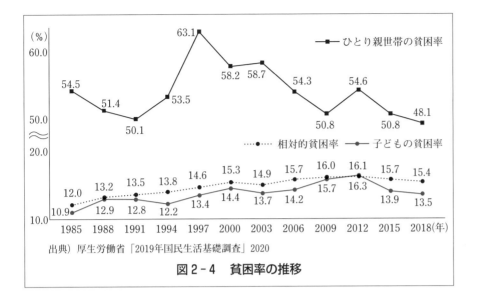

出典）厚生労働省「2019年国民生活基礎調査」2020

図2-4　貧困率の推移

3. 子どもの貧困と対策

　近年，子どもを養う親が十分な収入を得られず，家族の中で最も弱い立場の子どもへのしわ寄せが顕著となり，緊急に子どもを貧困から救う手段を講じるべき事態が生じている。

■1 子どもの貧困の状況

　2019（令和元）年の国民生活基礎調査によると，2018（平成30）年の貧困線（等価可処分所得の中央値の半分）は127万円であり，「相対的貧困率」（貧困線に満たない世帯員の割合）は15.4％であった。また，「子どもの貧困率」（17歳以下）は13.5％となっている（**図2-4**）。

　「相対的な貧困」とは，おおよそ，平均的な所得の世帯の半分に満たない所得のレベルで生活をしなければならない状態である。「おとなが1人」の世帯（ひとり親家庭）について，最近30年間で母子世帯数は1.5倍，その80％以上が就業しているにもかかわらず，非正規の場合，平均年間就労収入は約133万円である。子どもの大学等進学率は，全世帯の進学率73.0％に比べ，生活保護世帯（35.3％），児童養護施設（27.1％），ひとり親家庭（58.5％）と低くなっている。

　経済的な困窮の問題は，生活習慣，健康管理，自己肯定感など，子どもたちの成長にさまざまな影響を与える。生育環境により，進学や就職の機会にも恵まれず，子ども世代も貧困になるという貧困の連鎖が生じるおそれがある。

　2019（令和元）年には，「子どもの貧困対策の推進に関する法律」が改正され，

「子どもの貧困対策に関する大綱」により，国は，教育の支援，生活の支援，保護者の就労支援，経済的支援の4本柱で対策の充実を図っている。

4. 地域における保健活動と母子保健

　子どもの健やかな成長・発達を促し，心身の健康を保つためには，家族の健康を守り，地域における環境を守ることが重要である。

　地域においては，保健，医療，福祉，教育など広い分野において，身近なレベルから専門的なレベルまで，広い意味でのさまざまな保健活動が行われている。

■1 地域保健対策

　地域住民の健康の保持および増進を目指す対策を総合的に推進する分野が地域保健である。

　さまざまな地域保健施策は，地域保健法を中心とした法律に基づいて実施されている。地域保健施策は保健所，市町村保健センター，地方衛生研究所などを核として，地域の特性を考慮し，医療，介護，福祉等の関連施策と連携して実施されている。それらは人を対象とする対人保健サービスと，上下水道事業や食品衛生など，人以外のものを対象とする対物保健サービスに分けられる。対人保健サービスの実施機関として中心となるのが市町村の保健センター，保健所である。

（1）保健所

　保健所は，疾病の予防，衛生の向上など，地域住民の健康を支える中核となる施設であり，広域的・専門的な保健サービスを担当し，市町村に対して助言・援助をしている。地域保健法に基づいて，都道府県，地方自治法の指定都市・中核市，その他の政令で定める市，特別区が保健所の設置主体となっている。2021（令和3）年4月1日現在，保健所の数は計470か所である*。

＊厚生労働省健康局健康課地域保健室調べ。

（2）市町村保健センター

　健康づくりにかかわる身近な第1次機関として，市町村の保健部門がある。多くの市町村では，地域保健法に基づく保健センターとして設置され，市町村保健センターは地域住民に対して，健康相談，保健指導，健康診査など，地域保健に関する事業を実施している。2021（令和3）年4月1日現在の市町村保健センターの設置数は2,457か所である*。

■2 母子保健の意義と課題

　母子保健は，妊娠・出産・育児という一連の時期にある母性と，乳児期・幼児

期の子どもを対象の中心とし，思春期から育児に携わる高齢者まで広くかかわる領域である。健康な生涯を送るため，幼少時に健康の基礎をつくるという点では，対人保健の最も基礎的な分野である。学齢期の子どもの健康上の問題は学校保健として，母子保健と一貫性を保ちつつ，総合的な対策が実施されている。

　かつて，わが国では，乳児死亡率や妊産婦死亡率が高かったため，疾病や異常の早期発見・早期治療や予防，栄養状態の改善，環境の衛生状態の改善などをめざした対策が講じられてきた。

　当初は1947（昭和22）年に制定された児童福祉法により，母子保健の各種サービスが実施されていたが，母子の一貫した保健活動の重要性から1965（昭和40）年に母子保健法が制定された。

　母子保健対策の成果により，乳児死亡率は著しく改善された。しかし，乳幼児の事故死亡率は改善の余地があり，思春期の健康に関する問題，親と子の心の問題，発達障害の早期発見・早期対応，育児不安への対応と子ども虐待防止など，多くの課題がある。

❸ 子育て支援対策

（1）少子化対策

　日本の合計特殊出生率は1989（平成元）年に1.57を記録し，少子化傾向が顕著となった。1994（平成6）年に策定された「エンゼルプラン」に始まる少子化対策は，「新エンゼルプラン」「子ども子育て応援プラン」を経て，2010（平成22）年に少子化社会対策基本法に基づく「子ども・子育てビジョン」が策定され，これにより，少子化対策から子育て支援対策へと視点を変えた施策が推進されるようになった。

　この後，次世代育成支援の包括的・一元的な制度が検討され，2012（平成24）年には「子ども・子育て関連三法*」が制定されている。この法律では，幼児期の学校教育・保育，地域の子ども・子育て支援を総合的に推進することとし，認定こども園・幼稚園・保育所を通じた共通の給付（「施設型給付」）および小規模保育等への給付（「地域型保育給付」）の創設，認定こども園制度の改善,地域の子ども・子育て支援の充実などを内容とし，これに基づく「子ども・子育て支援新制度」は2015（平成27）年度から実施されている。

　新制度では，すべての子育て家庭を対象に地域のニーズに応じた多様な子育て支援を充実させることとし，利用者支援事業，子育て短期支援事業，地域子育て支援拠点事業，一時預かり事業，ファミリー・サポート・センター事業等を「地域子ども・子育て支援事業」として子ども・子育て支援法に位置づけ，充実を図っている（図2-5）。

*子ども・子育て関連三法：次の3つの法律をさす。「子ども・子育て支援法」，「認定こども園法の一部改正」，「子ども・子育て支援法及び認定こども園法の一部改正法の施行に伴う関係法律の整備等に関する法律」

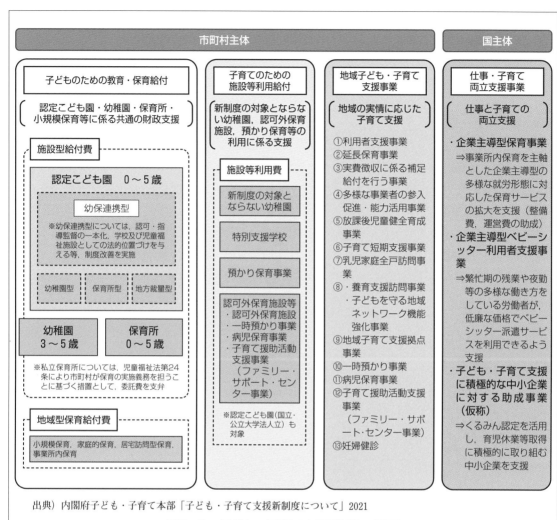

<table>
<tr><th colspan="3">市町村主体</th><th>国主体</th></tr>
</table>

市町村主体

国主体

子どものための教育・保育給付

認定こども園・幼稚園・保育所・小規模保育等に係る共通の財政支援

施設型給付費

認定こども園　0〜5歳

幼保連携型

※幼保連携型については，認可・指導監督の一本化，学校及び児童福祉施設としての法的位置づけを与える等，制度改善を実施

幼稚園型　保育所型　地方裁量型

幼稚園
3〜5歳

保育所
0〜5歳

※私立保育所については，児童福祉法第24条により市町村が保育の実施義務を担うことに基づく措置として，委託費を支弁

地域型保育給付費

小規模保育，家庭的保育，居宅訪問型保育，事業所内保育

子育てのための施設等利用給付

新制度の対象とならない幼稚園，認可外保育施設，預かり保育等の利用に係る支援

施設等利用費

新制度の対象とならない幼稚園

特別支援学校

預かり保育事業

認可外保育施設等
・認可外保育施設
・一時預かり事業
・病児保育事業
・子育て援助活動支援事業
（ファミリー・サポート・センター事業）

※認定こども園（国立・公立大学法人立）も対象

地域子ども・子育て支援事業

地域の実情に応じた子育て支援

①利用者支援事業
②延長保育事業
③実費徴収に係る補足給付を行う事業
④多様な事業者の参入促進・能力活用事業
⑤放課後児童健全育成事業
⑥子育て短期支援事業
⑦乳児家庭全戸訪問事業
⑧・養育支援訪問事業
　・子どもを守る地域ネットワーク機能強化事業
⑨地域子育て支援拠点事業
⑩一時預かり事業
⑪病児保育事業
⑫子育て援助活動支援事業
　（ファミリー・サポート・センター事業）
⑬妊婦健診

仕事・子育て両立支援事業

仕事と子育ての両立支援

・企業主導型保育事業
⇒事業所内保育を主軸とした企業主導型の多様な就労形態に対応した保育サービスの拡大を支援（整備費，運営費の助成）
・企業主導型ベビーシッター利用者支援事業
⇒繁忙期の残業や夜勤等の多様な働き方をしている労働者が，低廉な価格でベビーシッター派遣サービスを利用できるよう支援
・子ども・子育て支援に積極的な中小企業に対する助成事業（仮称）
⇒くるみん認定を活用し，育児休業等取得に積極的に取り組む中小企業を支援

出典）内閣府子ども・子育て本部「子ども・子育て支援新制度について」2021

図2-5　子ども・子育て支援新制度の概要

（2）「健やか親子21（第2次）」（2015〜2024年度）

　「健やか親子21」は，母子保健に関する取り組みを推進する国民運動計画であり，21世紀の母子保健の主要な取り組みを提示するビジョンとして，2001年に開始された。2014年に最終評価が行われ，2015年より「健やか親子21（第2次）」が開始され，少子化対策としての意義に併せて，国民健康づくり運動である「健康日本21」の一翼を担うという意義を持っている。

　地域間の健康格差の解消と，多様性を認識した母子保健サービスの展開の必要性が示され，10年後に目指す姿を「すべての子どもが健やかに育つ社会」とし，

表2-6　「健やか親子21（第2次）」の課題の概要

	課題名	課題の説明
基盤課題A	切れ目ない妊産婦・乳幼児への保健対策	妊娠・出産・育児期における母子保健対策の充実に取り組むとともに，各事業間や関連機関間の有機的な連携体制の強化や，情報の利活用，母子保健事業の評価・分析体制の構築を図ることにより，切れ目ない支援体制の構築を目指す。
基盤課題B	学童期・思春期から成人期に向けた保健対策	児童生徒自らが，心身の健康に関心を持ち，より良い将来を生きるため，健康の維持・向上に取り組めるよう，多分野の協働による健康教育の推進と次世代の健康を支える社会の実現を目指す。
基盤課題C	子どもの健やかな成長を見守り育む地域づくり	社会全体で子どもの健やかな成長を見守り，子育て世代の親を孤立させないよう支えていく地域づくりを目指す。具体的には，国や地方公共団体による子育て支援施策の拡充に限らず，地域にある様々な資源（NPOや民間団体，母子愛育会や母子保健推進員等）との連携や役割分担の明確化が挙げられる。
重点課題①	育てにくさを感じる親に寄り添う支援	親子が発信する様々な育てにくさ（※）のサインを受け止め，丁寧に向き合い，子育てに寄り添う支援の充実を図ることを重点課題の一つとする。 （※）育てにくさとは：子育てに関わる者が感じる育児上の困難感で，その背景として，子どもの要因，親の要因，親子関係に関する要因，支援状況を含めた環境に関する要因など多面的な要素を含む。育てにくさの概念は広く，一部には発達障害等が原因となっている場合がある。
重点課題②	妊娠期からの児童虐待防止対策	児童虐待を防止するための対策として，①発生予防には，妊娠届出時など妊娠期から関わることが重要であること，②早期発見・早期対応には，新生児訪問等の母子保健事業と関係機関の連携強化が必要であることから重点課題の一つとする。

出典）厚生労働省「『健やか親子21について』検討会報告書」2014

3つの基盤課題と2つの重点課題が設定された（**表2-6**）。2019年には中間評価がまとまり，目標として設定した52指標のうち，34指標が改善するなど一定の効果が出ているが，妊産婦のメンタルヘルス，十代の自殺，児童虐待による死亡などの大きな課題が残っていると指摘されている[*]。

*厚生労働省「『健やか親子21（第2次）』の中間評価等に関する検討会報告書」2019

4 主な母子保健対策と関連施策

母子保健対策は，思春期から妊娠，出産，乳幼児期の各時期に必要な対策を講じ，ライフサイクルを通じて，できる限り切れ目なく支援するため，一貫した体系に基づいて実施されている。主な母子保健事業を**図2-6**に示す。

（1）母子保健の実施主体

基本的な母子保健事業は，市町村が実施主体である。妊産婦健康診査，妊産婦・新生児・未熟児訪問指導，乳幼児健康診査等さまざまな事業を実施している。

一方，都道府県は，広域的，専門的な内容をもつ活動を担当し，市町村に対する連絡調整・指導・助言を行っている。

地域において実施される母子保健活動には，自治体による公的な活動と，関係団体等による地域活動が，地域の特性に応じて実施されている。

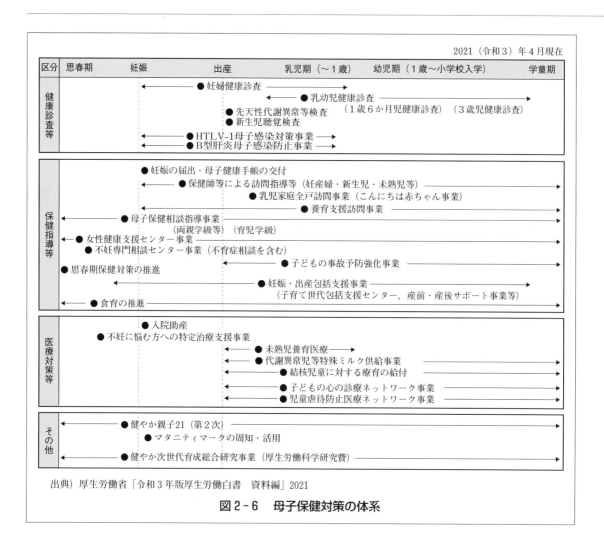

区分	思春期	妊娠	出産	乳児期（～1歳）	幼児期（1歳～小学校入学）	学童期

健康診査等
- ●妊婦健康診査
- ●乳幼児健康診査
  （1歳6か月児健康診査）　（3歳児健康診査）
- ●先天性代謝異常等検査
- ●新生児聴覚検査
- ●HTLV-1母子感染対策事業
- ●B型肝炎母子感染防止事業

保健指導等
- ●妊娠の届出・母子健康手帳の交付
- ●保健師等による訪問指導等（妊産婦・新生児・未熟児等）
- ●乳児家庭全戸訪問事業（こんにちは赤ちゃん事業）
- ●養育支援訪問事業
- ●母子保健相談指導事業
  （両親学級等）　（育児学級）
- ●女性健康支援センター事業
- ●不妊専門相談センター事業（不育症相談を含む）
- ●思春期保健対策の推進
- ●子どもの事故予防強化事業
- ●妊娠・出産包括支援事業
  （子育て世代包括支援センター，産前・産後サポート事業等）
- ●食育の推進

医療対策等
- ●入院助産
- ●不妊に悩む方への特定治療支援事業
- ●未熟児養育医療
- ●代謝異常児等特殊ミルク供給事業
- ●結核児童に対する療育の給付
- ●子どもの心の診療ネットワーク事業
- ●児童虐待防止医療ネットワーク事業

その他
- ●健やか親子21（第2次）
- ●マタニティマークの周知・活用
- ●健やか次世代育成総合研究事業（厚生労働科学研究費）

出典）厚生労働省「令和3年版厚生労働白書　資料編」2021

図2-6　母子保健対策の体系

（2）母子保健にかかわる法律

　公的な母子保健活動は，母子保健法を中心とした法律に基づいて実施されている。母子保健に関連する法規には，ほかに児童福祉法，学校保健安全法，予防接種法，感染症法，母体保護法，児童虐待の防止に関する法律，育児・介護休業法などがある。育児・介護休業法は2021（令和3）年の改正により，男性の育児休業取得促進のため，柔軟な育児休業の枠組みが創設される。子どもの出生後8週間内に4週間まで取得できる。分割して，出産時と退院時に取ることもできる。事業主には，育児休業を取得しやすい雇用環境整備と，妊娠・出産の申し出をした労働者に対する個別の周知・意向確認の措置を義務づける。施行は2022年以降。

　母子保健法の概要は巻末資料を参照★。

★資料編，p.254

（3）主要な母子保健対策*

＊（　）内は根拠となる母子保健法の条文を表す。

①妊娠の届出および母子健康手帳の交付（第15条，第16条）

　妊娠した人は，市町村に妊娠の届出をすることになっている。届け出た人には，母子健康手帳が交付される。

　母子健康手帳は，母と子の健康記録であり，妊娠・出産（出生）の状態，新生児から就学前までの発育・発達，各期の健康診査の結果，予防接種歴などが記録され，必要な行政情報の提供にも活用されている。一般には母子手帳と呼ばれ，自治体によっては親子手帳**という名称にしているところもある。

②家庭訪問などによる保健指導（第11条，第17条，第19条）

　妊産婦，新生児，未熟児に対しては，必要に応じて保健師や助産師などがその家庭を訪問し，健康状態，発育・発達状態，養育状況に応じた保健指導や育児に関する助言を行っている。特に，出産後間もない時期は，育児に不安を感じる母親が多いため，原則として生後4週間以内に実施する新生児訪問指導は，重要な育児支援である。

親子手帳：母子保健法上の正式名称は「母子健康手帳」であるが，母親だけでなく，父親も必要事項を記入し，健診等の際に持参するなど使用の機会は多いため，「親子手帳」「親と子の手帳」などの愛称を用いる自治体もある。

③乳幼児健康診査（乳幼児健診）（第12条，第13条）

　乳幼児健診の意義で最も重要なのは，心身の健康状況，発育や発達状況の把握である。疾病・障害の早期発見と早期治療・療育，健康の保持・増進に役立つ情報を保護者に提供する重要な役割を持つ。育児相談，栄養相談など個別支援の機会でもある。

　乳幼児健診は市町村が実施主体である。健診の場は，市町村により，保健センターなどで集団健診として実施する場合と，医療機関に委託し，個別健診として実施する場合がある。

　1歳6か月児健診と3歳児健診ではそれぞれ養育状況を把握し，発達段階に応

表2-7　乳幼児健康診査の内容

1歳6か月児健康診査	3歳児健康診査
1．身体発育状況 2．栄養状態 3．脊柱及び胸郭の疾病及び異常の有無 4．皮膚の疾病の有無 5．歯及び口腔の疾病及び異常の有無 6．四肢運動障害の有無 7．精神発達の状況 8．言語障害の有無 9．予防接種の実施状況 10．育児上問題となる事項 11．その他の疾病及び異常の有無	1．身体発育状況 2．栄養状態 3．脊柱及び胸郭の疾病及び異常の有無 4．皮膚の疾病の有無 5．眼の疾病及び異常の有無 6．耳，鼻及び咽頭の疾病及び異常の有無 7．歯及び口腔の疾病及び異常の有無 8．四肢運動障害の有無 9．精神発達の状況 10．言語障害の有無 11．予防接種の実施状況 12．育児上問題となる事項 13．その他の疾病及び異常の有無

じた保健指導，栄養指導などが行われる。疾病や異常の疑いがある場合は精密検査を実施し，必要に応じて事後指導が継続して行われる。健診の内容は**表2-7**の通りである。

その他の幼児期の健診と乳児期の健診は，市町村により実施時期や回数が異なる。例えば東京都の多くの自治体では3～4か月児健診，6～7か月児健診，9～10か月児健診を実施している。

④低出生体重児の届出と未熟児養育医療（第18条，第20条）

2,500g未満の低出生体重児が出生したときは市町村に届け出ることになっている。必要に応じて保健師等が未熟児訪問を行う。

低出生体重児の中には，早産児，SGA*，先天性疾患のある児など生後すぐに医療が必要な児が含まれている。

未熟児養育医療は，出生時の体重が2,000g以下の場合や生活力が特に弱い場合など，養育に医療が必要な未熟児が対象となる。入院医療費のうち，医療保険の自己負担分が給付される。

⑤妊産婦・乳幼児の栄養指導，食育（第14条）

近年，ひとり親世帯や貧困の状況にある子どもなどが増え，家庭の状況や生活の多様化により，家庭や個人の努力のみでは健全な食生活の実践が困難となっている。このため，「妊娠前からはじめる妊産婦のための食生活指針」や「授乳・離乳の支援ガイド」の普及と妊産婦や乳幼児に対する栄養指導の充実が図られている。また，「児童福祉施設における食事の提供ガイド**」により，地域や児童福祉施設等において，発育・発達段階に応じた食育活動や共食の推進が進められ，特に健全な食生活を送ることが難しい子どもに配慮がなされている。

⑥新生児マス・スクリーニング検査

フェニールケトン尿症等の先天性代謝異常や先天性甲状腺機能低下症（クレチン症）などは，早期に発見し，治療を行うことによって，知的障害等の心身障害の発生を予防することができる。都道府県および指定都市を実施主体として，公費負担により，新生児を対象とする血液によるマス・スクリーニング検査が実施されている。現在はタンデムマス法***等の検査方法を用いて，対象疾患を拡大している。

⑦乳児家庭全戸訪問事業（こんにちは赤ちゃん事業）（第11条）

2009（平成21）年4月から児童福祉法で法制化された市町村の事業で，児童福祉部門と母子保健部門の連携で実施されている。生後4か月までの乳児のいる全ての家庭を訪問し，育児等に関する不安や悩みを聞き，相談に応じ，子育て支援に関する情報提供等を行うと同時に，親子の心身の状況や養育環境等の把握および助言を行い，支援が必要な家庭に対し適切なサービス提供につなげている。

*SGA（small for gestational age）：在胎期間に比べて体格が標準より小さい児で，妊娠高血圧症候群など母体側の原因や，先天異常など子ども側の原因がある場合がある。

**厚生労働省，2010

***タンデムマス法：微量の血液からアミノ酸などの物質を検査するタンデム型質量分析計を用いた検査法のこと。新生児の負担が少なく，一度の検査で20種類を超える病気のスクリーニングが可能になる。

（4）子育て世代包括支援センター

　母子保健法の改正により，2017（平成29）年4月から子育て世代包括支援セン ター（法律上は「母子健康包括支援センター」）を市区町村に設置することが努 力義務となった。センターは，妊娠・出産包括支援事業と，子ども・子育て支援 新制度の利用者支援や子育て支援などを包括的に運営する機能を担い，利用者の 視点に立った妊娠・出産・子育てに関する支援のマネジメントを行うことになっ ている。母子保健分野と子育て支援分野が役割分担し，一体的にサービスを提供 するため，支援センターには保健師等の専門職が配置され，以下の業務を行う。
①妊産婦等の支援に必要な実情の把握
②妊娠・出産・育児に関する相談に応じ，必要な情報提供・助言・保健指導
③支援プランの策定
④保健医療又は福祉の関係機関との連絡調整を行うこと

5. 子ども虐待防止

■1 子ども虐待（児童虐待）とは

　近年，虐待によって，年間数十人の子どもが死亡している。子どもの虐待を防 ぐため，国は児童虐待の防止等に関する法律（以下，児童虐待防止法）（**表2-8**） や児童福祉法，民法などの改正により，充実を図ってきた。
　児童虐待防止法には，児童虐待の定義として，保護者が，監護する児童に対し て行う4つの行為であると書かれている。これらは具体的には「身体的虐待」「性 的虐待」「ネグレクト」「心理的虐待」に相当する（**表2-9**）。
　児童虐待は，家庭内におけるしつけとは明確に異なる。また，懲戒権などの親 権によって正当化されることはない。保育所に入所している子どもに対する施設 長や職員による虐待は，児童福祉法による「懲戒に係る権限の濫用」となる。
　多くの虐待事例では，4つの具体例のうち複数の虐待が複合している。なかで も性的虐待は表面化しにくいため，慎重な対応を要する。

■2 子ども虐待の現状

　児童相談所における児童虐待に関する相談対応件数は年々増加している。
　厚生労働省の福祉行政報告例によると，2019（令和元）年度中に全国215か所 の児童相談所が対応した養護相談のうち，児童虐待相談として対応した件数は 193,780件で過去最多であった（**図2-7**）。前年度に比べ33,942件（21.2％）増加 している。相談対応件数とは，令和元年度中に児童相談所が相談を受け，援助方

表2-8 児童虐待防止法（児童虐待の防止等に関する法律）

1. 目的（第1条）

児童に対する虐待の禁止，児童虐待の予防及び早期発見その他の児童虐待の防止に関する国及び地方公共団体の責務，児童虐待を受けた児童の保護及び自立の支援のための措置等を定める。

2. 児童虐待の禁止（第3条）

何人も，児童に対し，虐待をしてはならない。

3. 児童虐待の定義（第2条）

「児童虐待」とは，保護者（親権を行う者，未成年後見人その他の者で，児童を現に監護するものをいう。以下同じ。）がその監護する児童（十八歳に満たない者）について行う次に掲げる行為をいう。

一　児童の身体に外傷が生じ，又は生じるおそれのある暴行を加えること。

二　児童にわいせつな行為をすること又は児童をしてわいせつな行為をさせること。

三　児童の心身の正常な発達を妨げるような著しい減食又は長時間の放置，保護者以外の同居人による前二号又は次号に掲げる行為と同様の行為の放置その他の保護者としての監護を著しく怠ること。

四　児童に対する著しい暴言又は著しく拒絶的な対応，児童が同居する家庭における配偶者に対する暴力（事実婚を含む配偶者の身体に対する不法な攻撃であって生命又は身体に危害を及ぼすもの及びこれに準ずる心身に有害な影響を及ぼす言動）その他の児童に著しい心理的外傷を与える言動を行うこと。

表2-9 4つの虐待の具体例

行為	具体例
身体的虐待	殴る，蹴る，叩く，投げ落とす，激しく揺さぶる，やけどを負わせる，溺れさせる など
性的虐待	子どもへの性的行為，性的行為を見せる，ポルノグラフィの被写体にする など
ネグレクト	家に閉じ込める，食事を与えない，ひどく不潔にする，自動車の中に放置する，重い病気になっても病院に連れて行かない など
心理的虐待	言葉による脅し，無視，きょうだい間での差別的扱い，子供の目の前で家族に対して暴力をふるう（DV）など

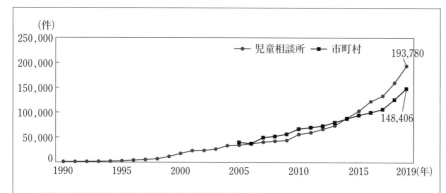

出典）厚生労働省「令和元年度福祉行政報告例」2021

図2-7　児童相談所と市町村の子ども虐待相談の対応件数

26

針会議の結果により指導や措置等を行った件数である。

　相談の種類別にみると，「心理的虐待」が109,118件（56.3%）と最も多く，次いで「身体的虐待」が49,240件（25.4%），「ネグレクト」が33,345件（17.2%），「性的虐待」が2,077件（1.1%）となっている（図2-8）。

　また，主な虐待者別構成割合をみると「実母」が47.7%と最多で，次いで「実父」が41.2%となっており，「実父」の構成割合は年々上昇している。

　被虐待者の年齢別では，0～2歳が19.5%，3～6歳が25.6%，7～12歳が34.0%となっている。前年度との増減率で比較すると，「16～18歳」が26.1%と最も高く，次いで「7～12歳」が22.6%となり，全年齢階級で増加している。

　2005（平成17）年4月から全市町村に児童家庭相談窓口が設置されている。市町村による児童虐待の相談対応件数には，児童相談所による対応事例が重複して含まれている可能性があるが，年々増え続けている。2019（令和元）年度の対応件数は148,406件で，前年度（126,246件）に比べて17.6%増加している。

　児童相談所と市区町村は，児童家庭相談に応じ，児童虐待の通告を受ける機関である。市区町村はケースの緊急度や困難度等を判断するための情報収集を行った上で，立入調査や一時保護，専門的な判定，あるいは児童福祉施設への入所等の行政権限の発動を伴うような対応が必要と判断されるケースについては，児童相談所に送致することとされている。

3 虐待が及ぼす影響

（1）虐待による影響

　虐待は子どもの心身に深い影響をおよぼす（表2-10）。影響は子どもの年齢や

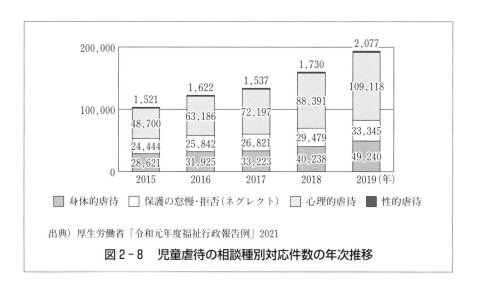

出典）厚生労働省「令和元年度福祉行政報告例」2021

図2-8　児童虐待の相談種別対応件数の年次推移

虐待者との関係，虐待を受けていた期間等により異なる。影響から回復するためには長期間の治療やケアが必要となる。性的虐待への対応には特に配慮が必要である。

（2）子ども虐待の発生や深刻化のリスクとなる因子

子どもの虐待の原因として，

（1）多くの親は子ども時代におとなから愛情を受けていなかったこと

（2）生活にストレス（経済不安や夫婦不和や育児負担など）が積み重なって危機的状況にあること

（3）社会的に孤立化し，援助者がいないこと

（4）子が親にとって意に沿わない存在（予期せぬ妊娠・愛着形成阻害・育てにくい子など）であること

の4つの要素が揃うと発生するとされている。

4 子ども虐待の予防

子どもの虐待を防ぐためには，発生を予防する段階からの取り組みが重要であ

表2-10　虐待が子どもに与える影響

影響の種類		発現例
身体的影響		打撲，切創，熱傷，骨折，鼓膜穿孔，頭蓋内出血，栄養障害や体重増加不良，低身長など。成長ホルモンの抑制による成長不全。重篤な場合には死亡，重い後遺症
知的発達面への影響		安心できない生活環境で落ち着いて学習できない，ネグレクト状態で学校へ登校できないなどのため，知的な発達が十分に得られない。 養育者が知的発達に必要なやりとりを行わない，年齢や発達レベルにそぐわない過大な要求をするなどして知的発達を阻害する。
心理的影響	対人関係の障害	愛着対象（保護者）との基本的な信頼関係を構築することができず，他人を信頼し愛着関係を形成することが困難となり，対人関係における問題を生じる。
	低い自己評価	自分が悪いから虐待される，自分は愛情を受けるに値しないなどと感じて，自己に対する評価が低下し，自己肯定感を持てない状態となる。
	行動コントロールの問題	保護者からの暴力を受け，暴力で問題を解決することを学習し，学校や地域で粗暴な行動をとる。攻撃的・衝動的な行動をとり，欲求のままに行動する。
	多動	虐待的な環境で養育されたため，刺激に対して過敏になり，落ち着きのない行動をとることがある。ADHDに似た症状を示す。
	心的外傷ストレス障害	心の傷が適切な治療を受けないまま放置されて心的外傷後ストレス障害（PTSD）として残り，思春期等に至って問題行動として出現する。
	偽成熟性	大人の顔色を見ながら生活し，大人の欲求にしたがって先取りした行動をとる。精神的に不安定な保護者に代わって，大人としての役割分担を果たさなければならず，ある面では大人びた行動をとることもある。
	精神的症状	反復性のトラウマにより，精神的に病的な症状を呈する。例えば，記憶障害や意識がもうろうとした状態，離人感等が見られることがあり，さらには強い防衛機制としての解離が発現し，まれには解離性同一性障害に発展する。

出典）厚生労働省「子ども虐待対応の手引き（平成25年8月改正版）」2013

る。厚生労働省の取り組みをまとめた（**表2-11**）。

　妊娠期からの切れ目のない支援として，妊娠初期からハイリスクの妊婦を把握
し，継続的に支援するため，母子保健施策の推進が図られている。保育施設に通
う保護者が次の子どもの妊娠期に入ることもあるため，保育施設が産前からのか
かわりを持つことも重要である。

表2-11　子ども虐待防止のための取り組み

子ども虐待の発生予防 （一次予防）	子ども虐待の発生を未然に防ぐ 妊娠・出産・育児期に，産前産後の心身の不調や妊娠・出産・子育てに関する悩みを抱えている家庭を支援 ・妊娠・出産・子育てに関する相談がしやすい体制の整備 ・地域の子育て支援サービスの充実 ○子育て世代包括支援センター ○乳児家庭全戸訪問事業（こんにちは赤ちゃん事業） ○養育支援訪問事業 ○地域子育て支援拠点事業
児童虐待発生時の迅速・的確な対応 （二次予防）	子ども虐待を早期発見・早期介入し，重度化を予防 ・市町村・児童相談所による虐待通告への対応 ○要保護児童対策地域協議会（子どもを守る地域ネットワーク） ○市区町村子ども家庭総合支援拠点
虐待を受けた子どもの自立支援 （三次予防）	虐待を受けた子どもの自立に向けて，親子関係の再構築支援を強化 ・里親委託等の家庭養育を推進 ・18歳以上の者への支援の継続など

出典）厚生労働省「児童虐待防止のための取組」より作成
https://www.mhlw.go.jp/stf/seisakunitsuite/bunya/kodomo/kodomo_kosodate/dv/index.html

5 子ども虐待対策における保育所の役割

　保育所では，子どもの心身の状態や家庭における養育状態を把握でき，送迎の
機会に保護者の様子を確認できる。通常の保育において，日常的かつ継続的に子
どもや保護者とかかわり，保護者の子育てを支援することが，虐待防止対策の基
盤となる。保育者は日ごろから，気になることがあれば記録に残し，保育所内で
対応を検討する。

（1）保育所における不適切な養育状態の早期発見

　子どもの虐待への対応について，保育所保育指針には次のように記されている。

　保育所においては，このような対応のしかたを十分理解し，虐待が疑われる前の段階で迅速かつ適切に対応することが重要である。

（2）子ども虐待の早期発見

　2004（平成16）年の虐待防止法の改正により，通告の対象が「児童虐待を受けた児童」から「児童虐待を受けたと思われる児童」に拡大された。子どもにかかわる専門家によって子どもの安全・安心が疑われる場合だけでなく，必ずしも虐待の事実が明らかでなくても，専門家でない人の目から見て主観的に子どもの安全・安心が疑われる場合であれば，通告の義務がある。

　通告については，児童虐待防止法の趣旨に基づくものであれば，それが結果として誤りであったとしても，そのことによって刑事上，民事上の責任を問われることは基本的にないとされている。

○保育者が気をつけるべきポイント

養育状態について気をつける点

①子どもの身体の状態の観察

　低体重，低身長などの発育の遅れ，栄養不良，やせ，不自然な傷，あざ，骨折，火傷，多数の齲歯，齲歯の急増など。

②子どもの情緒面や行動の把握

　表情が乏しい，暗い，おびえる，笑わない，すぐに泣く，極端に落ち着きがない，多動，激しいかんしゃく，攻撃的行動，不活発，言葉が乏しい，衣類の着脱を嫌う，食欲不振，極端な偏食，拒食，過食など。

---

③子どもの養育状態の把握

着替えや入浴がなされず不潔な身体や服装で登園する，歯磨きが不十分，予防接種を受けていない，必要な医療を受けていない，絶えず空腹を訴えるなど。

④保護者や家族の状態の把握

送迎時に保育士と言葉を交わそうとしない，子どものことをたずねても話さない，子どものけがや健康状態について説明しない，子どもに対する無関心・拒否的態度・過干渉，激しく叱る，子どもを邪険に扱う，遅刻や無断欠席が多いなど。

（3）気になる様子がある場合

保護者が何らかの困難を抱え，養育を支援する必要があると思われる場合は，市町村の保健担当部門に連絡をとる。保護者の居住地を担当する保健師のもとには，保育所以外からの情報も届いている可能性があるため，明確に虐待が疑われなくても連絡をすることは重要である。

（4）保育所で子ども虐待が発見された場合の自治体との連携

①保育所における聴き取り調査への協力

保育所が子ども虐待を疑って通告した時点で，子どもが保育所に留まっている場合は，市町村または児童相談所はただちに訪問して安全確認を行い，保育所での聴き取り調査により実態を把握する。この場合は，通告をした機関が特定される可能性が高いため，事前に綿密な協議を行い，通告の事実を保護者に告知するかどうかを協議し，関係者間で確認しておく。

聴き取り調査では，以下のような情報の把握を行う。

・子どもの在籍状況（入所年月日，入所理由，出欠状況等）
・きょうだいが在籍であれば，その状況
・子どもの心身の状況（受傷の状況，発育状態，服装，衛生状態，行動上の問題，食欲等）
・保護者の状況（受傷についての保護者の説明，負傷についての受診の有無，送迎時の様子，家族関係，性格，経済状況等）

②保育所における虐待を受けた子どもへの対応

・受傷の程度によっては，医療機関へ受診させる。
・子どもが帰宅を拒否したり，受傷の程度が重くまた安全の確保が保障できない場合は，一時保護が検討される。

③子ども虐待への初期対応後の連携

在宅のまま支援を続ける，または一時保護の後，保育所へ戻るなどの場合は，児童相談所や市町村と連携しながら，保育所が継続してかかわることになる。事例ごとに経過が異なり，新たな問題点が出現する可能性もあり，定期的に連絡を

取り合い，密接に連携する必要がある。

④**関係機関との役割分担・定期的情報提供**

　「児童虐待防止対策の強化に向けた緊急総合対策」では，子どもを守るため，子どもの安全確保を最優先とし，必要な場合には躊躇なく介入することや，子育て支援・家族支援の観点から，早い段階から家庭に寄り添い，支援することなどの取り組みを，地域の関係機関が役割分担をしながら確実かつ迅速に行うとしている。また，暮らす場所や年齢にかかわらず，すべての子どもが地域でのつながりを持つことが重要とされている。

　関係機関間の連携強化として，「学校，保育所等と市町村，児童相談所等との連携の推進」が挙げられ，「要保護児童対策地域協議会に登録されている子どもについて，学校，保育所等から市町村または児童相談所に定期的に情報提供を行うことについて，速やかに周知徹底する。」とされている。保育所から入所児の出欠状況に関する定期的な情報提供をする際は書面で行うことになっている。

⑥ 地域における子ども虐待への対応

　市町村では，医療・保健・福祉・教育等の関係機関のネットワークである要保護児童対策地域協議会を設置している。2017（平成29）年4月1日現在，99.7％の市町村に設置されている。

　2008（平成20）年の児童福祉法改正法により，要保護児童対策地域協議会の支援対象について，これまでの要保護児童に加え，乳児家庭全戸訪問事業等で把握した養育支援を必要とする児童や出産前から支援を行うことが特に必要である妊婦も追加された。

　要保護児童対策地域協議会は，要保護児童対策調整機関が中核となり，事務の総括や，要保護児童等に対する支援の実施状況の進行管理，児童相談所や養育支援訪問事業を行う者その他関係機関等との連絡調整を行うことになっている。

⑦ 子ども虐待防止対策の強化

　2019（令和元）年6月には児童虐待防止対策の強化を図るため，「児童虐待防止対策の強化を図るための児童福祉法等の一部を改正する法律案」が成立した。改正法に定められているのは，以下となる。

・児童の権利擁護として，親権者は児童のしつけに際して体罰を加えてはならないこと。（児童虐待防止法第14条）

・児童相談所の体制強化として，都道府県は一時保護等の介入的対応を行う職員と保護者支援を行う職員を分ける等の措置を講ずること。（児童虐待防止法第11条第7項）

・児童相談所の設置促進として，児童相談所の設置に関する参酌基準を定めること，中核市および特別区が児童相談所を設置できるよう施設整備，人材確保・育成の支援等の措置を講ずること。（児童福祉法第12条第2項※2023年4月施行，児童虐待防止法附則第3条）
・関係機関間の連携強化として，DV対策との連携強化のため，配偶者暴力相談支援センター等の職員は児童虐待の早期発見に努めること。（児童虐待防止法第4条）

　このほか，児童相談所職員の処遇改善や一時保護所等の量的拡充・質的向上，民法上の懲戒権のあり方などについて検討することになっている。

【参考文献・資料】

厚生労働省「令和2年（2020）人口動態統計」2021

厚生労働省「令和3年版厚生労働白書」2021

厚生労働省「平成22年乳幼児身体発育調査」2011

日本小児保健協会「平成22年度幼児健康度調査報告」2011

文部科学省「令和2年度学校保健統計調査」2021

厚生労働省「平成29年患者調査」2017

厚生労働省「2019年国民生活基礎調査」2020

日本学校保健会「学校生活における健康管理に関する調査」2014

内閣府「共同参画」2019

厚生労働統計協会「国民衛生の動向2020/2021」2020

内閣府「男女共同参画白書 令和2年版」2020

厚生労働省「全国ひとり親世帯等調査」2016

厚生労働省「地域保健対策の推進に関する基本的な指針」2015最終改正

日本多胎支援協会「多胎育児家庭の虐待リスクと家庭訪問型支援の効果等に関する調査研究」2018

厚生労働省「平成30年度地域保健・健康増進事業報告」2020

小さく産まれた赤ちゃんへの保健指導のあり方に関する調査研究会「低出生体重児保健指導マニュアルー小さく生まれた赤ちゃんの地域支援」2019

内閣府「子ども・子育て支援新制度について（令和3年6月）」2021

厚生労働省「『健やか親子21（第2次）について』検討報告書」2014

厚生労働省「『第3次食育推進基本計画』に基づく母子保健および児童福祉分野における食育の推進について」雇児母発0401第2号　平成28年4月1日

厚生労働省「先天性代謝異常等検査の実施について」2018

厚生労働省「新生児聴覚検査の実施について」2007

厚生労働省「令和 2 年度全国児童福祉主管課長会議資料」2020

厚生労働省「子ども虐待対応の手引き（平成25年 8 月改正版)」2013

厚生労働省「令和元年度福祉行政報告例」2021

厚生労働省「2020年最近の母子保健を取り巻く状況」

厚生労働省「保育所保育指針」2017

厚生労働省「保育所保育指針解説」2018

子どもの成長と発達

〈学習のポイント〉
①子どもの発達，発育の特徴や原則に関して学ぶ。
②身体の計測法を理解し，実践できる。
③パーセンタイル値やカウプ指数の意味を理解し，発育を評価できる。
④歯の発育や子どもの生理，運動・精神機能の発達を学ぶ。
⑤子どもの発達過程とそのバリエーション，および発達検査について学ぶ。

1. 子どもの成長，発達，発育の意味

　他の動物と比較すると，ヒトは身体的に未熟な状態で出生して，成人に保護されなければ成育していくことができない。しかし，他の動物にはできないことがある。言語を使って会話を交わし，新生児期から高度な知覚，認識力をもつことなどである。

　ヒトの一生は，出生前期（胎児期），新生児，乳児期，幼児期，学童期（前期と後期），思春期，成人期（初期，中期，後期）に分けられる。ヒトにとって，周産期（妊娠22週から出生後7日まで）と呼ばれる時期には，特に適切な医療保健が提供されることが重要である*。

　子どもは未発達の部分をもち，常に発育を続けている。ことに低年齢児ほど発育は盛んで，からだの成長と心の発達が著しく，取り巻く環境の影響を受けやすい。そのため物理的環境や人的環境に配慮した援助が必要となる。発達に影響を与える要因としては，**生物学的要因（遺伝性）疾患，社会的条件，生活様式**があげられる。

　子どもは，おとなを単に小さくした生き物ではない。新生児では体重あたりの体表面積は成人の約3倍であり，外界の気温の影響を受けやすく，皮膚の防御機構も整っていない。ヒトの子どもは生物として生まれ，可能な限り次の世代を育み，さらに年齢を重ねていく。今日の日本では70〜80歳まで生存してその一生を閉じる。

　成長と発達の過程は規則正しく（ただし一定の速さで進むわけではない），単純な発達から複雑な発達へと進む。発達の速度は個人により異なり，同胞であっても異なる。通常の発達の過程と，通常の範囲の早熟，または発達の遅れについて理解することが大切である。

■1 子どもの発育の特徴

　小児期の発育は，連続してはいるものの，発育の速度は一定ではない。**スキャ**

*周産期死亡：日本における子どもの周産期死亡は，2020（令和2）年の人口動態統計では2,664名であり，一貫して減少傾向にある。周産期死亡のおもな原因は，先天異常，早産，子宮内の発育遅延などである。
★周産期死亡率の推移は第2章 親と子どもの保健，p.12

モン*は，人体の各組織器官の発育を年齢別の臓器の重量を計測して，4つの型にまとめた（図3－1）。

＊リチャード・E・スキ
ャ　モ　ン：Richard E.
Scammon（1883-1952）
アメリカの医学者，人類
学者。

　4つの型は一般型，神経系型，生殖器型，リンパ系型という。

　スキャモンの臓器別発達曲線では，20歳の発育量を100として各年齢における諸臓器の重量を100分比であらわしている。

　一般型は身長・体重・骨格・呼吸器系・心臓血管系・消化器系・泌尿器を含んでおり，S字状発育で，身長曲線と同じようなカーブである。

　リンパ系型についてはリンパ節・胸腺・扁桃などが含まれ，小児期の10～11歳ごろは20歳の発育量の2倍である。

　神経系型は，脳の神経系で顔面の上方の一部などを含み，新生児・乳児期にめざましい速さで発育し，比較的早い時期に非常にゆっくりとなり，停止する。

　生殖器型は思春期まではほとんど発育がみられず，思春期以降急速に発育する。

　このように，身体の発育はそれぞれの部位によって時期や発育の速度が異なる。

2 プロポーションの変化

　一生のうちでもっとも発育のスピードが速いのは胎児期である。

　身体のプロポーションは，生後2か月の胎児の半分は頭部であるが，徐々に頭

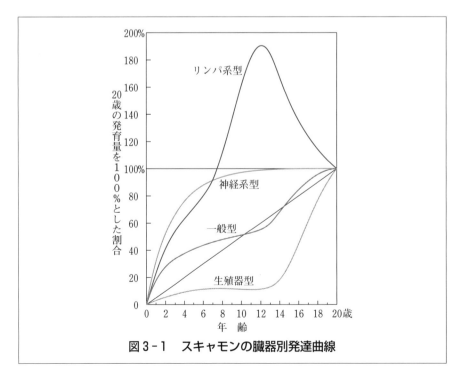

図3－1　スキャモンの臓器別発達曲線

部の比率は減り，成熟時には約1/8（8頭身）となる（**図3－2**）。

　身体の中心点は，乳児ではへそより上で，成人ではへそよりやや下にある。

　胸部の形も変化する。乳児期の胸部は肋骨が水平に走っていて，胸部の形は，前後径と左右径がほぼ等しい円柱型である。年齢の増加および発育につれて，肋骨は前に傾いてきて，胸部の前後径は左右径より小さくなる。

３ 発達の原則

　発達は次のような基本的原則にのっとって進む。

①頭尾方向に，すなわち，頭から足の方向へ発達するルールがある。さらに，身体の中心から末梢の方向へ，すなわち，体幹から外側（手足）に向かって（近位部から遠位部の方向へと）発達する。

②発達は一定の順序で連続的に進む。例をあげると，首が座らないとおすわりができない，意味のある単語が発語できないと2語文は話せない，ということである。また，連続的といっても直線的な連続ではなく，階段状に進む。その過程にはスパート現象（急に身長が伸びたりすることなど）が一時期認められる。

③未分化な細胞から分化した細胞へと進む。

④臨界期がある。臨界期とは感受期とも呼ばれ，この時期に器官や機能の発達がさまたげられると，永続的な欠陥や機能の障害を残すことがある。重要で決定的な時期である。

⑤発達には個人差があるものの，ある月齢になると一定の行動ができるようになる。

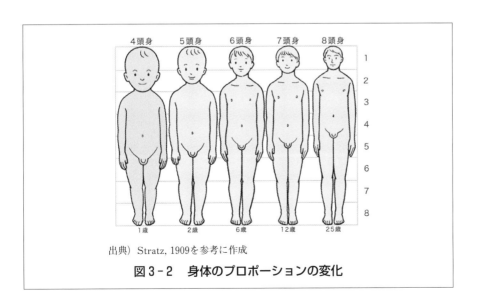

出典）Stratz, 1909を参考に作成

図3-2　身体のプロポーションの変化

2. 胎児期の発育

　胎児期は，出生前期とも呼ばれる。胎児期の発育は，**細胞期**（受精後から着床までの２週間。**胚芽期**ともいう）➡**胎芽期**（０〜８週）➡**胎児期**（９週から出生まで）と進む。

　妊娠の過程では，通常まず１つの卵子と１つの精子が卵管で出会い，染色体を合体させ（受精），受精卵となる。受精卵は，卵管から子宮へと移動し，子宮の内膜に着床する。子宮は通常は５〜10cmの大きさで，梨を逆さまにしたような形をしているが，妊娠すると子宮の筋は伸びて，厚く大きくなる。

　胎生４週では，やっと肉眼で見えるかどうかという大きさである。５週で８mm，70日（10週）で61mm程度の大きさとなる。胎児は産毛（22週から出生時まで）におおわれている。胎児は子宮の中で，胎盤と臍帯を通して母体側から，酸素，栄養，ホルモン，免疫を供給されている。

　妊婦は定期健診において，体重の増加率や高血圧，貧血，検尿によるタンパク尿や糖尿，浮腫の所見の有無について検査する。胎児の発育が遅れる原因として，母体側では，妊娠高血圧症候群，妊娠性糖尿病，膠原病，腎疾患，心疾患があり，胎児側では，染色体異常，骨系統の疾患，多発性の奇形の症候群があげられる。

　巨大児（出生体重が4,000gを超える）の原因としては，母親の糖尿病，肥満があげられる。胎児の発育異常にかかわる嗜好品として，タバコ（妊娠中の喫煙と低出生体重児の出産とが関連），アルコール（妊娠中の飲酒が原因で生じる胎児アルコール性障害）があげられる。

3. 子どもの身体発育

　発育に影響する因子として，**遺伝的因子**（両親の体型など）と**環境的因子**（栄養状態，疾患の罹患など）の２つがある。

Column　葉酸と神経管欠損症

　葉酸のサプリメントは，二分脊椎などの神経管欠損症を予防することがわかっている。妊娠を予定している女性は，葉酸を補ったり，よい栄養状態を保つことが望まれる。葉酸はビタミンＢ群の仲間であり，核酸の合成や赤血球を生成する作用をもつ（葉酸が欠乏すると貧血を起こす）。葉酸が多く含まれる食べ物は，ホウレンソウなどの緑色の野菜であるが，加熱しすぎると，葉酸の成分は失われてしまう。

体重，身長，頭囲，胸囲は，**成長曲線**としてあらわすと，成長の速度や同年齢の平均的な範囲からのずれを評価しやすい。成長曲線は，縦軸に身長などの値，横軸に年齢を表示している。母子健康手帳には，厚生労働省の，2010（平成22）年**乳幼児身体発育調査***から得た統計データによるパーセンタイル曲線（乳幼児身体発育曲線）が掲載されている（**図3−3**）。乳幼児身体発育調査は10年ごとに行われているが，出生児の体重，身長，胸囲，頭囲は，1980（昭和55）年と比較して2010年では減少している。

*乳幼児身体発育調査：厚生労働省が10年に1度，全国の乳幼児を対象に，その身体発育状態を調べる調査。1960（昭和35）年より開始。

■1 身体の計測法

身体計測の意義は，発育の状態を客観的に評価することである。

（1）体　重

①体重の測定法

あお向けに寝かせるか，座位で計測する。乳児では哺乳前に測定するのがよい。衣服やおむつをつけたまま測定したときは，あとからその重さ（風袋(ふうたい)）を差し引く。乳児では10g単位まで測定する。デジタル式のベビースケールが用いられることもある。

②出生体重の平均値

生まれたときの体重を出生体重という。2020（令和2）年の厚生労働省「人口動態統計」では，生まれたときの平均体重は3,050g（男子），2,960g（女子），平均身長は49.3cm（男子），48.7cm（女子）となっている。

出生体重2,500g未満は低出生体重児，1,500g未満は極低出生体重児，1,000g未満は超低出生体重児と呼ぶ（日本では母子保健法により，低出生体重児は都道府県知事に届けることが義務づけられている）。

身体発育や生理機能が未熟のまま生まれた新生児を一般に未熟児といい，低出生体重児が含まれることが多い。

「人口動態統計」の推移をみると，平均出生体重は1975（昭和50）年の値（男児3,240g，女児3,150g）をピークに減少傾向となり，前出の2020年は男子女子ともに約200g減少している**。

**出生体重：日本の平均出生体重は，1975（昭和50）年以降低下を続けている。日本では，妊娠中に体重が増えすぎるとよくないという認識が従来からあり，妊婦への体重制限の指導の影響がいわれている。

③生理的体重減少

出生後体重は減少し，生後2～3日で出生体重の5～10％が減少する。出生体重より一時的に体重が減少することを生理的体重減少といい，すべての新生児に起こる。生後4～5日を過ぎると哺乳量の増加とともに体重は増加傾向となり，生後7～10日ごろには出生体重にもどる。

（2）身　長

身長の測定法については，年齢により，測定法の技術的違いがある。母子健康

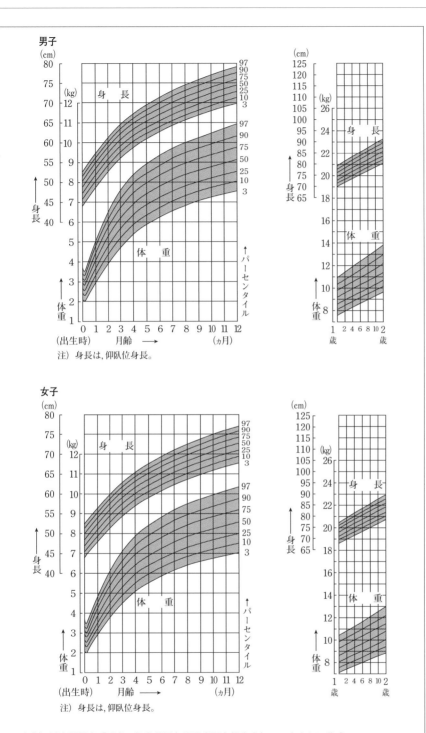

出典）厚生労働省「平成22年乳幼児身体発育調査報告書」2011をもとに作成

図3-3　子どもの体重と身長のパーセンタイル曲線（0～24か月児）

手帳の身体発育曲線で使用している測定値は，2歳未満の身長は寝かせて，2歳以上は立たせて測定している（**図3-4**）。

　乳幼児では，2名の検者のうち1人は仰臥位（あお向け。背臥位ともいう）にした子どもの頭頂部を固定した板につけて固定し，もう1人が子どもの下肢を伸展させて移動板に足底部を垂直にあて測定する。乳幼児は動きなどで誤差が生じやすい。しっかりと立位がとれる年齢になったら，立位用の身長計で測定する。測定値は1mm単位まで読む。

（3）頭　囲

　頭囲の測定は，布製の巻き尺を用いる。後頭隆起（後頭部のもっとも突きでているところ）に巻き尺をあて，前頭部にまわして左右の眉の位置を通るようにして測る（**図3-5**）。1mm単位まで測定する。頭囲は，出生時は33～34cmである。乳児期の頭囲の増加は著しく，満1歳では45～46cmになる。男児は4歳ごろに，女児は5歳ごろにだいたい50cmになる。

（4）胸　囲

　胸囲は，布製の巻き尺で測定する。左右の乳頭を通るようにし，強く締めつけないようにして測定する（**図3-6**）。測定の単位は1mmである。胸囲は出生時でだいたい32cm，満1歳で45cm，3歳で50cm，6歳で55cmとなる。生下時，頭囲は胸囲よりやや大きい。生後1か月ごろから胸囲が頭囲よりやや大きくなる。1歳半ごろから胸囲は頭囲よりはるかに大きくなる。

２ 脳の重量，部位，機能の発達

　脳には，大脳，間脳，中脳，橋，小脳，中脳，延髄の部位がある。大脳は中央から左半球と右半球に分けられ，前頭葉，頭頂葉，側頭葉，後頭葉から成り立っ

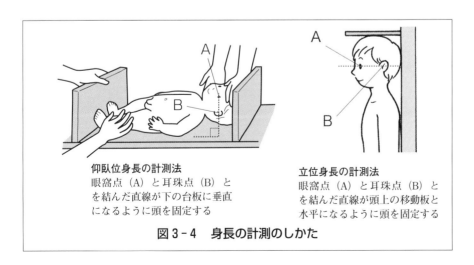

仰臥位身長の計測法
眼窩点（A）と耳珠点（B）とを結んだ直線が下の台板に垂直になるように頭を固定する

立位身長の計測法
眼窩点（A）と耳珠点（B）とを結んだ直線が頭上の移動板と水平になるように頭を固定する

図3-4　身長の計測のしかた

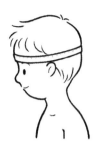

前方は左右の眉の直上，後方は後頭部の一番突出して
いるところを通る周径を計測する。前方はひたいの最
突出部を通らないことに注意する

巻尺が左右の乳頭点（A）
を通り，体軸に垂直な平
面内にあるようにする

図3-5　頭位の計測のしかた　　**図3-6　胸囲の計測のしかた**

ている。脳幹部とは，橋，延髄，中脳のことをいう。視床と視床下部のことを間脳と呼ぶ。

　生後6か月では，脳の重量は出生時（335g）の約2倍（660g）となる。生後12か月では，約3倍（925g）となる。生まれたときの脳は，延髄，中脳がもっともよく発達しており，大脳皮質（大脳の外側の部分のことを灰白質ともいう）はまだ発達していない。脳の機能は，神経回路網（神経ネットワーク）の活動による。神経回路網は多くの神経細胞（ニューロン）により成り立っている。神経の発達は，神経線維が脳の各部分と連絡し，髄鞘形成していくことである*。機能が早く発現される脳の部分では，髄鞘形成が早く行われる。髄鞘形成は胎生4か月ごろよりはじまり，出生後は本格的に発達し，5歳ごろにほぼ完了するが，その後も25〜26歳までは続く。

＊神経線維が特別の脂肪の鞘で包まれる過程を，神経線維の髄鞘形成という。

❸ 頭蓋の発達（大泉門，小泉門）

　乳児の頭蓋では，骨の間に隙間がある（**図3-7**）。頭蓋骨の骨と骨との間のすきまを泉門と呼ぶ。生後1か月ごろの大泉門は前後径4cm，左右径3cm以内のおおよそ菱形をしており（形やサイズには個人差がある），徐々に縮小して生後6か月〜1歳6か月ごろに閉鎖する。

　早期に閉鎖する場合，頭蓋骨早期癒合症という疾患の可能性がある。

　大泉門が通常より膨隆している際は，脳の圧が亢進していることが考えられ，髄膜炎，頭蓋内出血などの疾患の場合がある。ただし，激しく泣いたときは正常児でもやや膨隆することがある。逆に大泉門が陥没している場合は，脱水が考えられる。

　泉門が大きくて，骨縫合が開いていても，頭囲が正常であればまず問題ない。

　小泉門は生後まもなく（だいたい生後1か月以内に）閉鎖する。

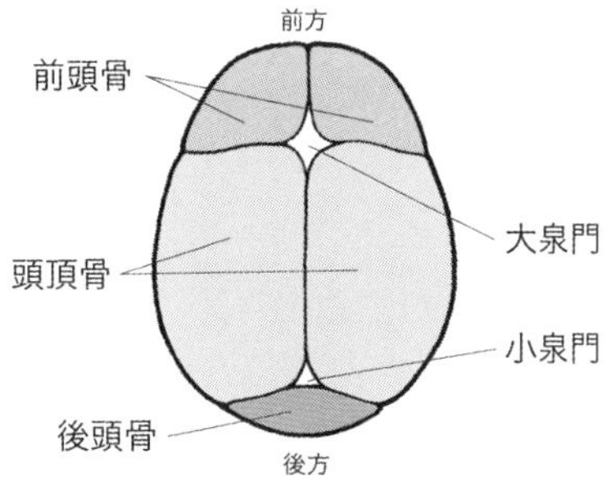

図3-7　大泉門と小泉門

４ 発育の評価

　発育を評価するには，単純に同年齢の者と比較したときの身長，体重などの差と，成長のテンポを検討する。個々の子どもの成長の評価は，全国の標準値から作成された身長と体重の曲線の用紙にプロット記入して行う。早産の低出生体重児の場合は，修正月例・年齢*にて評価する。

*修正月齢・年齢：実際の出産日ではなく，当初の出産予定日から数えた月齢・年齢。

（1）パーセンタイル値（P.40，図3-3参照）

　母子健康手帳に掲載されている標準曲線は，10年ごとに厚生労働省が全国調査した乳幼児身体発育値にもとづいて作成されている。3パーセンタイル曲線は，同月齢の100名中，下から3番目の値で，97パーセンタイル曲線は下から97番目，最上から3番下である。厚生労働省の乳幼児身体発育調査では3，10，25，50，75，90，97の7つのパーセンタイルが公表されている。3パーセンタイル未満の子どもは，発育の偏りがあるとみなされる（標準より小柄）。97パーセンタイルを超える子どもも同様に発育の偏りがあるとみなされる（標準より大柄）。10パーセンタイル未満，90パーセンタイルを超える場合は，発育に関して経過をよく観察する必要がある。

（2）発育指数

　体型や栄養状態に関して，身長と体重の計測値を組み合わせて発育を評価する発育指数がある。発育指数は体格指数とも呼ばれる。日本ではカウプ（Kaup）指数がよく用いられる。

　カウプ指数は，乳児期の生後3か月以降と幼児期に用いられ，つぎの計算式で算出する。

カウプ指数＝体重／身長² ×10

　体重の単位はgを，身長の単位はcmを用いる（BMIとは基準値が異なる。※コラム参照）。

　年齢により，やせすぎ・やせぎみ・普通・太りぎみ・太りすぎの判定の数値が異なる。通常は，20以上が肥満で，13以下がやせすぎとしている。

（3）身長体重曲線（図3-8）

　身長と体重は単独に評価しないで，両者の関係に配慮しながら評価する。

　なお年齢ごとの身長・体重を示す資料としては，他に横断的標準身長・体重曲線がある。こちらは平均値を0として，±2SD（Standard Deviation：標準偏差）の範囲で身長と体重が発達すれば健全と考える。

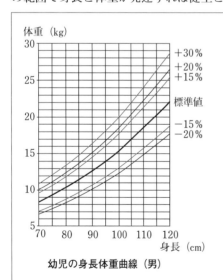

幼児の身長体重曲線（男）

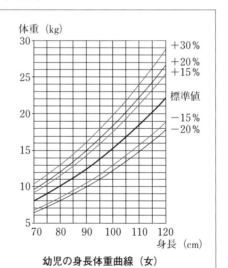

幼児の身長体重曲線（女）

出典）厚生労働省「平成22年度乳幼児身体発育調査報告書」2011

図3-8　身長体重曲線

（4）発育経過からの評価

　生後1か月まででは1日に25～30gの体重増加量をみるが，個人差があるので，全体の経過から判断する。

　乳児期は，一生の間でもっとも体重の増加量が大きい。特に生後1～2か月では体重曲線は急激に上昇する。通常，生後3か月では出生体重の約2倍となり，満1歳では約3倍となる。

⑤歯の発育

（1）歯の構造と原基

　胎生6か月ごろから歯の原基ができはじめる。生後6か月ごろまでには，乳歯にエナメル質や象牙質_{ぞうげしつ}がつきはじめる。また，同じく生後6か月ごろまでには，永久歯の基_{もと}もできはじめる。乳歯の石灰化は生後に進み，歯冠の部分は満1歳までにできあがる。

　乳児期に病弱であるとエナメル質や象牙質のつくられ方がよくないので，歯ができあがる前にカルシウムを摂取することを心がけるとよい。

（2）生歯の時期と順序

　生歯_{せいし}の時期は個人差が大きい。通常，乳歯は生後6～7か月ごろからはえはじめる。乳歯のはえる順序には個人差があるが，普通は中切歯（通常6～7か月），上の中切歯（通常8か月ごろ），上の側切歯，下の側切歯，第一乳臼歯，犬歯，第二乳臼歯の順にはえる（図3-9）。

　満1歳で多くの子どもは上顎歯4本，下顎歯2本，あるいは上下4本ずつとな

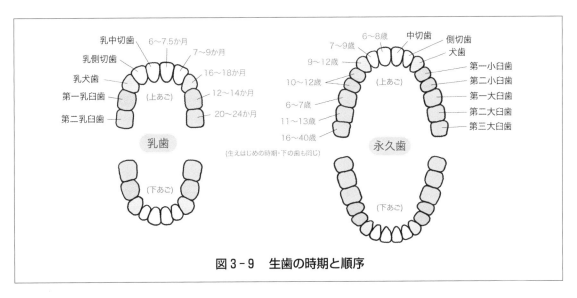

図3-9　生歯の時期と順序

る。しかし，1歳ではじめての歯がはえる子どももいる。1歳6か月では，上下各6本の乳前歯が萌出し，臼歯（第一臼歯）の萌出もある。満2歳すぎには上下10本ずつとなる。3歳では，乳歯がはえ揃って歯列も完成する。歯と口は，形態の成長と機能の発達が互いに影響を与えながら発育している。永久歯は，6〜7歳で，第一臼歯がはえる。さらに乳歯から永久歯にはえ変わり（乳歯が発生した順序ではえ変わる），25歳までに第二，第三大臼歯がはえて計32本となる。

4. 生理機能の発達

1 呼吸機能の発達

出生の瞬間に胎児は新生児となり，呼吸循環の状態が変化する。乳児の呼吸法は腹式呼吸（肋骨が水平に走っていて，呼吸をつかさどる筋肉が未熟であり，胸郭が広がりにくいため）である。腹式呼吸とは横隔膜を動かす呼吸である。発達とともに，徐々に肋骨は斜め方向となり，筋肉や骨も発達し，換気する力が増して胸式呼吸に移行する。胸式呼吸では，肋骨と肋間筋が動いている。1分間の呼吸の回数は，新生児期で40〜45回，幼児期で20〜30回，学童期で18〜20回というように，成長とともに減少する。

2 循環機能の発達

血液を全身に行きわたらせる心臓と血管のはたらきを循環機能という。胎児と新生児の循環には明らかな違いがある。胎児の心臓は胎生21日目から形成され，心拍と血流がはじまる。胎児循環では酸素は胎盤から得られ，肺はまだ酸素の運搬や換気にかかわっていない。胎児循環では心臓の卵円孔が開いていて，右の心房から左の心房へと血液が流れる。肺動脈と大動脈弓の間は，動脈管を通して血液が流れている（図3−10）。

新生児が，はじめて呼吸すると肺がふくらみ，肺の血管抵抗が減少する。そのため，卵円孔が閉鎖し，肺血管の圧が下がることで，動脈管も閉じる。動脈管は生後1〜3日で閉鎖する。正常な心拍数に関しては，新生児の心拍は平均120〜140回/分であり，一時的に泣いた場合には170回/分と増えたり，睡眠中は70〜90回/分に減る場合もある。

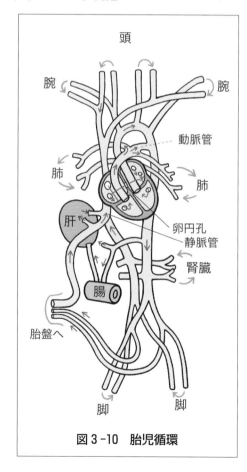

図3-10　胎児循環

❸消化機能の発達

　口から肛門までの食べ物を消化，吸収，排せつする器官を消化器官と呼ぶが，肝臓，膵臓，胆のうも消化の役割を担っている。胃の許容量は，新生児期は50mL，生後1～2か月では100mLであるが，1歳近くになると300～450mLとなる。新生児，乳児期では，成人とくらべて胃の形は細長く，噴門部（胃の入り口）がまだよく発達していないので，嘔吐しやすい★。

★乳児の胃の形
第5章 子どもの食，
p.69

❹血液，免疫，腎臓機能の発達

　胎生期に血液細胞をつくる造血は，初期には卵黄嚢，中期には肝臓，脾臓，後期には，骨髄で行われる。

　骨髄にある多能性幹細胞が，赤血球，骨髄球，巨核球系へと分化する。各年齢の正常血液像を**表3-1**に示す。出生直後の新生児は赤血球が多い。ヘモグロビンの値も高く，多血の傾向が認められる。出生時の白血球数は非常に高く，好中球が主である。

　感染を起こす微生物の侵入があると，ヒトは**自然免疫***と**獲得免疫****により，その侵入を撃退する。獲得免疫はリンパ球の免疫応答により獲得され，液性免疫

*自然免疫：あらかじめ備わった免疫。非特異的防御機構という。

**獲得免疫：侵入物に接触することで獲得される免疫。特異的免疫防御機構という。

表3-1　血液検査の年齢別平均値および正常域

	生下時	1日	1週	1か月	3か月	6か月	1歳	2～6歳	6～12歳	成人男子	成人女子
赤血球 （×10^{12}/L）	5.25 ±0.4*	5.14 ±0.6	4.86 ±0.6	4.1 ±0.6	3.7 ±0.35	4.6 ±0.35	4.6 ±0.4	4.7 ±0.35	4.8 ±0.3	5.4 ±0.35	4.8 ±0.3
ヘモグロビン （g/dL）	16.5 ±1.5	18.5 ±2.0	17.5 ±2.0	14.2 ±2.0	11.3 ±1.0	11.8 ±1.0	12.2 ±0.7	12.6 ±0.5	13.5 ±1.0	15.5 ±1.0	14 ±1.0
ヘマトクリット （%）	51±4.5	55±5.5	54±6.0	43±6.0	33±3.0	36±3.0	36±1.5	37±1.5	40±2.5	47±3.0	42±2.5
平均赤血球容積 （MCV）（fL）	108±5.0	108±6.5	105±9.5	104±9.5	96±9.5	91±8.5	78±4.0	81±3.0	86±4.5	90±6.0	88±5.0
白血球 （×10^3/μL）	18.1 （9.0～ 30.0）**	18.9 （9.4～ 34.0）	12.2 （5.0～ 21.0）	10.8 （5.0～ 19.5）		11.9 （6.0～ 17.5）	11.4 （6.0～ 17.5）	9.8 （5.5～ 17.0）	8.3 （4.5～ 14.5）	7.4 （4.5～ 11.0）	
好中球 （×10^3/μL）	11.0 （6.0～ 26.0）	11.5 （5.0～ 21.0）	5.5 （1.5～ 10.0）	3.8 （1.0～ 9.0）		3.8 （1.0～ 8.5）	3.5 （1.5～ 8.5）	3.7 （1.5～ 8.5）	4.4 （1.5～ 8.0）	4.4 （1.8～ 7.7）	
リンパ球 （×10^3/μL）	5.5 （2.0～ 11.0）	5.8 （2.0～ 11.5）	5.0 （2.0～ 17.0）	6.0 （2.5～ 16.5）		7.3 （4.0～ 13.5）	7.0 （4.0～ 10.5）	5.4 （2.0～ 9.5）	3.3 （1.5～ 7.0）	2.5 （1.0～ 4.8）	
単球 （×10^3/μL）	1.1	1.1	1.1	0.7		0.6	0.6	0.5	0.4	0.3	

※平均値と標準偏差　　※※平均値と正常範囲
出典）内山聖監修『標準小児科学　第8版』医学書院，p.712，2013より作成

と細胞性免疫の種類がある。免疫系の細胞は，造血幹細胞から分化したリンパ系の幹細胞が，T，B，NK（ナチュラルキラー）細胞に分化する。胎児の細胞性免疫能は低く，無菌的な子宮の中にいるため，抗体を産生する力は不十分である。このことを補うため，妊娠後期の母体からガンマグロブリン（＝**免疫グロブリン**）*が，胎盤を経由して胎児に供給されている。その免疫グロブリンの種類をIgGという。新生児になると，自分で抗体を産生し始め，さらには母乳から分泌型IgAを含む，感染防御因子を供給される。

＊免疫グロブリンにはIgG，IgM，IgA，IgD，IgEの5種類がある。IgGのみ胎盤を通過する。

　腎臓では，血液中の老廃物をろ過して尿をつくり，膀胱から排せつする。新生児期では，尿の回数は，1日に18〜25回と多く，尿量は100〜300mL/日である。

　新生児では，体重あたりの体の水分量は80％にも及ぶ（成人は60％）。

5 視覚の発達

　新生児では，対光反射が出生の直後から認められる。光があてられると，そちらの方向に頭を動かそうとしたり，瞬きをする。生後5〜6週ごろから，追跡固視が可能となる。光を目にあてたときの瞬き（瞬目反射は，生後2〜3か月で認められる。生後4か月では，目で見て，動きのあるものをつかもうとする。子どもの視力は測定の方法により，かなり違いが出る。

6 聴覚の発達

　聴覚とは音に気づく，音色，音の高さ，リズムを区別するなど，複雑な機能をもつ知覚である。胎児は，胎生25週で音に反応するとされ，胎生32〜33週で，聞きなれた音と，はじめて聞く音を識別できるという報告もある。すなわち，新生児は，かなりの聴力をもっており，特に甲高い音をよく聞く能力がある。新生児では，大きな音に対してモロー反射（後述）のような動作が認められ，音に反応する。聴力障害のスクリーニングのために，聴性脳幹反応（Auditory brain stem response：ABR）が，新生児期から行われている。

5. 運動機能の発達

1 粗大運動と微細運動

　運動は，粗大運動と微細運動に分けられる。粗大運動（移動運動）は，出生後1年で歩くことができるようになる。歩行が可能になるためには，頭を上方に保つ（首が座る）・寝返り・座る・腹ばい・四つばい，立ち上がるという順序で発達する。発達の原則のところで述べたように発達には個人差があるため，正常範

囲の幅，通過率についての知識が必要である。定頸（首座り）の時期以降は，2
～3か月の遅れは，あまり問題にならないことが多い。生後1か月までには，顎
を床から少しあげることができるようになる。

　運動の発達は，頭から尾の方向へ（頭から下の方向へ），体幹から外側（手足）
に向かって（近位部から遠位部の方向へ）発達する。脳に近い側から，段階的に
発達する。まず首が座ってから，おすわりが可能となり，さらには，はいはいが
可能となるという順番である。乳幼児期には，1歳6か月までに歩行ができる。
4歳では，片足跳び，片足立ちができる。すべての乳幼児が，同じ時期に同じよ
うな順序で発達することはない。しかし発達には，月齢を目安としているものも
ある。シャフリング・ベビーとは，寝返りが苦手で，通常のはいはいをせず，座
位で，いざり運動をして（両足で，漕ぐようにして動く）移動し，1歳半から2
歳で一人歩きが可能となる子どものことをいう。

２ 初期の乳児の原始反射

　反射とは，特別な刺激により意志とは無関係に起こる身体の反応のことである。
一生続く反射もあれば，新生児期に出現して1歳ごろまでに徐々に消えていくも
のもある。新生児期に発現する原始反射は，大脳皮質が発育するとともに消失す
る。新生児が適応するための先天的反射であり*，モロー反射，把握反射，模索
反射，緊張性頸反射などがある。

　原始反射は，胎生5～6か月より発達し，出生時までに最高に達する。原始反
射については，「下位の反応が上位の反応の出現を刺激し，上位が下位の反射を
修飾し利用しながら，新しいパターンへと発達していく」と最近は考えられてい
る。乳児の発達とともに反射は消失するものもあれば，出現する反射もあり，変
遷する。

　原始反射は，自発運動の中で，特殊な状態によって引き起こされる特殊な運動
パターンであると考えられている。新生児期にみられた原始反射の一部は生後2
～4か月ごろより消失しはじめ，つぎに中脳レベルの平衡反応が出てくる。反射
の出現と消失の経過は神経系の発達をみる指標となる。

（1）新生児期の原始反射

　新生児の動きは限られていて，反射としてあらわれる。反射とは，単純な学習
によらず自動的に起こる「刺激に対する反応」であり，子どもとしての生命体が
環境に適応し，生き残っていくための重要な動きである。反射の中枢は，脊髄，
脳幹にある。

　原始反射は，以下の3つの群に分類できる。

*先天的反射に対して，条件反射などの後天的反射がある。ロシアのパブロフ（1849～1963）は，犬（「パブロフの犬」と呼ばれている）を用いて，条件反射の研究を行った。犬の食事時にベルを鳴らすことを続けたところ，犬はベルが鳴っただけで，食事が出てこなくても唾液を出すようになると報告した。条件反射は，経験により脳が覚えているために起こる反射である。

①アプローチ反射（近づいてくるものに対する反射）

飲食や呼吸などを取り入れることに関係する模索・吸啜（強く吸う）・嚥下反射がこの群である。

模索反射

口のまわりへの刺激に対して起こる反射。新生児の口角を触れると口を開いてそちらのほうに顔を向け，指を吸おうとする。すなわち，刺激を受けた原因をとらえ，求めようと探索（模索）する動きである。最終的には吸啜につながる。

吸啜反射

口の中に検者の指を入れると，乳首を吸うように強く指を吸う反射。

②逃避に関係する反射

第2の群は，咳，くしゃみ，またたきや筋肉をひっこめるなど逃避の動きである逃避反射は，いったんはじまると中途半端な形では終わらない。

聴性瞬目反射

目の前で手をたたいて音をたてると，両側の目が同時に瞬きをする。聴力の確認をすることができる。

視性瞬目反射

急に目の前にペンライトの光などが近づくと瞬きをする。生後2か月ごろからはっきりとする。

逃避反射

足底を（軽く）移動させると，両側の下肢を屈曲し，足を引っ込める反射をいう。生後3か月以降消失する。

③その他の反射

系統発生的にヒトの祖先を思い起こさせる反射や，痕跡的に残っていると考えられる反射などがある。モロー反射・把握反射・バビンスキー反射は，ヒトの祖先では現在よりも重要であったと考えられる。

モロー反射（図3-11）

大きな音で，新生児をびっくりさせたり，頚部を突然伸展させることで誘発できる。その結果，新生児は目を見開き，腕を完全に外転，伸展させ，手指は伸展し（第1相），続いて腕と手指が屈曲し，内転する（第2相）。

下肢の伸展や股関節の屈曲もみられる。生後6週までは第1相，第2相とも出現するが，生後6週以降は，第1相まで出現し，生後4〜5か月で消失する。生後6か月以降でモロ

図3-11　モロー反射

一反射が残っていると異常であり，脳性麻痺の疑いがある。

　モロー反射が非対象性であるときはErb麻痺（エルプ麻痺）が考えられる。エルプの麻痺とは分娩麻痺の一種であり，上腕型麻痺ともいう。難産や骨盤位のお産で，神経根が傷付いたときに麻痺が出る。

手掌把握反射（図3-12）

　新生児の手掌を指で圧迫すると検者の指を握りしめる。出生時から出現し，随意に手掌把握ができるようになってくる3〜4か月で消失する。

図3-12　手掌把握反射

足底把握反射

　足の指の付け根を圧迫すると足指が屈曲する。ひとり立ちが可能となる9〜10か月で消失する。子どもの母指球を母指で圧迫すると全指が屈曲する。

バビンスキー反射

　足の裏を刺激すると足の親指は背屈し，他の足指は，扇のように広がる。これをバビンスキー反射という。2歳以降に認められる場合は，異常と考えられる。

歩行反射（図3-13）

　新生児歩行とも呼ばれる。子どもの腋の下を支えて起立させて，前に傾かせると歩行のような動作をする。

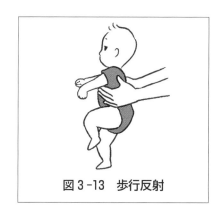

図3-13　歩行反射

緊張性頸反射（図3-14）

　背臥位で頭部を一方向に向けると，向いた側の上下肢の伸展と反対側の上下肢の屈曲姿勢（フェンシング姿勢）がみられる。

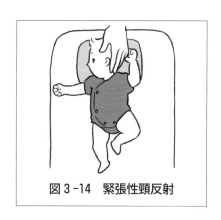

図3-14　緊張性頸反射

6. 精神機能の発達

　シュタイナー*は，幼児期には豊かな感覚の体験や運動をすること，信頼できて模倣できるおとなが身近にいること，生活のリズムが大切であることを述べた。発達，特に社会認知機能の発達に関しては，環境と行動が，それぞれ相互に影響を及ぼす。

　バンデューラ**は，ヒトの認知（人の思考，計画や人格）が，環境と行動と相互に作用し合い，この3つの要素が，学習と発達にかかわっていることを示した。心の発達を理解するための主な理論は，第4章を参照のこと。

*ルドルフ・シュタイナー：Rudolf Steiner (1861-1925)。オーストリア出身の思想家・哲学者。

**アルバート・バンデューラ：Albert Bandura (1925-) カナダ出身のアメリカの心理学者。

1 子どもの心の健康

　子どもの心の健康に影響する因子には，（1）子ども自身の発達，（2）養育者（父，母，祖父，祖母，その他家族，専門的保育者など），（3）保育所，幼稚園，学校，（4）学校以外の社会環境があげられる。

（1）子ども自身の発達

　子ども自身の因子としては，身体障害（発育・視聴覚・運動機能など），知的レベル，言語発達，コミュニケーション能力，自尊心の獲得の程度（自己評価の安定），性的発達，良好な愛着行動の発達を基盤とした一人立ち（自律）の成就，子どもにかかわる人々の側面などの課題がある。

（2）養育者

　養育者の因子としては，養育者自身の年齢相応の達成感に基づく自尊心の獲得の程度（就労も含む），パートナーとの出会いと適応状況，子どもをもつことの意志決定状況，おとな2人だけの生活に子どもが出現することへの適応状態，父親・母親としての役割への適応，突発事故や疾病による身体障害や精神障害の発生，祖父母との関係，家族構成員の疾病や死亡，家庭内不和・別居・離婚の問題，中年期・高齢期への適応の問題などがある。

（3）学　校

　学校は子どもたちが生活する場所として家庭についで長時間過ごす場所である。学校は，社会化の場として友人関係や先生との関係が重要であるが，子ども自身のコミュニケーション能力の向上や自尊心の獲得の場としても重要である。

　学校の因子として，学級崩壊・校内暴力・荒れた学校など学校全体の環境，教師の素質や精神問題，社会化の場としての職員室，クラスの機能，子ども同士の関係，ＰＴＡ機能などがある。

（4）学校以外の社会環境

　学校以外の社会環境としては，地域に直接関係するもの，都市化の問題，マス

コミや社会文化・経済的なものがあり，それぞれのレベルにおける子ども観の違いによって大きく影響されている。

2 家族構成の変化

　社会構造・産業構造の変化に伴って人々が地域移動し，核家族世帯が増加し，出生率が低下した。現在，小家族化がさらに進み，一人っ子が増加している。

　少子化・高齢化・核家族化に加え，未婚，非婚，離婚によるひとり親家族，互いに子どもを連れた再婚家族（ステップファミリー），養子や里子を迎えている家族，子どもをもたないことを選択した家族，海外では同性同士の結婚など多様化しており，さらには人工授精や代理母出産による子どもの誕生などこれまでにはなかった新しい家族のかたちができている。

3 子どもの心の発達段階

（1）胎生期

　胎児は母体内に約40週いるが，その間に精神活動の基礎となる脳が発達する。

　胎児のときから赤ちゃんは，母親とさまざまな形で，コミュニケーションをとっている。母親は胎児へ声かけなどをする一方で，胎児は母親の心臓の鼓動音，母親の声，母親が聞いている音楽など外界の音もしっかりとらえている。

（2）乳児期

　乳児期とは出生直後から歩きはじめたり，初語の出る1歳過ぎ，または離乳がほぼ完了する1歳半前後までをいう。

①言語発達

　乳幼児期の言語発達は，新生児では，周波数が高く抑揚の大きい声を好み，生後2か月となると，人の声に振り向くようになり，1歳では，「こっちに来て」「ちょうだい」などを理解できる。また，新生児期では泣いていたが，生後2か月になると鼻声（クーイングと呼ばれている）も出てきて，6〜7か月では喃語（アー，ダー）が出る。1歳では「パパ」の一語，2歳では「パパあっち」の二語文を言えるようになる。言語の獲得には敏感期（sensitive period）があるといわれる。

②情緒の発達

　乳児の愛着行動には，急に人の姿が見えなくなると泣いたり，あやすと微笑んだりするなどで情緒の信号を送るようになり，それを読み取った周囲の養育者が応答して乳児の欲求を満たしてあげると，相互関係ができてくる。このように依存して生きている乳児でも，依存対象から育てる力を引きだす能動的な存在であることについて，エムディー*は情緒応答性のシステムとして論じた。

*ロバート・エムディー：Robert N. Emde（1935-）アメリカの精神医学者。乳幼児の精神発達研究で成果を上げる。

（3）幼児期

　1歳後半，2歳ごろから就学前までを幼児期といい，これまで親に依存していた状態から，しだいにあれこれ行動することを試みるようになる。また，日常の身辺の社会生活に必要な基礎的な生活技能を身につけていく時期でもある。

　さらに知的好奇心の旺盛な時期であり，自我も確立していく時期なので自己主張して反抗期といわれる。

（4）児童期

　児童期は，小学校入学から卒業までの期間なので，学童期ともいわれる。

　児童期では一般に，友だち中心の集団生活を送るようになる。これまでの家庭生活から新しい世界に入ることで，生活環境が大きく変わり，また第2次性徴という身体的変化も大きい時期である。同じ小学生でも1～2年生の低学年児（前期）と3～4年生の中学年児（中期）および5～6年生の高学年児（後期）とでは，心身の発達の特徴は異なっている。

　児童期は，思春期・青年期という変化の著しい時期と比べると，比較的安定していると考えられている。順調で平穏な成長を遂げる時期であり，論理的思考が発達し，人生の基礎づくりをするという意味でも重要である。

　保育所保育指針（2017〈平成29〉年厚生労働省告示）では，「乳児」「1歳以上3歳未満児」「3歳以上児」の3年齢に区分してそれぞれの発達を記している。

４ 社会性の発達

　社会性の発達は，おとなとの関係や子ども同士の関係などの多様化する対人関係を中心に進む。ここでは児童期を中心に解説する。

（1）おとなとの関係

　幼児期に続いて，児童期も親子関係が重要である。社会化の重要な担い手は両親を中心とする家庭生活であるが，家庭を安全地帯として，子どもは外の世界での対人関係をさらに広げていくことができる。

　同性の親との関係性から親との同一視が起きる。そして同性の親をモデルに，社会における性的役割を理解するが，これは青年期の自我同一性の確立にかかわる。教師との対人関係も，親とは違った同一視の対象になり得るものでもある。

（2）子ども同士の関係

　乳幼児期において親との信頼関係を確立させた子どもは，友だちとの関係が重要となってくる。児童前期では，グループを構成するメンバーは一定せずに結束力が弱く，友だち選びの理由も，家や席が近いことであったりする。しかし，児童期の中期から後期にかけては，同性の同年齢児たちが一定の小集団をつくり，

強力なリーダーと集団の掟のもとで，仲間遊びをするようになる。この時期は，親をはじめとするおとなよりも仲間のいうことのほうが大切に感じられて，仲間に同調し徒党を組むところから，ギャングエイジ（徒党時代）と呼ばれている。集団での厳しいルールや規範を通して，子どもは我慢をして自分を抑えるなど対人関係の力を育てていく。

（3）社会性とパーソナリティ

　児童期は社会化が進む時期であり，その過程で"自分"という人間を意識しだす。自分を客観的に評価し，肯定的に受け入れて信頼できるようになっていくことが大切である。

　エリクソン*が，この時期の発達課題を「勤勉性劣等感」と称したように，勉学や運動や遊びなどのさまざまな場面において自己と他者との能力を比較してみるが，親や教師など身近なひとたちからのはげましや賞賛によってがんばったり，努力したりできる。一方で目標が高すぎたり，批判や非難ばかりされたり，ほめられることが少なかったりするなどの周囲の対応によっては，子どもは何かにつけて劣等感を感じ，意欲をもって積極的に学習や活動に取り組むことができなくなる。

*エリク・H．エリクソン：Erik Homburger Erikson（1902-1994）ドイツの心理学者。

7. 発達のバリエーションと発達検査

　正常範囲であるが，特異な発達の経過を示す子どももいる。例えば，寝返りをしない，下肢をつかない，座位から這わないでそのまま立位になるなどである。また歩行前の時期にいろいろな移動形態をする子どももいる。例えば座位のまま，ひざや尻をついたまま移動したり，ひとり立ちの後に怖がってなかなかひとり歩きしないなど。そのような子どもが正常範囲か否かについては，全体の発達で見る。脳の障害となる原因が見あたるか，反射や姿勢に問題がないか，身体発育に問題がないかを検討して総合的に判断する。

　運動発達の進んでいる子どもの知能が高いとは限らない。知能とは，学習し経験することにより得られる能力であり，言語性の知能，動作性の知能が評価される。知能検査の結果は知能指数（IQ）として表示され，次の計算式により求められる。

知能指数＝精神年齢／生活年齢×100

　質問表を用いて子どもの発達を評価する検査には多数の種類がある（**表3－2**）。遠城寺式乳幼児分析的発達検査（九大小児科改訂版）では，0歳から発達指数（DQ：Developmental Quotient）を求めることができる。津守・稲毛式乳幼

表3-2　発達検査の種類と特徴

検　査　名	適用年齢	検　査　内　容
乳幼児精神発達検査 （愛研式）	0〜7歳	感覚，発達，社会性，学習，材料処理，精神的生産の6機能別の発達を見る。
乳幼児簡易検査	0〜8歳	上記検査の簡易版で，おおまかな評価が可能である。
乳幼児精神発達診断検査 （津守・稲毛式）	1〜12か月 1〜3歳 3〜7歳	母親と面接し，観察に基づく報告により発達を診断する。運動，探索，社会，生活習慣，言語の5領域で診断する。
乳幼児分析的発達検査 （遠城寺式）	0〜4歳7か月	移動運動，手の運動，基本的習慣，対人関係，発語，言語理解の6領域で発達を見る。
実際的個別的知能測定法 （鈴木・田中・ビネー）	2歳〜成人	日本において多数の児童を対象に標準化されたもので，比較的短時間で検査ができ，道具も簡単で利用しやすい。
田中・ビネーテスト	2歳〜成人	幼児のための動作性の検査項目がある。
日本版デンバー式発達スクリーニング検査	0〜6歳	粗大運動，言語，微細運動－適応，個人－社会の4領域で，発達を評価する。発達障害のスクリーニングに用いる。

児精神発達診断検査では，発達指数を求めず，発達輪郭表を作成する。他に日本版デンバー式発達スクリーニング検査や新版K式発達検査2001がある。

【参考文献・資料】

厚生労働省「乳幼児身体発育調査」2011

厚生労働省「令和2年（2020）人口動態統計」2021

内山聖監修『標準小児科学　第8版』医学書院，2013

Julia A. McMillan, Ralph D. Feigin"Oskis Pediatrics" Lippincott Williams & Wilkins，2006

馬場一雄監修，原田研介編『新版　小児生理学』へるす出版，2011

松本峰雄監修，小林玄・桜井ますみ・長谷川美貴子・堀田正央著者『子どもの保健と安全　演習ブック（よくわかる保育士エクササイズ7）』ミネルヴァ書房，2020

金子智栄子監修『イラストでよくわかる　0〜6歳時の発達と保育』成美堂出版，2018

矢田貝公昭監修，糸井志津乃・高橋弥生編『子どもの健康と安全〈保育士を育てる〉⑦』一芸社，2020

矢田貝公昭監修，吉田直哉・糸井志津乃編『子どもの保健〈保育士を育てる〉⑧』一芸社，2020

第4章

子どもの精神保健

〈学習のポイント〉　①子どもの精神保健の特徴について知る。
　　　　　　　　　②子どもの心の状態を測る評価と療育の方法を理解する。
　　　　　　　　　③幼児期の心の問題を理解する主要な理論と考え方を学ぶ。
　　　　　　　　　④現代における子どもの心の問題と保育的対応を押さえる。

1. 子どもの精神保健とは

　心身症，不登校，問題行動，または心の問題を持つ小児の情緒や行動の問題など，精神保健を検討する上で最も重要なのは，「子どもは常に成長と発達とを続けている」ことを念頭に置いて，その子どもがどのような発達段階にあるのかを適切に評価することである。

　そして適切な対応をするためには，まず身体的基礎疾患の有無を確認することが基本となる。次に子どもの知的発達を正確に評価し，年齢相応の理解力と表現力を持っているか否かを確認する。その上で，子どもを取り巻く環境要因等を包括的に考え，さらに心理社会的特徴を検討することである。これには，心理的問題，環境要因，ストレスなどが原因となって生じた症状や疾患，具体的には子ども虐待，事件・事故や自然災害等による心的外傷後ストレス障害（PTSD），保護者のアルコール依存の影響による精神症状，いじめや不適応によるうつ状態などが含まれる。しかし，これらの情報を丹念に聴取し，検討していくには多大な時間と労力を要することも事実である。そのため，発達と精神保健に熟知した公認心理師や臨床心理士，さらには教育界や行政・福祉関係者との連携が不可欠となる。また症状が悪化，あるいは併存障害など疑われた場合は，できるだけ早期に児童精神科医など精神保健の専門家との連携も視野に入れておく必要がある。

2. 精神保健における診断

　診療の場での診断にいたる情報の整理と診察の概要を，以下に示す。これらの情報を整理する上では，子どもと毎日の生活をともにする保育者からの情報が重要となる。

1 主要症状と現病歴

- ・症状出現時の状況：医療面接の基本は５Ｗ１Ｈに準じて，「いつ」「どこで」「誰が」「何を」「なぜ」「どのように」を把握することが不可欠である。
- ・子どもの症状に対する保護者の態度：誰が困っているのか。親・子ども・周囲の人
- ・症状が増悪・軽減する状況の確認
- ・今までに受けた治療概要
- ・子ども，保護者ならびに周囲の人が症状をどう理解しているかを確認

①既往歴・発達歴（母子健康手帳は小児科受診に必携である）

- ・周産期の状況：胎生期を含めて母子ともに健康状態であったかの確認
- ・幼児期の問題，健康診査における問題：問題点・症状にいつ気づいたか
- ・発達歴：言葉の発達，精神運動発達が暦年齢相応か否か
- ・内科的，精神科的既往歴：基礎疾患の有無を確認
- ・予防接種や歯科検診などの保健活動への参加：適切な養育環境か否か，さらには診察時の子どもの暴れ方など，行動特性の把握
- ・小学校入学後の成長曲線：適切な環境，基礎疾患の鑑別など

②家族歴：可能ならば親の生育歴　家族構成：現在に至るまでの構成の変化

③保育園，幼稚園，などの集団での様子

- ・就園，就学時の様子：登園しぶり，母子分離不安など
- ・友達関係：いじめ，いじめられ体験の有無，遊びの様子など

④心理社会的問題

- ・家族関係
- ・家庭の社会的，経済的問題，その他のストレス要因の確認

　現在，法律あるいは臨床現場で用いられている病名（発達障害者支援法など）はICD-10*に基づいているが，発達障害（神経発達症群）を専門とする医学領域では，2013（平成25）年に改訂され2015（平成27）年に和訳が刊行されたDSM-5**の病名が汎用される。またICD-11和訳案が2018（平成30））年に発表され，2022（令和４）年に確定する予定である。発達障害者支援法とDSM-5，ICD-11訳語案の対応関係を**表４−１**に示す。なお本教科書はDSM-5に準拠している。

*ICD-10：International Statistical Classification of Diseases and Related Health Problemsの略称で，国際疾病分類と訳される。WHO（世界保健機関）が世界の国・地域の死亡分類を目的として作製し，ICD-10は1990（平成２）年の世界保健総会で採択された。

**DSM-5：Diagnostic and Statistical Manual of Mental Disordersの略称で，アメリカ精神医学会が刊行する精神疾患の診断基準と診断分類。DSM-5はその改訂第５版にあたる。

表4－1　発達障害者支援法に記載された病名とDSM-5およびICD-11訳語案の対比

発達障害者支援法	DSM-5	ICD-11訳語案
自閉症，アスペルガー症候群，その他の広汎性発達障害	自閉スペクトラム症（ASD★）	自閉スペクトラム症
学習障害	限局性学習症（SLD★）	発達性学習症
注意欠陥多動性障害	注意欠如・多動症（ADHD★）	注意欠如・多動症
そのほか「脳機能の障害で，通常低年齢で発現する障害」	コミュニケーション症群★（言語症，語音症，小児期発症流暢症〈吃音〉，社会的〈語用論的〉コミュニケーション症）	発達性発語または言語症群
	発達性協調運動症（DCD*）常同運動症	発達性協調運動症常同運動症
	チック症群	（※IDC-11ではチック症は神経疾患に移動）

資料）古荘純一「医学用語を考える：ICD-11における発達障害の訳語を中心に」日本小児科学会雑誌 Vol.125（11），2021，p.1511-1517の表3「発達障害者支援法，DSM-5，ICD-11の病名対比」を一部改編・追記

3. 子どもの精神保健を理解するために

★障害の解説
第6章 子どもの病気と保育，p.124

＊発達性協調運動症：協調運動は身体の各部の機能を脳が統合して，一連の動作・運動にすること。ボールを蹴る，階段を昇降する，箸やはさみなど道具を使うといったさまざまな場面で機能するが，発達性協調運動症は，この運動に極端な困難がみられる。

　幼児期から小児期の心理社会的問題の特徴として，子どもは心もからだも発達途上にあり，何らかのストレスに対して気分障害や行動面などに問題が生じるだけでなく，子どもをとりまく日常生活のさまざまな場面に徴候が現れることを理解する。例えば，単にうつや不安といった気分障害関連症状や病名の有無に左右されるのではなく，食欲低下，眠れない，登園・登校渋り，友だちと遊ばない，あるいはトラブルを起こす，表情が硬い，ぼんやりとするなど，さまざまな症候が現れうる。以下の評価尺度には，これらの問題を包括的に評価する方法と，不安・うつなど特定の気分に焦点をあてて評価する方法とがある。

1 包括的評価

（1）日本語版小児心身症チェックリスト（PSC：Pediatric Symptom Checklist）

　小児心身症チェックリスト（PSC）は，米国マサチューセッツ総合病院の児童精神科医Jellinekらにより開発された子どもの心理社会的問題のスクリーニング検査である。PSC日本語版は石崎らにより標準化され，主に学童期に用いられる[**]。

　35項目の質問文に対し，子どもの保護者に「全くない＝0点」，「時々ある＝1点」，「しばしばある＝2点」の3段階で記入を求め，合計点（PSCスコア）を算出する。PSCスコアが17点以上の場合，スクリーニング陽性とし「心理社会的問題あり」と判定されるが，これは最終診断ではなく，子どもが何らかの心理社会的問題を持つと考えて，どのような問題であるのか検索を行う起点となる。

**石崎優子，深井善光，小林陽之助「米国マサチューセッツ総合病院Jellinekらの開発したPediatric Symptom Checklistの日本語版の作成－小児心身症早期発見のために－」日本小児科学会雑誌，101，p.1679-1685，1997

質問項目には「そわそわして，じっと坐っていられない」などの多動症状，「よく眠れない」「あまり楽しそうに見えない」などのうつ症状など，どの項目がチェックされているのかを見ることにより，次に進むべき検索の方向が推察できる。ただし保護者が記入するため，保護者の主観に左右され，正確な評価が得られない場合があることも念頭に置いて評価する必要がある。

（2）Child Behavior Checklist（CBCL）

米国バーモント大学のAchenbackらが開発した調査票で，保護者が記入する調査票，ほぼ同じ内容で本人が回答する調査票（Youth Self Report），教師が回答する調査票（Teacher's Report Form）の3種類により行動評価を行う。CBCLは2-3歳の幼児版（CBCL/2-3）と年長児版（CBCL/4-18）とに分かれ，子どもの情緒と行動を多面的に評価するものであり，日本において井潤らにより標準化されている*。

*井潤知美，上林靖子，中田洋二郎 他「Child Behavior Checklist ／ 4-18日本語版の開発」小児の精神と神経, 41, p.243-252, 2001

CBCL/4-18は社会的能力尺度と問題行動尺度から構成されており，社会的能力尺度は，子どもの趣味や友達関係，家族関係など生活状況を調べ，問題行動尺度は118の質問項目と書きこみ可能な1項目から構成されている。

これらの質問により評価される症状群尺度は，「ひきこもり」「身体的訴え」「不安／抑うつ」「社会性の問題」「思考の問題」「注意の問題」「非行的行動」「攻撃的行動」の8つの軸からなり，さらに「ひきこもり」「身体的訴え」「不安／抑うつ」からなる内向尺度，「非行的行動」と「攻撃的行動」からなる外的尺度と総得点が算出される。これらの得点を標準化されたプロフィール表にプロットするとT得点に換算され，それぞれ境界域，正常域，臨床域と評価される。

これらの結果から，子どもの情緒面及び行動面の発達や問題の特徴を包括的につかむことができる。抑うつ尺度（例：Children's Depression Inventory〈CDI〉），不安尺度（例：Children's Manifest Anxiety Scale〈CMAS〉：児童顕在性不安検査）などはいずれも学童期以上を対象としていることから，本稿では割愛する。

以上の各種評価方法は，評価を行う前に得られた結果を子どものためにどのように役立てるかを考えておく必要があり，単に点数を伝えるだけで終わりとせずに，問題の解決に向けた対処法を提示するように配慮することが最も重要である。また結果を伝える際に保護者に伝えるのか，子どもにどのように伝えるのかも，極めて重要な問題である。生じている問題に対して，どのような対処法があり，どのようなプログラムを提供できるのかを説明する際に，幼児期であっても子どもが同席することは子ども自身が自分を理解し努力するために大切な機会になることを認識しておく。子どもが理解できる内容にかみ砕き，ともに検討することは子ども自身が改善しようとする目的意識を高めるためにも有効となる。現在は精神保健領域のみならず，さまざまな疾患においても，インホームド・コンセン

トおよびアセントの重要さを理解し，結果の伝え方は特に重要であることを認識して，慎重かつ真摯に行うことが求められている。

4. 治療と療育

■1 本人を対象とした治療と療育

（1）SST：Social Skill Training

同一の発達障害（神経発達症群）であっても，一人ひとりさまざまな社会適応状態を有している。SSTは以下の3つの視点でそれぞれの適応を考えて行われる。

①**発達的視点**：子どもの全般的な社会的スキルのレベルを高める。

②**予防的視点**：社会的スキルの欠けている子どもを早期に発見し，適切な指導を試みる。

③**治療的視点**：重度の社会的スキルの欠如を治療し，再適応を図る。

（2）TEACCH：Treatment and Education of Autistic and Related Communication-Handicapped Children and Adult

TEACCHは，1972年に米国ノースカロライナ州で開始された自閉スペクトラム症（ASD）特化型教育支援制度の略称で，心理学者のEric Shoplerによって創立された。自閉症は脳の障害であり，定型発達児とは脳の情報処理が異なるという理解に基づき，視覚支援を中核とした具体的支援法を体系化している。

構造化された指導方法として，①物理的構造化，②視覚化した個別スケジュール，③ワークシステム，④視覚的構造化，の4つの方法が用いられ，自閉症児に「いつ」「どこで」「何を」「どのように」「どうなったら終わり」「終わったら次は何がある」の5W1Hを分かりやすく提示することができる★。

★障害のある子どもへの対応
第Ⅱ部健康と安全／第10章第4節，p.216

（3）応用行動分析（ABA：Applied Behavior Analysis）

ABAはB.F.Skinnerが創始した行動分析学に基づき，ヒトの行動の基本原理を，人間の抱える多様な問題の解決に応用する方法で，行動療法の一つである。

ABAでは与えられた条件と，それに対する行動を3パターンに分けて考える。

①**強化**：褒美となる刺激が加わると，その行動は増加する

②**消去**：行動に褒美が伴わないと，その行動は減少する

③**罰**：行動の直後に不快な刺激が加えられたり，快刺激が取り去られると，それ以後その行動は減少する

ABAは自閉症に限らず，すべての人間に共通する行動原理に基づくことから，さまざまな場面で応用することができる。

② 保護者を対象とする療法

　PT（Parent Training）は行動療法のひとつで，家庭という生活の場で保護者が子どもに対して行動療法的かかわりを実践する最良のサポーターとなれるように，グループでトレーニングしていく療法である。PTによって，保護者が子どもの気持ちや行動を理解し，適切な対応ができるようになることで，子どもの適応行動が増えて，Self esteem（自己評価）が向上し，二次障害が予防でき，良好な経過が期待できる。

5. 幼児期の心の問題を理解する主な理論と考え方

① ピアジェとボウルビーによる精神発達理論

　乳幼児期の子どもの精神発達について，ピアジェの*認知発達4段階（**表4－1**），またボウルビー**による子どもがストレスを感じているときの愛着理論（**表**

表4－1　ピアジェの認知発達4段階

年齢と発達段階	行動の特徴
0～2歳：感覚運動期	五感の刺激を求め，シェマ*・同化・調節を繰り返す。
2～7歳：前操作期	物事を自分のイメージを使って区別・認識できるようになる。
7～11歳：具体的操作期	論理的思考が発達し，相手の気持ちを考えて行動できるようになる。
11歳～：形式的操作期	知識・経験を応用し，結果を予測して行動や発言ができる。

表4－2　ボウルビーの愛着理論

発達段階	発達状態
第1段階： 人物を特定しない働きかけ	新生児期から生後8～12週ごろまで続く。無差別に周囲の人間に対して興味を持ち働きかける段階。
第2段階： 特定の人物に対する働きかけ	生後6か月ごろまで続き，人に対する親密な行動が特に母親に対して顕著になる。母親を見分けるようになるが，母親の不在に対して泣くという行動はまだ見られない段階。
第3段階： 真の愛着形成	親とその他を区別する能力が確固たるものとなり，見知らぬ人に対しては警戒したり不安を感じたりする，いわゆる人見知りが起きるようになる段階。満2～3歳ごろまで続く。
第4段階： 目標修正的な協調性の形成	母親など特定の人物がいなくても，情緒的な安定を保てるようになる段階。母親が考えていることや行動などが洞察できるようになると，母子間に協調性の基礎が，2歳から3歳で形成される。

*ジャン・ピアジェ（Jean Piaget）：新生児期から青年前期までの知性的発達段階を示す発生的認識論を提唱したスイスの心理学者（1896～1980）。写真は中澤潤編著『保育・教育ネオシリーズ13　教育心理学の基本理解』同文書院，2010より

**ジョン・ボウルビー（John Bowlby）：イギリスの児童精神医学者（1907～1990）。精神分析医のスピッツが提唱した母子関係理論を展開させて，「愛着理論」を確立。母子の愛着関係を人格形成の核になるものとみなした。写真は中澤潤編著上掲書より。

*シェマ（scheme）：事柄や物，環境を理解するために，見る，触るなどによりその形や硬さなどを認識する過程。

4－2）は，現在に至るまで種々研究がなされている。子どもの精神発達を考える上で重要と考えられる。

　乳幼児期は，母親や父親など特定のおとなとの間に，愛着関係を形成する時期である。乳幼児は，愛情に基づく情緒的な絆による安心感や信頼感の中で育まれながら，さらに複数の人とのかかわりを深め，興味・関心の対象を広げ，認知や情緒を発達させていく。また，身体の発達に加えて，食事や排泄，衣服の着脱などの自立が可能になるとともに，食事や睡眠などの生活リズムが形成される時期でもある。

　さらに，幼児期には，周囲の人や物，自然などの環境とかかわり，全身で感じることにつながる体験を繰り返し持つことで，徐々に自らと違う他者の存在やその視点に気づきはじめていく。いわば，遊びなどによる体験活動を中心に，道徳性や社会性の原点を持つことになる時期である。

　現在のわが国における乳幼児期の子育ての課題として，親子関係では，親の子育てへの無関心や放任などから，過保護や甘やかせすぎ，さらには虐待といった，多様な問題が指摘されている。さらには，少子化の影響で，子ども同士の地域での触れ合いが減少している問題も見られる。これらを踏まえて，乳幼児期における子どもの発達において，重視すべき課題として，以下があげられる。

・愛着の形成（人に対する基本的信頼感の獲得）
・基本的な生活習慣の形成
・道徳性や社会性の芽生えとなる遊びなどを通じた子ども同士の体験活動の充実

　発達段階において親子関係を含めた心理社会的問題があると，その後の人格形成にも大きな影響を与えてしまう可能性があるため，愛着行動はとても重要と考えられる。

❷ 心の理論

　1978年にPremack＆Woodruffにより提唱された，他者の心を類推し，理解する能力とされている。特に発達心理学において，乳幼児を対象にさまざまな研究が行われるようになり，主に誤信念課題（false belief task）と呼ばれるテストによって調べられている。誤信念課題で（自分の信念とは異なる）他者の信念についての質問に正答することができた場合に，心の理論を持っていると結論され，一般的に4歳後半から5歳の子どもはこれらの課題に通過することができるが，自閉スペクトラム症では年齢が高じても誤回答が認められることが多い。

　登場人物の設定や，被検者の前においたお菓子の入れ場所などで，登場人物などの心を類推する方法として，サリー・アン課題（位置移動課題）やスマーティ課題（内容変化課題）など多種の課題が提唱されて臨床応用されている。

3 反抗期（イヤイヤ期）のとらえ方

　自己と他者の切り離しは，幼児の発達の過程では重要であり，その現れが，いわゆる「イヤイヤ期」と呼ばれる反抗と考えられる。2〜3歳ごろになると，親の言うことをなんでも拒否したり，叱られても謝らないといった「反抗期」に入り，子どもは自分には親と異なる自分自身の気持ち（意志や欲求）があると意識できるようになり，これこそが自我の芽生えと考えられる。

　しかし子どもは自分の欲求や意志を言葉にしてうまく伝えることができないため，自分のしたいことを親に止められたりすると，反抗というかたちでしか反応できない。しかし，反抗を通して親子の自我のぶつかり合いが起きるのは，子どもにとって，自己と他者を違うものと意識することとなり，社会性を発達させるために重要ともみなされる。子どもは成長とともに，少しずつ自分の欲求を伝える方法を獲得し，就学前の6歳ごろまでには，「なんでも拒否」する反抗期は消えていき，他者からの評価を気にしたり，比較・競争を行うようになって，一人遊びやおとなとの遊びよりも，年ごろの近い子どもたち同士でのグループ遊びを好むようになると考えられている。

6. 心の健康や行動の問題

1 現代の子どもの心の問題

　近年，社会的にうつ病や躁うつ病などの気分障害が注目されている。また統合失調症の早発型である小児統合失調症もまれには認められるようになっており，自閉スペクトラム症（ASD）との鑑別が困難な事例も少なくない。共通点としては，子ども自身には病識があまりないこと，心理的な状態の言語化が困難なことなどが挙げられる。

　年齢が低い子どもは，ストレス表現が直接行動に表れたり，頭痛や腹痛など心身症的症状として表れる傾向が認められやすい。また，パニックを起こす子どもの場合，そのパニックは強い不安状態に陥った時などにみられる反応であって，基本的に誘因無く起こるパニック障害*とは異なるものと考えられている。

　ASD児では，突然かんしゃくなどの粗暴な行動を起こす場合があるが，本人に聞いても原因を認識しておらず，原因探しは困難な場合が少なくない。このような場合は特定の原因を求めるよりも，どのような場面で生じるのか（繰り返し起こる場面など），その場面で起こりうることを予測して（教室のざわめきが嫌い，逆に静か過ぎると苦手，など）粗暴な行動を起こす前に，さりげなく回避することなど，前述の「5W1H」を用いた方法も一助となる。

*パニック障害：環境の影響とは無関係に突如激しい不安に襲われ，動悸，窒息感，悪心，発汗などの自律神経症状を伴う神経症。

　また「発達障害（神経発達症群）」として限局性学習症（SLD），注意欠如・多動症（ADHD），自閉スペクトラム症などコミュニケーション構築に困難さがあったり，学習面で自信がなかったり，社会的ルールからの逸脱があったりなど，子どもの自尊感情が低下していることの背景に，成長過程での脳の機能障害が存在していることに留意する必要がある。さらに併存障害として，てんかん，脳損傷等器質的疾患も視野に入れた検討を常にしておく必要がある。子どもが今までできていたことができなくなった場合は，脳波，頭部画像診断など行い，器質的身体疾患の鑑別をする重要さを筆者は痛感している。

　一方，心理社会的問題の背景には，複数の要因（家庭の経済状態，保護者の精神疾患や家族病理，交友関係，地域性など）が複合的に絡むことが多い。そのため，保育の現場で問題が複雑化していると疑われる場合は，専門機関との連携が不可欠と認識しておく必要がある。

❷子どもの精神保健にかかわる医療の立場

（1）子どもの情報の信頼性

　心の訴えをする言葉の信頼性は子どもの年齢や回答した状況（例：母子同室で得られた情報か，保護者のみもしくは本人のみから得られた情報か）により異なると理解しておく必要がある。特に年長児であれば，基本的には「子どもの言葉はすべて子どもにとっての真実」と受けとめねばならない一方で，「客観的事実とどの程度かけ離れているか」も慎重に吟味することが重要である。

（2）複数の情報提供者から得た情報の取り扱い

　診療の現場では問題の評価に当たり，最も適切な情報を与えるのは誰かを考えながら検討を加えていることを理解し，客観的情報が重要と認知する。問題の根源が家族や環境にある場合，家族からの情報に頼ることにより理解を歪めてしまうこともある。主観性を重視すべき内容と客観性の方が優れている情報に分けて考えることも大切で，そわそわと立ち歩き，落ち着きのない子どもが，自分の行動を冷静に見つめているとは考えにくい。子どもの心の内面の問題は，言葉による表現にばかり依存しては，取り繕うことや，表現が苦手な子の場合は適切な情報が得られにくいと認識することが重要である。そのためにも年長児以上で，絵を描くことが好きな子の場合はバウムテストなど非言語性の投影法を用いることも必要である。

　一般的に心の内面や感情の訴えは子ども自身の情報の信頼性が高く，一方，落ち着きがない，動き回るといった行動上の問題を評価するには保育者や教師，周囲のおとなの情報が信頼性は高いと言われている。さらに家庭での出来事か保育・教育環境での出来事か，あるいは少人数か多人数の場面かといったように状況が

変われば子どもの態度や行動は変わる可能性がある。発達障害（神経発達症群）の診断においても「2か所以上の異なる状況・環境」で同じような行動をとるか否かの確認の必要性が挙げられていることは，子どもが環境や状況によって行動を変化させることがあり得るということを忘れてはならない。

【参考文献・資料】

Jellinek MS, Murphy JM, Burns BJ., Brief psychological screening in outpatient pediatric practice. J Pediatr, 109, p.371-378, 1986

Jellinek MS, Murphy JM, Robinson J, et al., Pediatric Symptom Checklist:Screening school-age children for psychosocial dysfunction. J Pediatr, 112, p.201-209, 1988

石崎優子, 深井善光, 小林陽之助「米国マサチューセッツ総合病院Jellinekらの開発したPediatric Symptom Checklistの日本語版の作成－小児心身症早期発見のために－」日本小児科学会雑誌, 101, p.1679-1685, 1997

石崎優子, 深井善光, 小林陽之助「Pediatric Symptom Checklist日本語版の小・中学校および教育相談所における有用性の検討」子どもの心とからだ, 10, p.39-47, 2002

Achenbach TM., Manual for the Child Behavior Checklist/ 4 -18 and 1991 Profile. Burlington VT: University of Vermont, Department of Psychiatry, 1991

Achenbach TM., The Child Behavior Checklist and related forms for assessing behavioral/emotional problems and competencies. Pediatrics in Review, 21, p.265-271, 2000

井澗知美, 上林靖子, 中田洋二郎他「The Child Behavior Checklist/ 4 -18日本語版の開発」小児の精神と神経, 41, p.243-252, 2001

文部科学省子どもの徳育に関する懇談会資料「子どもの発達段階ごとの特徴と重視すべき課題」

https://www.mext.go.jp/b_menu/shingi/chousa/shotou/053/shiryo/attach/1282789.htm

第5章

子どもの食

〈学習のポイント〉　①哺乳，離乳，そしゃく，摂食機能の発達を理解し，食行動の変化を学ぶ。
　　　　　　　　②母乳栄養法の利点と特徴を学ぶ。
　　　　　　　　③食育を推進できるように，離乳期，幼児期の食事の特性を理解し，食物ア
　　　　　　　　　レルギーなど疾患をもつ子どもへの対応・配慮を学ぶ。

1. 子どもの食の特徴

　子どもの特徴は成長・発達することである。そして，成長・発達にともなって
常に変化する。すなわちその時期に応じて，必要なエネルギーや種々の栄養素の
量や種類，食の形態が変化する。食のとり方が直接子どもの成長・発達に影響を
与え，また，成長・発達によって適切な食のとり方も異なってくる。

（1）成長・発達のためのエネルギーや栄養素が必要

　成人はからだの維持と活動のためのエネルギーと栄養素を補えば健康を維持で
きるが，子どもにはさらに成長・発達に必要な分を付加しなければならない。体
重あたりに必要とする栄養の量は成人よりも多い（表5-1）。

（2）発達にともなう摂食行動の変化

　乳汁を吸うことからはじまり，離乳食の摂取を通してかむ力を養う。乳児では
与えられたものを食べる受け身の摂食から，手づかみ食べをはじめ，スプーンな
どの食具を使えるようになり，自らの意欲で摂食するようになる。各発達段階に
合わせた食事の内容や環境を変える必要があり，適した食事のしかたによって発

表5-1　年齢別基礎代謝量

性　別	男　性			女　性		
年　齢 （歳）	基礎代謝基準値 （kcal/kg体重/日）	参照体重 （kg）	基礎代謝量 （kcal/日）	基礎代謝基準値 （kcal/kg体重/日）	参照体重 （kg）	基礎代謝量 （kcal/日）
1〜2	61.0	11.5	700	59.7	11.0	660
3〜5	54.8	16.5	900	52.2	16.1	840
6〜7	44.3	22.2	980	41.9	21.9	920
8〜9	40.8	28.0	1,140	38.3	27.4	1,050
10〜11	37.4	35.6	1,330	34.8	36.3	1,260
18〜29	23.7	64.5	1,530	22.1	50.3	1,110
30〜49	22.5	68.1	1,530	21.9	53.0	1,160

出典）厚生労働省「日本人の食事摂取基準（2020年版）」より抜粋

達が促進される。

（3）未熟な消化・吸収機能

子どもは歯や口，あごの筋力，胃や腸をはじめとする消化器が未発達である。したがって，消化・吸収機能の発達段階に応じた消化しやすい形態で与える必要がある。

（4）衛生面への配慮

子どもは感染に対する抵抗力が弱いので，調理のときには衛生面に十分配慮する。また，幼児期には行動範囲が広がるにつれ，不衛生なものを口に入れてしまうことも多くなる。食事中だけでなく，食品の管理や食卓の後片付けなどの場面でも予想外の行為に留意する。

（5）食生活を通した生活習慣の確立の時期

幼児期は，生活習慣の基礎を構築する時期としてとくに重要である。食事時間を軸に組み立てることで生活リズムが整いやすいため，食習慣の安定・定着に努めることが大切である。規則正しい食習慣が生活習慣全般の確立につながる。

（6）栄養あるいは食物成分が原因で生じる健康障害

栄養あるいは食物成分が原因となる病気は子どもで起こりやすい。消化不良，胃腸炎，食中毒，食物アレルギー，肥満，やせなどがある。子どもの時期に生じた健康障害が成人期にも影響することが多い。子どもの肥満は成人の肥満につながりやすいといわれている。

（7）個人差が大きい

子どもの成長・発達は画一的ではなく，個人差が非常に大きい。ガイドラインやテキストに記載されていることは目安である。実際の子どもの食の内容や量，食の進め方は，一人ひとりの子どもに合わせることが大切である。

（8）食事にムラがある

同じ子でも，食べる意欲や量，種類にはいわゆるムラがある。1～2週間の期間で見守る。

2. 子どもの栄養生理

1 消化器系の発達

食物は，口，食道，胃，小腸，大腸の順に運ばれながら消化・吸収される。吸収された残りは便となり，肛門から排泄される。子ども，とくに乳幼児では，消化・吸収のはたらきが未熟であるため，成長・発達に応じた食物や調理法を考える必要がある。

（1）口腔・歯

　乳汁を吸い，固形物をかみつぶす機能をもつ。新生児では口腔が狭く，舌が比較的大きいため，乳汁を吸うのに都合がよい。離乳食をはじめる頃から急速に唾液腺が発達し，唾液の分泌量が増える（よだれが増える）。唾液の中には，でんぷん分解酵素であるプチアリン（アミラーゼ）が含まれる。プチアリンはでんぷんを麦芽糖に変える。

　乳歯は生後6～7.5か月ごろから生えはじめ，12～14か月ごろから奥歯（乳臼歯）が生え，3歳ごろには20本の乳歯が生えそろう★。但し個人差が非常に大きい。

（2）胃

　胃は小さく，形が筒状*で，食道と胃の移行部（噴門）の筋肉が未発達で十分閉じないため，胃から食道に乳汁が逆流し，胃の内容物を吐きやすい。一度飲んだ乳汁をだらりと口から出すことを溢乳という。乳児では胃の形状や機能の特徴のために溢乳を生じる。胃液の主成分は，塩酸とペプシン（たんぱく質分解酵素）である。また，胃の中で乳汁が固まったものをカード（凝乳）という。母乳のカードはやわらかく微細（ソフトカード）で消化されやすい。

（3）小腸

　小腸は，十二指腸，空腸，回腸に分けられる。小腸では，膵液，腸液，胆汁によって，たんぱく質，脂肪，炭水化物などが消化され，吸収される。

　ショ糖はスクラーゼによってブドウ糖と果糖に分解され，乳糖はラクターゼによってブドウ糖とガラクトースに分解されて，吸収される。ラクターゼの活性が低下すると，下痢を生じる（乳糖不耐症）。

（4）大腸

　食物は次に大腸へ運ばれ，水分が吸収される。残りは便となって排泄される。大腸内は生後2～3日で大腸菌などが増えはじめ，母乳栄養児では生後1週ごろから乳酸菌の一種であるビフィズス菌が多くなる。ビフィズス菌が優位に存在する腸内細菌叢は，外来性の細菌から身を守るバリア機能が高い。離乳食を始めると腸内細菌叢の構成は変化し，3歳ごろには成人の構成に近づく。

２ 食べる機能の発達

（1）哺乳行動

　胎児期には指を吸ったり羊水を飲む姿が見られる。出生直後からこの哺乳反射（吸啜反射など）と嚥下反射により乳汁摂取が可能である。生まれた直後は，空腹でなくても口に何かものが触れると反射的に吸啜するが，次第に，空腹になると哺乳する，いわゆる自律哺乳が確立する。

　乳児の口の中は上下の口唇，歯茎がぴったり閉じ，両頬には脂肪床があるため，

★生歯の時期と順序
第3章 子どもの成長と
発達，p.45

----

*成人の胃と乳児の胃

成人の胃

乳児の胃

69

気密性が高く，陰圧となり，吸引しやすいつくりとなっている。

　生後2か月ごろまでは，吸啜を止めずに，鼻呼吸をしながら同時に乳汁を飲むことができる。勢いよく飲むために，胃の中に空気を飲み込んでしまう。授乳のあとには排気（げっぷ）をさせる（排気は8か月ごろには必要なくなる）。

（2）そしゃくの発達

　離乳期は前歯（切歯）が生えていても固いものをかむことはできず，舌やあご，歯茎を使ったそしゃくを覚えていく時期である。離乳が完了しても乳歯がすべて生えそろう3歳ごろまでは食べ物の硬さや形態に配慮が必要である。

　かむことによって，脳を刺激し，消化液の分泌が促進され，腸の動きもよくなるため，消化・吸収によい影響を与える。

（3）食欲の発達

　食欲は間脳の視床下部にある食欲中枢（摂食中枢と満腹中枢）によって調節される。食欲には感情も影響する。楽しい感情は食欲を刺激し，不愉快な感情は抑制するといわれる。とくに幼児期は情緒が発達する時期であり，子どもの感情が食欲に影響しやすい。

（4）味覚と嗜好の発達

　子どもは生まれたときから，甘味，酸味，塩味，辛味，旨味がわかるといわれている。そして，離乳期からの食事で味覚が発達し，その後の食習慣による食体験によって嗜好ができあがる。したがって，離乳食の味つけは大切である。年齢によって，食事の摂取能力に合わせて，さまざまな食品を経験させることは，幅広い味覚をつくりあげ，偏らない嗜好につながると考えられる。

3 発達にともなう食行動の変化

（1）乳児期

　乳汁を吸うことからはじまり，食べる機能の発達にともなって，反射による哺乳→自律哺乳→成熟嚥下→口唇で捕食→舌で押しつぶす→歯ぐきでそしゃく→手づかみ食べの順序で，食べる行動が変化する（図5-1）。食べる機能の発達速度は個人差が大きい。食事を進めていくときは，これらの機能の到達度をよく観察し，月齢にとらわれず少しずつステップアップすることが重要である。

　手づかみ食べは，食べ物を目で確かめて手指でつまんで口まで運び入れるという目と手と口の協調運動であり，自食の行動として重要である。

（2）幼児期前半

　第1乳臼歯が生え，歯を使ったそしゃくが可能になっていく。3回の食事と補食（おやつ）で必要な栄養がほぼとれるようになり，離乳が完了する。ただし，第2乳臼歯が生えそろう3歳ごろまでかむ機能は未熟である。手指の運動機能が

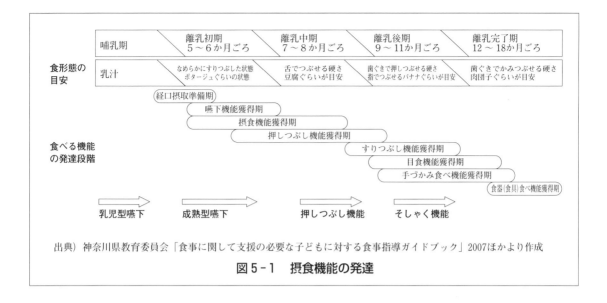

出典）神奈川県教育委員会「食事に関して支援の必要な子どもに対する食事指導ガイドブック」2007ほかより作成

図5-1　摂食機能の発達

発達してくることでスプーンなどの食具の使用が可能になり，自食行動も発達する。食の環境を整え，食べる意欲を育てる対応が重要である。

（3）幼児期後半

　2歳半〜3歳ごろで乳歯がすべて生えそろい，奥歯を使ったそしゃくに慣れ，食べる機能が充実してくる。食べる意欲を育てながら，食体験を増やしていくことが大切である。おとなとほぼ同様の食事がとれるようになる。

3. 栄養の摂取

　わが国では，1969（昭和44）年から，1日に摂取することが望ましい栄養量が「栄養所要量」として示されてきた。2005（平成17）年から「食事摂取基準」に名称を改められ，5年ごとに改訂されている。最新版は「日本人の食事摂取基準（2020年版）」である。食事摂取基準は，健康な個人または集団を対象として，健康の保持・増進，生活習慣病の予防のために，エネルギーおよび各栄養素の摂取量の基準を示すものである。

1 エネルギー

　個人が必要とするエネルギー量は個人間差を要因として多数存在する。よってエネルギーの過不足は体重の変化またはBMI★（乳児・小児では成長曲線）を用いて評価するが，参考として推定エネルギー必要量が示されている（表5-2）。

★BMI
第3章 子どもの成長と
発達，p.44

乳幼児期はとくに成長・発達がさかんな時期であり，成人に比べてからだは小さいが，体重あたりの基礎代謝量が高い（表5-1，p.67）。それを補うための十分なエネルギーが必要になる。

2 栄養素

（1）たんぱく質

たんぱく質は，子どものからだを構成する栄養素であり，またエネルギー源にもなるため，成長・発達のさかんな小児ではとくに重要である。20種のアミノ酸のうち，体内で合成できない必須アミノ酸*は，9種ある。動物性たんぱく質はアミノ酸構成にすぐれ，栄養価も高い。乳汁は最良のたんぱく質供給源であるが，幼児期以降は肉，魚，卵，大豆製品，牛乳，乳製品などが供給源となる。

*必須アミノ酸：イソロイシン，ロイシン，リジン，メチオニン，フェニルアラニン，スレオニン，トリプトファン，バリン，ヒスチジン

（2）脂　質

おもにエネルギー源になるが，からだの成分にもなる。また，脂溶性ビタミンであるビタミンAやビタミンDの吸収を促進する。バター，植物油，肉などから摂取される。

（3）炭水化物（糖質）

エネルギー源となる。余分な糖質は脂肪に変換されて体内に貯蔵される。穀類は炭水化物の主たる供給源である。

また，食物繊維の摂取不足が生活習慣病の発症に関連することや，小児において便秘が多いことから，3歳以降で目標量が設定され，十分な摂取が勧められる。

（4）エネルギー産生栄養素バランス

たんぱく質，脂質，炭水化物が，総エネルギー摂取量に占めるべき割合である。1歳以上の目標量は，たんぱく質13〜20％，脂質20〜30％，炭水化物50〜65％に設定された。

（5）無機質（ミネラル）

からだを構成する成分であり，また，生理機能を保つために必要である。ナトリウム，カリウム，カルシウム，リン，亜鉛などがある。

（6）ビタミン

微量でさまざまな代謝にかかわる生体に不可欠な物質である。体内で合成されないか，合成量が十分でないため，

表5-2　推定エネルギー必要量

年　齢	推定エネルギー必要量（kcal/日）	
	男　性	女　性
0〜5（月）	550	500
6〜8（月）	650	600
9〜11（月）	700	650
1〜2（歳）	950	900
3〜5（歳）	1,300	1,250
6〜7（歳）	1,550	1,450
8〜9（歳）	1,850	1,700
10〜11（歳）	2,250	2,100
18〜29（歳）	2,650	2,000
30〜49（歳）	2,700	2,050

注）身体活動レベルⅡ（ふつう）の場合
出典）厚生労働省「日本人の食事摂取基準（2020年版）」

食品などで摂取しなければならない。

3 摂取量の評価

栄養状態の評価には，以下の項目が用いられる。

①食物摂取量や調理法の調査

②身体計測値（身長，体重，頭囲など）

計測値を成長曲線にプロットし，評価する。食事摂取基準では，エネルギー摂取量の評価・判定はBMI（乳幼児ではカウプ指数と呼ぶ）を指標としている★。

そのほか健康・栄養状態，生活状況などを十分に観察し，評価する。

★カウプ指数
第3章 子どもの成長と
発達, p.43

4 食　品

エネルギーと各種栄養素の均衡がとれた食事をとるためには，さまざまな食品を適切に組み合わせていく必要がある。厚生省（現厚生労働省）・農林水産省から「6つの基礎食品*」，「食事バランスガイド**」，東京都から「東京都幼児向け食事バランスガイド***」が発表されている。第1群から第6群の食品を，主食，副菜，主菜，牛乳・乳製品，果物の5つのグループごとにバランスよく摂取する目安が示された。

*厚生省（現厚生労働省）
「栄養教育としての『6
つの基礎食品』の普及に
ついて」1981
https://www.mhlw.
go.jp/shingi/2005/03/
dl/s0307-4e.pdf

**厚生労働省・農林水
産省「食事バランスガイ
ド」2005
https://www.maff.go.jp/
j/balance_guide/

***東京都福祉保健局
「東京都幼児向け食事バ
ランスガイド」2006
https://www.
fukushihoken.metro.
tokyo.lg.jp/kensui/ei_
syo/youzi.html

4. 乳児期の食

1 乳児期の食の特徴

生涯で最も成長・発達の著しい時期であり，代謝が活発で，必要なエネルギー量や栄養素量が高い。また，乳汁から離乳食へ移行する時期であり，乳児の心身の発達にそった離乳の進め方が重要である。乳児自身が自分で食物を選ぶことはできず，養育者に食生活が委ねられているため，養育者の乳児に対する食の理解と対応が非常に重要である。授乳支援にあたっては，厚生労働省で策定された「授乳・離乳の支援ガイド****」を参考にする。

また，妊婦および授乳中の母親の食生活は母子の健康状態や乳汁分泌に影響する。妊娠，出産，授乳等に当たっては妊娠前からの健康なからだ作りや適切な食習慣の形成が重要である。

母親の望ましい食生活の実現に向けて，厚生労働省により「妊娠前からはじめる妊産婦のための食生活習慣*****」が策定されている。

****厚生労働省「授乳・
離乳の支援ガイド」2019

*****厚生労働省「妊
娠前からはじめる妊産婦
のための食生活習慣」
2021
★同資料「妊産婦のため
の食事バランスガイド」
資料編, p.247

☑ 母乳栄養

（1）母乳の利点

　母乳栄養は乳児と母親双方にとって，自然で理想的な栄養法である。母乳の利点は以下のとおりである。

　①栄養組成が乳児に適している。また，栄養素の吸収が育児用ミルクよりも優れている。代謝の負担も少ない。

　②種々の感染防御因子（マクロファージやリンパ球などの白血球や免疫グロブリンA（IgA），ラクトフェリン，リゾチームなど）が含まれている。

　③小児期の肥満や後の2型糖尿病の発症リスクが低下する。

　④授乳によって母親の子宮収縮を促し，分娩からの回復を早める。

　⑤授乳によって母子間に愛情が育まれる。母子関係の良好な形成に役立つ。

（2）母乳栄養の現状

　乳汁栄養法の年次推移が示すように（**図5-3**），1970（昭和45）年にかけて，人工栄養の改良普及に伴い，安易に人工栄養を求める傾向になり，母乳栄養の割合が急激に減った。その後，1974（昭和49）年WHO（世界保健機関）の総会で「乳児栄養と母乳保育」の決議がなされ，わが国でも母乳運動が推進された。さらに，WHOとユニセフによる共同声明で，誰もが自分なりの母乳育児ができる環境づくりを「母乳育児成功のための10のステップ（2018年改訂）」としてまとめている**。

（3）母乳成分

　分娩後4～5日ごろまでに分泌される母乳を初乳という。初乳は移行乳を経て分娩後1～2週間で徐々に成乳となる。

　初乳は黄色味が強く，粘性が強い。たんぱく質，無機質が多く，脂肪と乳糖は少ない。初乳は分泌量が少ないが，ラクトアルブミンやラクトグロブリン，IgAやラクトフェリンなどの感染抑制因子を多量に含み，その免疫力は6か月間ほど効果をもつ。

　成乳は，淡黄白色で芳香があり，甘味がある。初乳ほどではないが感染防御因子を含み，腸内にビフィズス菌の増殖を促す作用がある。

　成乳と牛乳を比較すると，たんぱく質は牛乳が母乳の3倍あり，母乳はラクトアルブミンが多いが，牛乳はカゼインが多い。脂肪酸組成に差があり，母乳はリノール酸などの多価不飽和脂肪酸が多いが，牛乳は短鎖脂肪酸が多い。母乳は乳糖が多く，牛乳はミネラル（カルシウムやリン，カリウムなど）が多い（**表5-3**）。

　母乳の成分は出生からの時期によって変わるだけでなく，日によっても異なり，また1回の授乳の間にも変化しているといわれており，常に均質ではない。

**厚生労働省「授乳・離乳の支援ガイド」2019,「母乳育児成功のための10のステップ（2018年改訂）」https://www.mhlw.go.jp/content/11908000/000496257.pdf

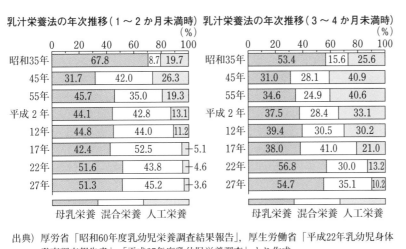

図5-3　乳汁栄養法の年次推移

出典）厚労省「昭和60年度乳幼児栄養調査結果報告」，厚生労働省「平成22年乳幼児身体発育調査報告書」，「平成27年度乳幼児栄養調査」より作成

表5-3　乳汁の成分組成（100mL中）

	初乳	人乳（成熟乳）	乳児用液体ミルク	牛乳
エネルギー（kcal）	66	62	67	63
たんぱく質（g）	2.1	1.1	1.5	3.4
脂質（g）	3.2	3.6	3.6	3.9
炭水化物（g）	7.1	7.3	7.2	5.0
ナトリウム（mg）	33	15	15〜30[※]	42
カリウム（mg）	74	49	82	155
カルシウム（mg）	29	27	45	114
鉄（mg）	0.05	0.04	0.60	0.02
亜鉛（mg）	0.5	0.3	0.4	0.4
ビタミンA（μg）	192	47	67	39
ビタミンB₁（mg）	0.00	0.01	0.08	0.04
ビタミンB₂（mg）	0.04	0.03	0.11	0.15
ビタミンC（mg）	7	5	31	1

出典）初乳は井戸田正「特集　母乳と人工乳－日本人の人乳組成に関する全国調査」『産婦人科の実際』第56巻第3号，2007。人乳，牛乳（普通牛乳），乳児用液体ミルクは「日本食品標準成分表2020年版（八訂）」より作成。
※乳児用液体ミルクのナトリウムのみ市販調製乳の食塩相当量より換算。

（4）母乳不足の見分け方

母乳栄養の場合，授乳について保護者が困った経験として最も多い内容は「母乳が足りているかどうかわからない」ことである。実際には乳幼児が元気で体重が増加していれば問題がなく，保護者の母乳「不足感」であることが多いが，次の場合に母乳不足を疑ってみる必要がある。

①授乳が終わったあと，3時間以内に頻回に泣く（授乳間隔の短縮）

②30分以上も乳首を離さない（授乳時間の延長）

③尿量の減少，尿の濃縮

④便秘

⑤体重増加不良

母乳不足が疑われたら，哺乳量を測定してみるとよい。哺乳量の測定には10〜20g単位で測定が可能な体重計を用いて，哺乳前後の体重を測定し，差を哺乳量とする。哺乳回数は個人差があり，昼夜で頻度に差が生じることもあるので，哺乳量は1日の量で考える（表5-4）。また体重を1週間間隔で測定し，1日あたり平均体重増加量を算出する。体重増加量の目安を表5-5に示す。

（6）母乳の保存

母乳のさまざまな利点が明らかになるにつれ，母乳育児を望む母親のために，母乳を衛生的に搾乳して冷凍保存できる母乳バッグが市販されるようになった。取り扱いに十分注意すれば，細菌の増殖はほとんど見られない。解凍するときは，母乳中に含まれる免疫物質を破壊しないように，40℃以上の加温をしない。冷凍母乳をバッグごと流水中で解凍して，哺乳瓶に移し，湯せんして温める。電子レンジの使用や熱湯を使った解凍は行わない。母乳の成分は時期によって変化し，また衛生面でも保管には注意が必要であるため，搾乳した日付をバッグに記入しておくと良い。

母乳は乳児にとって最適の栄養源であるが，留意点として，一部の栄養素（ビタミンK*や鉄）の不足，母乳に移行して子どもに影響する物質（アルコール，ニコチン，薬剤，ウイルス等）の存在，母乳性黄疸**（新生児遷延性

*ビタミンK欠乏性出血症の一因となるため，ビタミンK_2のシロップが予防的に投与されている。

**母乳性黄疸は母乳が乳児の肝臓の酵素の活性を抑え，ビリルビンの排泄が妨げられるために発症する。

表5-4　哺乳量の目安

月齢	1回の量（mL）	1日の量（mL）
1週ころ	60〜70	400〜500
2週ころ	80〜100	500〜600
1か月ころ	100〜120	600〜700
2か月ころ	120〜160	700〜800
3か月ころ	160〜180	800〜900
4か月以降	180〜200	900〜1,000

出典）小川雄二編著『子どもの食と栄養演習［第5版］』建帛社，p.77，2020

表5-5　期待される体重増加量

月齢	体重増加量
0〜3か月	25〜30g/日
3〜6か月	15〜20g/日
6〜12か月	10〜15g/日

出典）厚生労働省「乳幼児身体発育評価マニュアル」2021

黄疸）が挙げられる。

③人工栄養

　母乳が足りない場合や，母親の病気その他の理由で母乳を飲ませることができない場合には，育児用調製乳（育児用ミルク）による人工栄養を行う。育児用ミルクには乳児用調製粉乳（粉ミルク）と乳児用調製液状乳（液体ミルク）がある。液体ミルクは2018（平成30）年に国内での製造，販売が開始された。

（1）育児用ミルクの特徴

　育児用ミルクは，主に牛乳を原料とするものが一般的である。現在，6社が販売しているが，いずれの商品も工夫をこらしながら牛乳の欠点を補い，母乳を参考にして，組成の改良を行っている。牛乳のたんぱく質はカゼインが多いが，育児用ミルクではカゼインを減らしてラクトアルブミンを増やしている。脂肪分の多くを植物性脂肪に換え，不飽和脂肪酸を多くしてある。糖質は乳糖とし，無機質（ミネラル）を減らし，鉄やビタミン，亜鉛，銅を添加してある。

（2）調乳法

　粉ミルクの場合，銘柄の指定する濃度（12〜14％）になるよう，添付されているスプーンを用いて1杯で20mLのミルクをつくればよい。粉ミルクを100mL分ずつ分包したタイプや40mL分ずつ固めたキューブタイプも存在する。いずれの商品も月齢に関係なく濃度は一定につくる。

　あらかじめ煮沸消毒または薬液消毒した哺乳瓶と乳首を用意する。一度沸騰させた70℃以上の湯を入れて，粉ミルクを添付のスプーンですりきりに測って溶かす。流水に当てるなどして冷まし，腕の内側に数滴たらして，人肌であることを確認する。すぐに授乳することが望ましく，調乳後2時間以内に使用しなかった常温のミルクは捨てる。

　乳児院や保育所など，多くの乳児がいる施設では，1日分をまとめて調乳し，哺乳瓶に入れて加熱消毒する（終末殺菌法）。

　液体ミルクの場合は調乳，殺菌済であるため，常温で保存し，開封後すぐに飲ませることも可能である。災害時の利便性はさることながら，最近では容易に入手できるようになったこともあり，外出時や普段から使用する保護者も増えた。

（3）哺乳瓶・乳首の選択

　メーカー，銘柄，素材などにより非常に多くの選択肢がある。乳児によっては哺乳瓶や乳首によって飲まないことがあるため，人工栄養を嫌がる場合は，他のものを試してみる方法もある。また乳首の穴の形や大きさは月齢ではなく，吸啜力に合わせて選ぶと良い。

　母乳栄養児では，人工栄養を嫌がることも多いが，育児用ミルクそのものでは

なく，哺乳瓶に抵抗を感じている場合もあるので，月齢が高い場合は，カップや
ストロー飲み，スプーン飲みなどで試してみると良い。

（4）授乳法

　母乳の授乳と同様に，授乳者は楽な姿勢で，ゆったりと子どもを抱く。調乳し
た乳汁は体温程度に冷ましてすぐに与える。乳首を深く子どもの口に含ませ，常
に乳首に乳汁が満たされているように哺乳瓶を傾ける。1回の授乳時間が15分く
らいになるように，乳首を選ぶ。乳首の穴が大きいと授乳時間が短くなる。授乳
後は排気をさせる。

　母乳栄養と同様に，子どもが欲しがる分の乳汁を与える。また，乳児が欲しが
る様子が見られたら与える自律授乳方式をとる。育児用ミルクは胃内滞在時間が
母乳の90分に比べて180分と長いため，授乳間隔は3時間程度が目安になる。1
日の授乳回数のおよその目安は，生後1か月未満では7～8回，1～3か月では
5～6回，4～5か月では5回ぐらいであるが個人差が大きい。

４ 混合栄養

　次のような場合に，母乳と育児用ミルクの両方で子どもに栄養を与えることを
混合栄養という。

（1）母乳が不足しているとき

　母乳が不足しているときに不足分を育児用ミルクで補う。なるべく母乳を吸う
回数を多くするように，母乳を数分間飲ませたあと育児用ミルクを飲ませる。母
乳分泌がさらに不足しているときは，母乳と育児用ミルクを交互に飲ませる。

（2）就労などの理由で母乳が与えられないとき

　母親が就労などで乳児と離れている間は，保育所や家族などが授乳することに
なる。昼間の2～3回は育児用ミルクを飲ませることが多い。朝と帰宅後は母乳
を飲ませたりする。勤務中に乳房が張ってきたら絞っておくほうがよい。そうで
ないと母乳の分泌が悪くなったり，乳汁がうっ滞して乳腺炎を起こすことがある。

５ 離　乳

　離乳とは，母乳や育児用ミルクによる乳汁だけでは不足してくるエネルギーや
栄養素を補完するために，乳汁から幼児食に移行する過程をいい，そのときに与
える食事を離乳食という。この間に乳児の食べる機能は，乳汁を吸うことから，
食物をかみつぶして飲み込むことへと発達する。発達するにしたがって，食べる
食品の種類や量が増え，献立や調理の仕方も変化していく。また，与えられたも
のを食べる受け身の摂食方法から，次第に摂食行動が自立へと向かっていく。

　離乳は，子どもの食欲や摂食行動，成長・発達の程度を把握して必要な栄養を

摂取することを考えると同時に，地域の文化や家庭の食習慣などの食生活に合わせて，無理なく進めていくものである。「授乳・離乳の支援ガイド」*を参考に，一人ひとりの子どもに合わせて離乳を進めていくようにする（**図5-4**）。

＊厚生労働省，2019

　養育者にとっては，子どもの反応を見ながら離乳を進めることは初めての体験であることも多く，不安や課題を抱えやすい。安心して離乳を実践できるように支援していく必要がある。

	離乳の開始 ➡ 離乳の完了			
	以下に示す事項は，あくまでも目安であり，子どもの食欲や成長・発達の状況に応じて調整する。			
	離乳初期 生後5～6か月頃	離乳中期 生後7～8か月頃	離乳後期 生後9～11か月頃	離乳完了期 生後12～18か月頃
食べ方の目安	○子どもの様子をみながら1日1回1さじずつ始める。 ○母乳や育児用ミルクは飲みたいだけ与える。	○1日2回食で食事のリズムをつけていく。 ○いろいろな味や舌ざわりを楽しめるように食品の種類を増やしていく。	○食事リズムを大切に，1日3回食に進めていく。 ○共食を通じて食の楽しい体験を積み重ねる。	○1日3回の食事リズムを大切に，生活リズムを整える。 ○手づかみ食べにより，自分で食べる楽しみを増やす。
調理形態	なめらかにすりつぶした状態	舌でつぶせる固さ	歯ぐきでつぶせる固さ	歯ぐきで噛める固さ
1回当たりの目安量				
Ⅰ　穀類（g）	（つぶしがゆから始める。すりつぶした野菜等も試してみる。 慣れてきたら，つぶした豆腐・白身魚・卵黄等を試してみる。	全がゆ50～80	全がゆ90～軟飯80	軟飯90～ご飯80
Ⅱ　野菜・果物（g）		20～30	30～40	40～50
Ⅲ　魚（g）		10～15	15	15～20
又は肉（g）		10～15	15	15～20
又は豆腐（g）		30～40	45	50～55
又は卵（個）		卵黄1～全卵1／3	全卵1／2	全卵1／2～2／3
又は乳製品（g）		50～70	80	100
歯の萌出の目安		乳歯が生え始める。	1歳前後で前歯が8本生えそろう。 離乳完了期の後半頃に奥歯（第一乳臼歯）が生え始める。	
摂食機能の目安	口を閉じて取り込みや飲み込みが出来るようになる。 	舌と上あごで潰していくことが出来るようになる。 	歯ぐきで潰すことが出来るようになる。 	歯を使うようになる。

出典）厚生労働省「授乳・離乳の支援ガイド」p.34，2019

図5-4　離乳の進め方の目安

また離乳期は両親や家族が子どもの食について取り組む中で，自分たちの食生活を見直す機会でもある。この期間から子どもの食事や生活リズムが形作られ，生涯を通じた望ましい生活習慣の形成につながっていくという観点も踏まえた支援が望ましい。

　離乳食の期間は，いろいろな食品の味や舌触り，家族と一緒の食卓，手づかみで食べる，などの経験を増やしていく時期である。おとなが食べる量や食べ物にこだわりすぎずに，食欲を育み，規則的な食生活で生活のリズムを整え，食べる楽しさを体験していくことが大切である。

　楽しい，うれしいという感情は食事と結びついて記憶され，し好や食欲に影響する。食事のときの強制的な言葉かけや態度は慎む。

5. 幼児期の食

1 幼児期の食の特徴

（1）成長・発達が非常に活発

　幼児期は，乳児期に比べると成長のスピードがゆるやかにはなるものの，乳児期に引きつづき成長・発達のさかんな時期であり，さらに，発達にともなって運動も活発になる。したがって，からだをつくる栄養素や運動のためのエネルギーの補給を考える必要がある。

　発達のスピードもめざましい。幼児期の前期には，歩行がはじまることによって行動範囲が格段に広がり，言葉の獲得によって，知的能力を高めていく。また，精神発達上，主体性と固執性が強くなり，親には反抗的になり，1人でいろいろなことをやろうとする自立の準備段階に入る。幼児期の後期には，身の周りのことはだいたい1人でできるようになり，食事をしながらコミュニケーションを楽しむこともできる。

（2）おとなに比べて栄養要求量が多い

　からだが小さいわりに，多くの栄養を必要とする。体重1kgあたり必要なエネルギー量や栄養素量は成人よりずっと多い。まだ消化・吸収機能は未熟であり，これだけ多い栄養を1日3回の食事で摂取することは困難なので，幼児にはおやつが必要になる。

　食事の量が適切であるかどうかは子どもの身長・体重が乳幼児身体発育曲線のカーブに沿っているかどうかで判断する。

（3）食べる行動の発達

　1歳では食物を自分でもって食べることに興味を示し，2歳ではスプーンやフ

ォークなどの食具を使い，3歳を過ぎると箸を使うようになる。手指の運動の発達には個人差があるため，遊びや身支度の際の手指の使い方についても把握しながら，スプーンやフォークでペングリップ（鉛筆握り）ができるようになったら，箸のもち方を教えると良い（図5−5）。

（4）生活リズムが確立する時期

　生活リズムに合わせた食生活のリズムをつくる時期である。できるだけ家族そろって食事をするように心がけ，食の楽しみを経験させる。また，基本的な生活習慣を確立する時期なので，食事のマナー，食前の手洗いや食後の歯みがきなどを身につける時期でもある。

（5）衛生面に配慮する

　幼児初期には，自らつくる免疫能は未熟である。したがって，細菌やウイルスに対する抵抗力が弱い。食事づくりに対する衛生面の配慮ばかりでなく，食前の手洗いなど食事のマナーにも十分注意して，感染症を防ぐようにする。

（6）食事行動上の問題

　まだ食の経験は浅く狭いため，好きなものを好きなだけ食べたいといった欲求や，見た目で嫌いだと決めつけるなど，食べるものに偏りが生じやすく，また食べないといった現象も起こりやすくなる。遊び食い，むら食い，小食などの問題も発生しやすい。食事を強制せず，楽しい雰囲気づくりを心がけ，メリハリのある生活を基本に望ましい食事環境をつくる。

　食事の習慣が身につくということは，単に1人でこぼさずに食べられることではない。その時の自分に適した量の食事を，偏りなくおいしく食べることである。幼児期の特徴を理解した上で，将来につながる健康的な食生活の基盤が築けるような視点での援助が求められる。

②幼児期の食の実際

（1）栄養の配分

　1日3回の食事と1〜2回のおやつ（間食）という食事形態になる。3回の食事の配分はほぼ等しくするのがよい。エネルギーの配分で見ると，朝食20〜30％，

出典：高橋美保『乳・幼児期に育てたい「食べる力」』「保育士会だよりNo.294」全国保育士会

図5−5　食具のもち方の発達

昼食は25〜30％，夕食は25〜30％，おやつは10〜20％となる。

（2）食事のさせ方

　食事時間が日によって異なると，生活リズムが乱れ，食欲にもむらができる。食事時間は決めたほうがよい。食事前に興味をひく遊びをしていると食べたがらないし，食事中に眠くなることもある。食べながら遊びだすことも多い。生活リズムを整え，充実した活動をし，空腹を感じて食卓に向かうことが，食事への意欲となり，集中力ともなる。食事はあくまで生活の一部であるので，生活全体で活性化できる工夫を考える。食事の内容や食卓での工夫だけで頑張って食べることを強いると，子どもは食事を嫌うようになる。食事のときは家族が楽しく会話をするなどの食環境が望ましい。保育所での食事も仮想家族空間である。

（3）おやつ（間食）

　小さいからだで多くの栄養をとるために，幼児にとっておやつは必要である。前述のように，１日のエネルギー摂取量の10〜20％程度とし，次の食事に影響を及ぼさないようにする。

　３回の食事を補う食事として考え，穀類，いも類，たんぱく質を多く含む食品と野菜や果物でバランスを整えた軽食が望ましい。

　一方で，おやつは幼児にとってお楽しみの要素でもあるため，食事とは異なる食品としたり，盛り付けを工夫すると良い。

　近年，おやつから摂取するエネルギー量が，１食分と同量，あるいはそれ以上になってしまっている子どもが少なからずいる。おやつの時間を決めて食卓で食べるようにし，市販の菓子類を与える場合は量を決めると良い。

　また，子どもの生活はおとなの生活に影響を受け夜型に移行しており，夕食の後，さらに就寝前に夜食を摂取していることも多い。朝の目覚め，朝食の摂取に影響し，生活リズムの乱れにつながりやすい。

6. 特別な配慮を要する子どもの食

１ 体調不良の子どもへの対応

　医師の指示のもと，適切に対応することが必要である。体調に応じた食材，調理形態，食事量，栄養素量を選択する。子どもは成人よりも脱水症状に陥りやすいため水分補給にも十分配慮する。

２ 食物アレルギー★

　食物アレルギーは，時にアナフィラキシー症状*をきたし，重篤になることが

★食物アレルギー
第6章 子どもの病気と保育，p.114
食物アレルギー対応
第Ⅱ部 健康と安全／第10章 保育における保健的対応，p.209

----

*アナフィラキシー：アレルギー反応により皮膚症状（かゆみ，湿疹など）や粘膜症状（目，口唇，喉の腫れやかゆみなど），消化器症状（腹痛や嘔吐など），呼吸器症状（咳や息苦しさ他）が複数同時に，かつ急激に出現した状態。

ある。具体的な対応方法や取り組みに対する共通理解を確立し，保護者や保育所など乳幼児の食をとりまく関係者たちの連携を図るために，2011（平成23）年，「保育所におけるアレルギー対応ガイドライン」が作成され，保育所保育指針の改定等を踏まえ，2019年に改訂された*。

*厚生労働省「保育所におけるアレルギー対応ガイドライン（2019年改訂版）」2019

　食物アレルギーについて保育所での配慮が必要な場合には，保護者はかかりつけ医やアレルギー専門医に，保育所におけるアレルギー疾患生活管理指導表に必要事項を記載してもらい，保育所に提出する。保育所ではそれに基づき，具体的な取り組みについて，保護者とともに施設長，嘱託医，看護師，栄養士，調理担当者などと協議して対応を決める。

　保育所における食物アレルギーへの対応の基本原則には，以下のようなものがある。

①給食提供を前提とした上で，生活管理指導表を活用し，組織的に対応する。職員全員が認識を共有する。

②アナフィラキシー症状が出現したときに備え，緊急対応の体制を整え，全職員が迅速かつ適切に対応できるよう準備する。

③職員，保護者，主治医・緊急対応医療機関が十分に連携する。

④食物除去はなるべくシンプルにして誤食を防止するため完全除去を基本とし，家で摂ったことのない食物は基本的に保育所では与えない，共通献立メニューにするなどリスクを考えた取り組みを行う。

3 障害のある子どもへの対応

　療育機関や医療機関の指導・指示に基づいて適切な支援を行う。一人ひとりの子どもの心身の状態，そしゃくや嚥下などの摂食機能，手指の運動機能，障害の特性など，それぞれの状態に応じた配慮が必要である。すなわち，一人ひとりの摂食機能や発達状況などに合わせて，調理形態や食品の選択，食器，食具，いすやテーブルなどの環境設定を行っていくことがより重要になる。障害のある子どもにとって食事は訓練としての側面が強くなることもあるが，健常児と同じように適した栄養バランスの食事を楽しく食べることが心身の発達を促す。

7. 治療用栄養食品

　医師の指導に基づき与える特殊なミルクには，以下の種類がある。

1 低出生体重児用ミルク

低出生体重児*も母乳栄養が原則である。しかし，何らかの理由で人工栄養となる場合は，おもに出生体重が1,500g以下の場合，低出生体重児用ミルクが用いられる。育児用ミルクに比べて，たんぱく質，糖質，無機質が多く，脂肪が少ない。また，種々のビタミン類が多く含まれる。

＊出生時の体重が2,500g
未満の乳児。

2 ペプチドミルク

たんぱく質を分子量の比較的小さなペプチドにまで分解して，子どもの消化の負担を減らしたものである。アレルゲン性が低下しているが，アレルギー疾患用ではない。

3 特殊用途ミルク

（1）大豆たんぱく調製乳

抽出大豆たんぱく質を原料としたミルクで，牛乳アレルギーや二次性乳糖不耐症などに用いられる。

（2）カゼイン加水分解乳

牛乳アレルギーの原因となる牛乳たんぱく質中のカゼインを加水分解してつくったもので，牛乳アレルギーや二次性乳糖不耐症などに用いられる。ラクトアルブミンが分解されている乳清加水分解乳もある。

（3）無乳糖乳

乳糖を分解してあるミルクである。乳糖分解酵素が欠損している，または活性が低下している場合に用いられる。

（4）低ナトリウム特殊粉乳

ナトリウムの含量を育児用ミルクの1/5以下に減量したもので，腎炎や心疾患などに用いられる。

4 特殊ミルク

先天性代謝異常症に使われるミルクであり，医師の処方箋により使用する。

8. 食 育

1 食育の推進の背景

近年，子どもの偏食，小食，朝食の欠食，個食，孤食の増加，インスタント食品の使用の増加など，子どもの食生活に関して多くの問題が取りあげられるよう

になった。これらの問題に対して，厚生労働省は2004（平成16）年に「楽しく食べる子どもに─食からはじまる健やかガイド*」をまとめた。

　また，2005（平成17）年に「食育基本法」が施行され，「生涯にわたり健全な食生活の実現に自ら努めるとともに，食育の推進に寄与する」ことを国民の責務として規定した**。さらに，これら食育に関する施策を総合的かつ計画的に推進するために必要な基本的事項を示すものとして，2006（平成18）年に「食育推進基本計画」が，2021（令和3）年には「第4次食育推進基本計画」が策定され，食育は国民の間で着実に周知されるようになっている。

*厚生労働省「楽しく食べる子どもに─食からはじまる健やかガイド」2004

**食育基本法第13条。

②食育の目標

　食育とは，さまざまな経験を通じて，「食」に関する知識と「食」を選択する力を習得し，健全な食生活を実践することができる人間を育てることである。

　厚生労働省で示された食育のねらいとは，「現在をいきいきと生き，かつ生涯にわたって健康で質の高い生活を送る基本としての食を営む力を育てるとともに，それを支援する環境づくりを進めること」である***。すなわち，小児期全体を通して食を営む力を育て，家庭をはじめ保育所，幼稚園，学校，地域が連携して，子どもに対して豊かな食の体験を積み重ねていくことができるように環境づくりを行うことである。

***上記ガイドp.7より。

（1）食育がめざす楽しく食べる子どもとは

　「楽しく食べる子ども」とはどのような子どもか，具体的に5つの姿（①お腹がすくリズムのもてる子ども，②食事を味わって食べる子ども，③一緒に食べたい人がいる子ども，④食事づくりや準備にかかわる子ども，⑤食生活や健康に主体的にかかわる子ども）をあげている。これら5つの子どもの姿はそれぞれ関連し合うものであり，それらが統合されて1人の子どもとして成長していくことを，食育は目標としている。「楽しく食べる子ども」とは，「心と身体の健康」を保ち，「人とのかかわり」を通して社会的健康を培いながら，「食の文化と環境」とのかかわりの中で，いきいきとした生活を送るために必要な「食のスキル」を身につけていく子どもの姿であるとしている。

（2）「食を営む力」を育てる

　各発達段階に合わせて，「食を営む力」を育てる具体的な内容があげられている。
①授乳・乳児期─安心と安らぎの中で食べる意欲の基礎づくり
②幼児期─食べる意欲を大切に，食の体験を広げよう
③学童期─食の体験を深め，食の世界を広げよう
④思春期─自分らしい食生活を実現し，健やかな食文化の担い手になろう

（3）食育の環境づくりの推進

　乳幼児は，毎日の食事を通して，生きる力の基礎となる健康な心とからだを育て，誰かと一緒に食べることで人とかかわる力を養い，食生活に必要な基本的習慣を身につけることが可能となる。

　保育所では「保育所保育指針*」に基づき，食育を保育の一環として位置づけて推進する必要性が強調され，保育所の特性を生かした食育が実践されている。乳幼児の発育および発達の過程に応じた食育のねらいと具体的な実施の内容は「保育所における食育に関する指針**」に明示されている。

　地域においては，保育所，幼稚園，学校，食品生産業者，医療機関などで食育への取り組みが推進され，根づきはじめている。保育所は，地域の子育て支援の役割も担うことから，子どもの食事についての情報を家庭と共有したり，食に関する相談を行うなど，家庭での食への関心を高める活動もしている。また，地域の食にかかわる産業や行事食・郷土食などを通して地域の人々との交流を深め，保健所や保健センターで地域の子育て家庭に対して食に関する相談や講習を実施することなどにより，地域と連携して食育を推進していくことも重要である。

> *厚生労働省「保育所保育指針」2017

> **厚生労働省「楽しく食べる子どもに―保育所における食育に関する指針」2004

【参考文献・資料】

井戸田正「特集　母乳と人工乳－日本人の人乳組成に関する全国調査」『産婦人科の実際』
　　第56巻第3号，2007

厚生労働省「日本人の食事摂取基準（2020年版）」2020
　　https://www.mhlw.go.jp/stf/newpage_08517.html

厚生労働省「栄養教育としての『6つの基礎食品』の普及について」1981
　　https://www.mhlw.go.jp/shingi/2005/03/dl/s0307-4e.pdf

厚生労働省・農林水産省「食事バランスガイド」2005

東京都福祉保健局「東京都幼児向け食事バランスガイド」2006

厚生労働省「授乳・離乳の支援ガイド」2019

厚生労働省「平成22年乳幼児身体発育調査報告書」

厚生労働省「平成27年度乳幼児栄養調査結果報告書」

厚生労働省「保育所におけるアレルギー対応ガイドライン（2019年改訂版）」2019

厚生労働省「楽しく食べる子どもに―食からはじまる健やかガイド」2004

厚生労働省「食育基本法」2015改訂

厚生労働省「保育所保育指針」2017

厚生労働省「保育所保育指針解説」2018

内閣府「第4次食育推進基本計画」2021

子どもの病気と保育

〈学習のポイント〉　①入園前後における子どもの健康状態を把握するポイントを押さえる。
　　　　　　　　　②発熱や咳，腹痛，発疹など，主だった子どもの疾患について原因と症状を
　　　　　　　　　　理解する。
　　　　　　　　　③アレルギー疾患と感染症について発症の仕組みや主な種類を知る。
　　　　　　　　　④障害のある子どもの現状について，基礎的な知識を持つ。
　　　　　　　　　⑤保育における健康診断や保護者との情報共有のポイントと注意点を学ぶ。

1. 子どもの健康状態の把握

　子どもたちがいきいきと生活できるよう，その健康管理をすることも保育者の
大切な役割の1つである。第1章でWHO（世界保健機関）による健康の定義に
ついてみたが★，健康とは病気や障害の有無にかかわらず，各個人が生活をする
上で"満たされている"と感じられる状態と考えられる。しかし，"満たされている"
という状態の把握や表現ができない子どもの場合は，どのような状態を健康と考
えればよいだろうか。日々の生活において健康な子どもとは，よく食べ，よく遊
び（よく学び），よく眠り，喜怒哀楽などの感情表現が豊かであるということに
なる。もちろん，「よく」という表現には，個人差があることを理解しておかな
ければならない。本節では入園前と入園後，それぞれの段階で把握される健康観
察のポイントについて解説する。

★健康の定義
第1章　子どもと保健,
p.5

■1 入園時健康調査票の項目と保育における意義

　入園前に保護者から園に提出される入園時健康調査票は，各施設によって内容
はさまざまだが，小児科の診療で使われる問診表の内容，母子健康手帳に記載
されている内容が，保育現場においても役立つと思われる。記入する項目・内容と，
各項目が保育のどのような状況で必要とされるのかを解説する。

（1）妊娠中や分娩時の異常の有無，出生時の異常の有無（妊娠中毒症，早産，
　　　低出生体重児，仮死，痙攣，など）

【保育における意義】
　妊娠中や分娩時に子どもの発育発達に影響するような異常がなかったかど
うかを確認する。難産で子どもが低酸素状態に置かれると重症仮死となり，
脳に障害が出ることがある。また，早産時は胎盤を通じてもらう母の抗体が
少なく感染にかかりやすいため，乳児保育では注意が必要となる。

（2）定期健診*

1か月児健診，3～4か月児健診，6～7か月児健診，9～10か月児健診，1歳6か月児健診，3歳児健診

記入項目：異常の有無（特記事項）　受診／未受診

*市区町村が主体となって行う乳幼児健康診査の詳細はp.126を参照。

【保育における意義】

自治体から各家庭に連絡がいき，各年齢で無料の健診が行われている。発達，発育（身長，体重）で気になることはないかの確認を行う。

（3）発達

記入項目（各行動の開始月齢）：首の座り，寝返り，お座り，ハイハイ，つたい歩き，歩行開始，有意語，二語文

【保育における意義】

現状の運動発達，精神発達がどのレベルなのかを確認して保育の参考にする。子どもの標準的な発達を理解することにもつながる。21トリソミー（ダウン症候群**）では，首の座りから歩行開始まで，全てがゆっくりと発達していく。

**21トリソミー（ダウン症候群）：21番目の染色体が通常より1本多いために生じる染色体異常の一つ。

（4）既往歴***

①感染症

記入項目：突発性発疹，水痘，流行性耳下腺炎，中耳炎，熱性痙攣

②肘内障****

記入項目：発生の有無と場所（右／左）

③蜂に刺された経験

④アレルギー

記入項目：

・食物アレルギー（原因食物）　・アトピー性皮膚炎（湿疹部位）
・気管支喘息（発作の頻度，時期）　・アレルギー性鼻炎・結膜炎（花粉症含む）
・その他のアレルギー（薬，蜂など）

⑤入院した病気の有無

記入項目：肺炎，喘息，胃腸炎，周期性嘔吐症など

⑥病気で継続して受診している病院の有無

記入項目：病院名，病名，内服薬

***既往歴：かかったことがある病気の履歴。

****肘内障：手をひっぱられる等によって肘の外側の骨がずれ，脱臼に近い状態になること。5歳以下の子どもにみられる。

【保育における意義】

今までかかったことのある病気や現在治療中の病気などを保育者が把握す

ることで，保育の場で起こりうる次のようなトラブルを事前に予想・予防できるようにする。

・保護者が小児期に熱性痙攣を起こしたことがある場合は，そうでない子どもと比べて熱性痙攣を起こしやすくなる。

・肘内障のように肘が外れやすい子どもの場合は，強く腕をひっぱたりしないようにする。

・アレルギー体質の子どもが蜂に刺されると，蜂に特有のアレルギー抗体ができる場合があるため，再度刺されるとアナフィラキシーという重いアレルギー症状が出ることがある。そのため，事前に血液検査を行い，陽性の場合はエピペン®というアナフィラキシー治療用の筋注薬を準備する。

・食物アレルギーや喘息，アトピー性皮膚炎は，対応が必要な場合は，事前に保育所におけるアレルギー疾患生活管理指導表＊が提出される。内服薬や吸入薬を依頼されることもある。

★アレルギー疾患生活管理指導表
第Ⅱ部 健康と安全／第10章 保育における保健的対応，p.208

（5）予防接種

①生後2か月過ぎから1歳前に開始される各予防接種の履歴

　記入項目：予防接種の種類（予防対象となる合併症）

・BCG（結核性髄膜炎，肺結核の予防）

・肺炎球菌・Hib〈b型インフルエンザ桿菌〉（肺炎，細菌性髄膜炎の予防）

・ロタウイルス（胃腸炎に伴う脱水症，脳炎の予防）

・4種混合〈ジフテリア，破傷風，百日咳，ポリオ〉（各種疾患，小児麻痺の予防）

・日本脳炎（脳炎の予防）　・B型肝炎（肝炎，肝硬変，肝癌の予防）

・インフルエンザ〈任意〉（肺炎，脳炎の予防）

②1歳過ぎから開始される予防接種（生ワクチン）

　記入項目：予防接種の種類（目的）

・麻疹・風疹（麻疹脳炎・肺炎の予防，先天性風疹症候群の予防）

・水痘（脳炎の予防）

・流行性耳下腺炎〈任意〉（髄膜炎，難聴，不妊の予防）

【保育における意義】

　①1歳前から開始される予防接種と②1歳以降から開始される予防接種に分類し，各病原体にかかった場合の重篤な合併症も併記している。

　保育所は集団生活のため，飛沫感染や接触感染によって，最も感染症が広

まりやすい場所の1つである。乳幼児は免疫が未熟であること，気道が細くて呼吸困難をきたしやすいこと，成人に比べて体重1kgあたりの水分必要量が多く，体調不良で水分が取れなくなると簡単に脱水症になりやすいことといった特徴があり，入院となる頻度も高い。入園前までに接種可能な予防接種をしておくことを勧める。麻疹（はしか），風疹，水痘，流行性耳下腺炎の生ワクチンは1歳過ぎから接種が始まる。この4つの病原体に対しては，母からの抗体がなくなる生後6か月ごろから，接種が行われる1歳過ぎまで無防備な状態にあることを理解しておく必要がある。その他，入園に際して保護者が健康上気になることを自由に記載してもらう。

　入園時健康調査票では，以上のような情報を共有する。保育者が把握できない要素がある場合はそのままにせず，園医，医療機関の主治医，園の看護師（いる場合）などに問い合わせる。

2 登園開始後の健康状態の評価

（1）観察のポイント

　登園時はわずかな時間でも良いので，保護者の方に子どもの食欲や機嫌，活発さや症状の有無について尋ねる。それを聞きながら，子どもの顔色，表情，動きなどを観察し，保護者が心配していることがあれば，重点的に注意してみていくようにする。

　保育が始まってからは，①遊び・機嫌，②食事，③睡眠に注意して，**表6－1**の内容について観察をする。

　気になる症状が1つでもあれば，まず検温を行う。なぜなら保育所で見られる病気のほとんどが，感染症だからである。感染症だからといって，全て発熱するとは限らず，体調不良になって数時間してから発熱する場合もある。

　厚生労働省による「保育所における感染症対策ガイドライン（2018年改訂版）」にあるような症状の有無についてチェックを行う*。

★資料編「子どもの病気〜症状に合わせた対応〜」，p.248

表6－1　保育内での観察のポイントと内容

観察ポイント	観察の内容
①遊び・機嫌	外遊びをしたがらない。活動量が低下している。元気がない。疲れやすいみたい。発声が少なく声も小さい。泣いてばかりいる　など
②食事	摂取量，哺乳量が半分やそれ以下　など
③睡眠	寝つきが悪い。何度も目が覚める　など

2. おもな症状の見方

■1 発熱★

（1）体温調節のしくみ

　ヒトのからだは筋肉や肝臓を含むさまざまな臓器による代謝活動から熱が産生されて体温が上昇し，皮膚から熱が放散されたり発汗に伴う気化熱で熱が奪われることで体温が下降する。脳の体温中枢が行うこれらの調節によって，体温が一定に保たれている。

　体温には個人差があるが，体温を含む体内リズムは脳にある体内時計によって調節されている。起床時の体温が最も低く，午後から夕方にかけて最も高くなる。さまざまな因子が組み合わさるため，何℃以上だったら発熱があると断定することはできない。普段から子どもの体温を確認（同じ体温計，同じ測定部位で朝と夕の1日2回検温）しておくと，発熱の判断が正確にできる。

　乳幼児の標準的な体温の推移は，朝が36℃台後半，午後が37℃前後となる（図6－1）。乳幼児の場合，気温，衣服（着せ過ぎ等），布団といった環境に左右されやすいが，37.5℃以上あれば発熱を考慮して，環境に問題がないか，その他の異常がないか等を確認する。

（2）発熱時の症状と対応

　検温して発熱していた場合，ほとんどは風邪症候群などの感染症が考えられる。次に多いのが川崎病とよばれる原因不明の血管炎症候群であり，白血病などの悪性腫瘍，リウマチ性疾患は極めて稀である。

　通常，発熱があれば保護者に連絡して，医療機関を受診してもらうが，緊急性が高く，保育所からすぐ医療機関に連絡をしたほうがいい（場合によっては救急車を呼ぶ）症状には表6－2のようなものがある。

（3）感染症，川崎病，悪性腫瘍，リウマチ性疾患による発熱

　感染症では，細菌やウイルスといった病原体が体内に侵入すると，病原体を貪食（どんしょく）したマクロファージや樹状細胞といった免疫の司令塔的な役割を担う白血球が活性化する。活性化した白血球はサイトカインとよばれるさまざまな免疫物質を放出して多くの白血球を感染部位に集めて病原体を排除する。サイトカインは，脳にある体温中枢にも作用して，体温のセットポイント（設定温度）を上昇させ

★発熱への対応
第Ⅱ部 健康と安全／第8章 子どもの体調不良への対応と救急処置，p.153

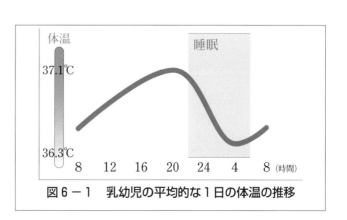

図6－1　乳幼児の平均的な1日の体温の推移

表6−2　緊急性をともなう発熱時の症状

子どもの様子	疑われる症状
視線が合わない，目つきがおかしい	意識障害が進行したり，痙攣が始まったりすることもある。感染性または非感染性の中枢神経系（脳）の障害が疑われる。
呼吸が苦しそう，ゼーゼーする，胸がへこむ	気管支喘息発作，肺炎などが多いが，稀に異物誤嚥のこともある。
チアノーゼ	酸素を十分に含んだ血液を全身に送りさせないために口唇が青く見える。肺や心臓の障害が疑われる。
血便	病原性大腸菌O157などの細菌性腸炎や腸重積などが疑われる。少量の血便があっても機嫌が良くて，哺乳も良好ならポリープからの出血，切れ痔，リンパ濾胞増殖症など良性疾患が疑われ緊急性はないが，機嫌が悪い（泣いてばかりいて）とか嘔吐もあるという場合は重症の可能性がある。
お腹が張っていて（膨隆していて硬い）痛がる	年齢によっては痛みを訴えることはできず，水分が取れずにぐったりしている，嘔吐がある場合。消化管破裂，急性虫垂炎，腸重積が疑われ，緊急の手術をしないと救命できないこともある。
頻回の嘔吐	ノロウイルスやロタウイルスによる感染性胃腸炎が最も多く見られるが，脳炎・髄膜炎頭部打撲，脳腫瘍など中枢神経障害の1症状として見られることもある。
食欲低下	乳児で哺乳量がいつもの半分以下が2回続いたら，発熱の有無にかかわらず医療機関を受診すべき状況と考えられる。

る。体温中枢から体温上昇の指令を受けた肝臓，筋肉では代謝活動を増加させて熱産生が高まる。一方，皮膚では血管を収縮させて熱の放散や発汗による気化を抑制する。そのため，発熱の初めのころは，悪寒，震え（筋肉の収縮）があり，手足を触ると冷たく感じるが，全て体温を上昇させるための症状である。発熱は，体の防御反応の1つである。体温の上昇によって病原体の増殖を抑制するとともに，免疫を司る白血球の機能の上昇が起こり，より効率的に病原体を排除できる。

　頭痛で安眠できない，発熱で水分も取れなくて脱水症になる危険がある時など，解熱鎮痛薬を使う場合もあるが，そうでなければ特に投薬は必要ない。

　各種感染症の感染後や感染中に発症して全身の血管炎を起こす川崎病は原因不明の疾患である。白血球の異常な活性化，サイトカインの上昇が存在することが知られている。無治療だと1週間から数週間にわたって高熱が持続する。悪性腫瘍，リウマチ性疾患なども白血球の活性化による体温上昇と考えられている。

（3）代謝性疾患について

　甲状腺機能亢進症の場合は，甲状腺ホルモンが全身の代謝活動を上昇させて，熱産生を上昇させるため体温が上昇する。

（4）熱中症について

　ヒトは環境の変化に対して，体の状態を一定に保とうとする身体の機能を持ち，これをホメオスタシスという。高温環境では体温中枢の命令で，代謝が抑制され

る一方で，皮膚の血流の増加，発汗の増加により体温を下げようとする。寒冷時は逆になる。

　高温環境の中に長くいると，発汗が多くなって脱水症となる。脱水症になると皮膚の血流量が減少し，熱の放散が起きにくくなること，発汗そのものが減少すること，発汗しても湿度が高いと汗が気化しにくいなどにより，体温を低下させるシステムが破綻してしまい体温が上昇する。体温が上昇すると水分必要量も上がるため悪循環となり，熱中症の悪化でぐったりし，意識障害を起こすことになる。適切に対応しないと死に至ることもある★。

★熱中症対応
第Ⅱ部 健康と安全／第8章 子どもの体調不良への対応と救急処置，p.159

2 咳と喘鳴

（1）咳を出す呼吸器のしくみ

　呼吸器は口，鼻から肺までの空気の通り道となる器官である。呼吸によって取り込まれた酸素は，肺で赤血球に渡されて全身の細胞に供給されている。

　ウイルスや細菌によって引き起こされる感染性の炎症，花粉やダニなどによるアレルギー性の炎症，タバコの煙，排気ガス，花火や線香の煙のような化学物質を吸い込んだ場合は，咳や鼻水といった症状が出る。咳や鼻水は体を守る防御反応の1つである。

　図6－2のように，空気の通り道には**機械的受容体**と**化学的受容体**と呼ばれるセンサーがあり，気道に炎症が起きたり異物を吸い込んだりすると，センサーが感知して，脳にある咳中枢にシグナルが送られる。咳中枢は，呼吸筋である横隔膜や肋間筋を急激に収縮させて咳を起こし，異物や炎症で溜まった痰などを咳き込むことで排出して気道を正常な状態に保とうとするのである。

　喘鳴は，空気の通り道が炎症，異物などさまざまな原因で狭くなった場合に，

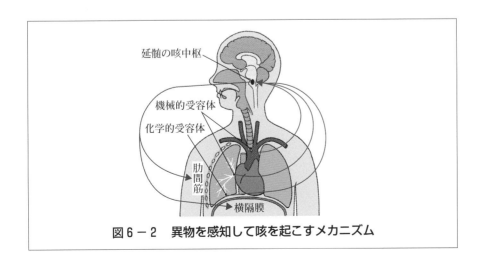

図6－2　異物を感知して咳を起こすメカニズム

狭い部分を空気が通過するときに発生する音である。上気道とよばれる気道の比較的太いところが狭くなると，主に息を吸うときに喘鳴が出現し，肺の細い気管支のような下気道が狭くなると，主に息を吐く時に喘鳴が見られる。息を吸う時，吐く時，または両方で，ゼーゼーとかヒューヒューとかズーズーなどの喘鳴がある場合は，どこかに狭窄があって，呼吸しづらい状態にあると考えられる。

（2）咳が出る疾患

　咳が出る疾患は，風邪（症候群）を含む呼吸器の感染症が圧倒的に多く見られる。炎症が咽頭までなら風邪または上気道炎，炎症が喉頭と呼ばれる声門のところに波及するとクループ症候群，さらに下の肺の中まで炎症が広がると肺炎，気管支炎という病名となる。

　風邪では，さまざまなウイルス，細菌が鼻腔内，口腔内に感染して発熱，咳，鼻汁といった症状が現れる。炎症が強かったり，口内炎ができたりすると子どもは喉の痛みを訴える。肺炎の初期は，コンコンという乾いた咳が多く見られるが，回復期になると炎症反応による分泌物が多くなるためゴホゴホと痰が絡んだ湿性の咳に変化する。こうなると回復が近いと判断できる。

　気道異物でも咳が見られる。保育所ではほとんど起きないが，家庭ではピーナッツや大豆の誤嚥が発生している。元気な子が急に咳き込んだり，チョークサイン（呼吸が苦しくて首の辺りを手でおさえるしぐさ）があったら救急対応が必要となる。

　乳幼児，21トリソミー（ダウン症候群）のような先天異常，神経筋疾患がある子どもは，横隔膜や肋間筋などの呼吸筋の力が弱いため咳が弱くてうまく異物や痰を排出できないことがある。そのような子どもたちに咳止め薬を使うと病状を悪化させることがあるため一般的には使用しない。

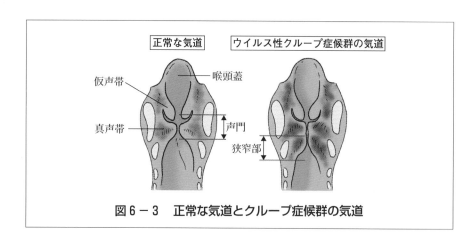

図6－3　正常な気道とクループ症候群の気道

（3）喘鳴を起こす疾患

①クループ症候群

クループ症候群は5歳ごろまでの乳幼児に多く発症し，以降は，ほとんど見られない。

図6－3からわかる通り，声を出す器官である声帯のところが，空気の通り道では最も細くなっている。風邪症候群を起こすウイルスであればいずれもが原因となるが，特にパラインフルエンザウイルスに罹患した場合，炎症が声帯周囲と肺に拡大する。もともと狭い声帯のところが，炎症でむくんでさらに細くなる。咳が特徴的で，オットセイが泣くようなとか犬が吠えるようなななどと表現される乾いた咳が連続性に現れる。息を吸う時に，喉のあたりからヒューという狭窄音が聞こえ，苦しそうな様子となる。また，声がかすれた状態になる。

②喉頭軟化症

クループ症候群と同様に，息を吸うときに喘鳴が聞かれるものに喉頭軟化症という病気がある。生後1か月ごろからゼーゼーという音を発することから周囲に気づかれ，小児科や耳鼻科を受診して診断される。気管の入口には，喉頭蓋という器官があり，通常は空気が気管の方に入りやすいように立った状態だが，食事などで食べ物を飲み込んだ時は，食べ物が気管のなかに入らないよう蓋をする役目を担っている。この喉頭蓋の筋肉が脆弱なために，食事をしていないのに蓋が閉じかけて空気の通り道が狭くなりゼーゼーという音を発したり，食事中なのに喉頭蓋が適切に締まらなくて誤嚥したりする。数か月から1年ほどで，脆弱だった喉頭蓋の筋肉が発育し，喉から音を発しなくなる。

③閉塞性睡眠時無呼吸症候群

閉塞性睡眠時無呼吸症候群のおもな原因は2つほどある。舌根沈下による場合と，アデノイド*・口蓋扁桃肥大による場合である。

乳幼児の場合，顎が小さくて，口腔内が狭く，舌が大きいという特徴がある。そのため，仰臥位で睡眠中に図6－4のように舌根部が咽頭の後壁に落ちて気道をふさいでしまう場合がある。先天的に顎が小さかったり，舌が大きい，神経筋疾患で筋の緊張が低下している場合は，さらに，リスクが高くなる。睡眠中，息を吸うときにいびきのような音が続いていて，その後，無呼吸となることがある。

アデノイドや口蓋扁桃は免疫臓器であり，口や鼻から侵入した病原体にいち早

*アデノイド：鼻の奥の突きあたりと喉の間に位置する上咽頭のリンパ組織のかたまり。

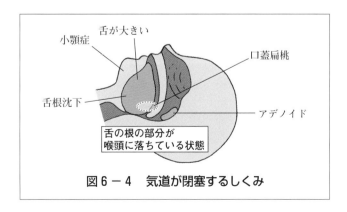

図6－4　気道が閉塞するしくみ

く反応して，感染症が重症化しないように体を守っている。これらの臓器は，小学校高学年ごろまで生理的に肥大化し，中学生以降に小さくなって，おとなではほとんど見えなくなる。乳幼児，小学校低学年までは感染頻度が高いため，生理的肥大に加えて感染症に対する反応性肥大が見られる。

　子どもの中にはアデノイドや口蓋扁桃肥大で空気の通り道が極端に狭くなり，睡眠中にいびきがひどく，呼吸が止まる場合がある。いびきがひどい子どもで，睡眠中に無呼吸となることがあれば，耳鼻科で検査を行う。無呼吸の回数が多く，長時間に及ぶと，低酸素による脳障害が起こることがある。そのため大事な免疫臓器ではあるが，アデノイド，口蓋扁桃摘出術を行うことがある。

④気管支喘息（ぜんそく）

　気管支喘息の乳幼児は気道が過敏であるという特徴を持っている。ウイルス感染，ダニ，ホコリ，動物，タバコ，大気汚染などさまざまな刺激を受けると，気道収縮（発作）を起こす物質が産生されて息苦しくなる。生まれつき気道が敏感な場合は，生後数か月から風邪症候群などの呼吸器感染症にかかるたびに発作が見られるようになる。

　後天的に気道が敏感になるのは，アトピー体質とよばれるアレルギーの抗体（IgE）を作りやすい人が，ダニやハウスダストに対する特異IgE抗体が陽性となった場合である。ダニは環境中，特に寝具に多く見られる。呼吸によってダニ由来の抗原が肺内に侵入して，アレルギー性炎症が持続し，徐々に過敏性が増していくというものである。もともと気管支喘息がなかった子どもでも，5歳過ぎごろから，感染や環境因子で発作が出てくるようになる。生まれつき気道が敏感で，かつ，アレルギー体質を持っているという場合も少なくない。

　乳幼児の喘息発作は，ほとんどが風邪のような呼吸器感染が引き金となる。少し鼻水がでる程度の軽い風邪であっても，2日後くらいから図6−5の右側にあるように，細い気管支において平滑筋の収縮と炎症性のむくみが起こり，呼吸を

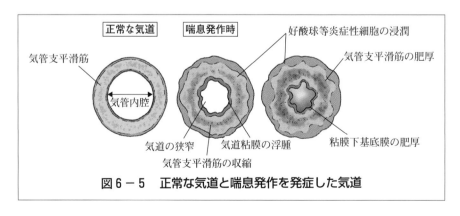

図6−5　正常な気道と喘息発作を発症した気道

するのが苦しい状態となる。

　細い気管支の狭窄（きょうさく）があると，吸い込んだ空気を十分吐き出せない状態となる。軽い発作では聴診器を使わないとわからないこともあるが，咳が多くなる，おとなしくなって表情が冴えない，食欲が低下するなどの様子があれば，発作を疑うことが必要である。気道の狭窄が強くなると聴診器なしでも息を吐く時を中心にゼーゼーとかヒューヒューという喘鳴（狭窄音）が聞かれる。また，息を吐く時間が長くなったり，呼吸時に肋間（ろっかん）や胸骨上部に陥没が見られたり，肩をあげる仕草が見られる。いずれも，気道狭窄による換気量低下を改善するための努力呼吸*の症状である。

　気管支喘息のように細い気管支の狭窄が起きて，咳，喘鳴，努力呼吸をきたす病気に急性細気管支炎があり，乳児で多く見られる。細気管支へのウイルス感染によって，炎症に伴う浮腫で細気管支が狭窄を起こし，肺に溜まった空気を吐き出せないことで咳，喘鳴，呼吸苦といった喘息発作に似た症状となる。

　RSウイルス感染症は，風邪症候群から肺炎までを引き起こす感染症である。乳児がかかると特に重症化して入院治療となることが最も多い**。

> *努力呼吸：呼吸困難の一種で，不足している呼吸量を補うために腹筋などを使って呼吸している状態。肩や胸郭が大きく動く。

> **RSウイルス感染症の詳細はp.118参照。

③ 下痢，嘔吐，腹痛
（1）便の性状について

　便の状態は図6－6のようなブリストルスケールを使って判断する。乳児期は，消化管の機能，摂取する食物の変化（母乳，ミルク，離乳食）に伴って便の見た目が変化し，1歳前後からおとなのようなバナナの形状をした滑らかな便となる。

　生まれて数日間は胎便と呼ばれる黒いネトネトの便が出て，生後2～3か月ぐらいまでは水っぽい便となる。母乳栄養児の方が，柔らかいことが多い。色は黄色，茶色，緑とさまざまだが，異常ではない。また腸内細菌（ビフィズス菌）の働きで酸っぱい匂いがする。

　生後6～7か月になると，離乳食の開始，ミルクの増加などで水っぽさがなくなり，よく練れた柔らかい便となる。色は茶色が多くなる。9～10か月ごろ，離乳食が3回となって摂取量が増えてくると，おとなのようなバナナうんちになる。

（2）下痢を起こす病気
①感染性胃腸炎による下痢

　下痢が数回あっても，機嫌がよく，哺乳も良好ならばそのまま様子を見ても問題はない。しかし下痢とともに発熱，不機嫌，嘔吐などの症状があれば，**感染性胃腸炎**を考える。下痢は防御反応の1つである。侵入した病原体に対する炎症（免疫）反応が起きると，その病原体を早く排出しようとして腸の粘膜から水分を含む粘液の分泌が盛んに行われること，腸粘膜の障害で水分の再吸収が低下するこ

と，ぜん動運動が亢進することなどにより下痢となる。

ウイルス性胃腸炎は1年中見られる。夏ならエンテロウイルス，秋から冬はノロウイルス，春ごろにロタウイルスによる流行がある。ロタウイルスはワクチン接種が開始された以降，感染者は激減している。ウイルス性胃腸炎の場合は水っぽい便で，時に白色やクリーム色になることがある。

細菌性腸炎は夏に多く見られ，最も多いのは黄色ブドウ球菌によるものである。黄色ブドウ球菌は人体，環境などどこにでも存在する細菌であり，黄色ブドウ球菌が産生する毒素(エンテロトキシン)を摂取することで嘔吐，下痢が発

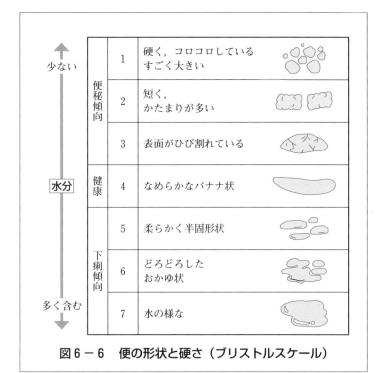

図6－6　便の形状と硬さ（ブリストルスケール）

生する。高温多湿な環境の中に食物を放置しておくと毒素産生型の黄色ブドウ球菌が繁殖することがある。加熱すれば大丈夫と思いがちだが，黄色ブドウ球菌の毒素は熱に強く熱でも不活化できないため，摂取すると嘔吐，下痢を引き起こす。比較的症状は軽く1～数日で改善する。

O157を含む各種病原大腸菌，サルモネラ菌，カンピロバクター菌，エルシニア菌などによる細菌性腸炎は比較的まれである。牛肉，鶏肉，卵などに細菌が付着していることがあり，十分加熱しないで摂取した場合に発熱，腹痛，嘔吐，下痢といった症状が現れる。これらの細菌は腸管壁から血管内に侵入して菌血症を引き起こし，全身の臓器に強い障害をもたらし致命的となることがある。炎症がウイルスによるものと比べ物にならないくらい強いので，我慢できないくらいの強い腹痛がありまた，血便を合併する。

便に少量の血液が付着しているが，機嫌もよく，哺乳も良好の場合は，ポリープからの出血，リンパ濾胞増殖症による腸管壁からの出血，切れ痔など良性の疾患がほとんどである。この場合も念のため，医療機関を受診するようにする。

②**非感染性の下痢（食べ過ぎによる消化不良，冷たいものの取り過ぎ，寝冷え，乳糖不耐症，食物アレルギーなど）**

　食べ過ぎによる消化不良，冷たいものの取り過ぎ，寝冷えなどは，時に腸粘膜

を刺激してぜん動運動を活発化させる。大腸内の便の停滞時間が短くなるため，水分が十分吸収できず下痢となる。

　乳糖不耐症は小腸での乳糖分解酵素の機能が低下することで発症する。乳製品に含まれる乳糖を分解できないため，大量の乳糖を含む便が大腸に運ばれてくる。乳糖を含む便は浸透圧が高いため，大腸の粘膜と同じ浸透圧になるまでは水分を吸収できるが，それ以上は水分を吸収できないため下痢となる。乳幼児では，ウイルス性胃腸炎の後で，乳糖分解酵素が不足して，乳製品を摂取したときに下痢となることがある。

　小学生以降，個人差はあるが，乳糖分解酵素の活性が著しく低下する場合は，乳製品を摂取するたびに下痢を起こし，食物アレルギーと間違われることもある。一部の果物，豆類，人工甘味料なども，同じしくみで下痢を引き起こすことがある。

　胃腸炎などに伴う一時的な乳糖不耐症に対しては乳糖分解酵素の薬をしばらく内服する。体質的に乳糖分解酵素が少ない場合は，乳糖を含む乳製品の摂取を制限する。

　食物アレルギーで一番多い症状は，蕁麻疹（じんましん），紅斑（こうはん）などの皮膚症状だが，その他に咳，喘鳴の呼吸器症状，下痢，嘔吐，腹痛の消化器症状が出現する。食物アレルギーがある人では，食物特異的IgEという抗体が産生されており，その食物特異抗体を結合したマスト細胞と呼ばれる白血球が皮膚，呼吸器，消化管に分布している。そこにアレルギーの原因となる食物が取り込まれると食物特異的IgEを介してマスト細胞が活性化しヒスタミンなどの化学物資を放出してアレルギー性炎症が起きて各臓器でさまざまな症状を発現する。

　食物アレルギーでも血便をきたすことがある。乳製品によることが多く，乳児期早期から見られることがある。

（3）嘔吐★

①消化管の病気による嘔吐

　嘔吐を起こす消化管の病気で一番多いのは，下痢のところで説明した感染性胃腸炎である。嘔吐をきたす疾患で知っておくべき病気に**腸重積**（ちょうじゅうせき）がある。乳幼児期の発症がほとんどで，ウイルス性胃腸炎の経過中に見られることもある。**図6－7**のように，腸管の中に腸管が潜り込んで腸閉塞を起こした状態である。腸の通過に障害が出るため，嘔吐のほか，強い痛みが現れるが，乳幼児はお腹が痛いと訴えられないため，不機嫌，号泣が続く。腸重積の場合は，痛みが強くなったり，よくなったりを繰り返す。苺ゼリーのような血便も見られる。

　医療機関で重積した腸を整復する処置を受けるが，発症して24時間以上経過している場合は，腸管が壊死（えし）を起こしていることがあり，手術で壊死を起こしてい

★嘔吐への対応
第Ⅱ部 健康と安全／第8章 子どもの体調不良への対応と救急処置，p.156

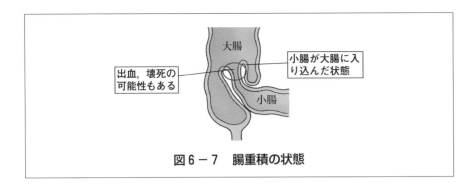

大腸

小腸が大腸に入り込んだ状態

出血，壊死の可能性もある

小腸

図6－7　腸重積の状態

る腸を切除しなければならない場合もある。

　胃は袋状の器官だが，通常は周りの支持組織によってしっかり固定されているため，胃に入った食べ物や飲み物はスムーズに小腸へ移動する。乳児の場合，胃の周りの支持組織が未熟で胃が折れ曲がったようになることがあり，これを**胃軸捻症**と呼ぶ。そのため，授乳後に嘔吐を繰り返す。数か月から1歳ごろまでには胃の支持組織が成熟して問題はなくなるが，それまでは1回の哺乳量，摂取量を減らして対応する。

　生後1か月ぐらいの乳児で，胃から小腸への出口である幽門の筋肉組織が肥厚して胃の出口が狭窄を起こすことがある。原因は不明だが，噴水のような嘔吐を起こす。この場合，内服治療が無効の場合は手術を行って狭窄部位を解除することになる。

　食道は胸部を通って横隔膜を貫いて腹部に入る。胃の全ては腹部（横隔膜の下）に位置するが，胃の一部が食道の通り道の隙間から横隔膜の上に脱出する場合があり，これを**食道裂孔ヘルニア**と呼ぶ。通過障害によって嘔吐が慢性的に持続することで気づかれ，手術が必要となる。

　外鼠径ヘルニアは，腸管の一部が足の付け根の鼠径管を通って皮下に脱出する病気である。脱出した腸管が下腹部に膨隆した外観によって気づかれる。腸管が鼠径管で強く圧迫されて，腹腔内に戻らない状態をヘルニア嵌頓と言うが，通過障害がおきるので，嘔吐，腹痛の症状が現れる。鼠径管を閉鎖する手術を行う必要がある。

　そのほかに嘔吐をきたす消化管の病気には，先天的な腸の奇形である腸管閉鎖，狭窄，腸回転異常などがある。

②**中枢神経系の病気による嘔吐**

　中枢神経系の病気で多いのは，**髄膜炎・脳炎**である。多くのウイルスが髄膜炎を合併するが，夏風邪の原因となるエンテロウイルス属によるものが多く，また，**流行性耳下腺炎**（おたふく風邪）でも見られる。脳の髄膜に炎症が起きて頭蓋内

の圧が上昇することで嘔吐中枢が刺激されて，ひどい頭痛，嘔吐が発生する。また，インフルエンザ，突発性発疹，ロタウイルスは乳幼児で脳炎を起こす代表的な病原体である。脳実質がむくむことで頭蓋内圧が上昇し，けいれん，意識障害，嘔吐が見られる。インフルエンザやロタウイルスによる脳炎はワクチン接種の普及で発生頻度は減少している。また，肺炎球菌やb型インフルエンザ桿菌に対する定期ワクチン接種が開始されてから，細菌性髄膜炎も著しく減少している。

　てんかんはけいれんや意識消失を主体とした病気だが，さまざまな種類があり，頻度は多くないが嘔吐症状が主体となるものもある。

　非てんかん性けいれんで最も多いのが，乳幼児で見られる**熱性けいれん**で10人に1人が経験すると言われている。熱性けいれんの経過中に嘔吐が見られることがある。

　周期性嘔吐症は，幼児期から学童期に見られる病気で原因不明である。肉体的，精神的ストレスがかかった翌日ぐらいから嘔吐発作が出現し持続する。運動会で頑張って，その後疲れて，夕ご飯も食べずに寝て起きた朝から嘔吐が始まるという状態である。嘔吐発作はすぐに止まらないので，多くは改善するまで数日間，医療機関で点滴を受けることになる。小学生以降徐々に改善して，嘔吐は見られなくなるが，それに代わって頭痛を訴えるようになる。現在は，片頭痛の1つに分類されている。

　その他の中枢神経障害には，もやもや病による脳出血，虐待による外傷性脳出血がある。いずれも，けいれん，意識障害，嘔吐がある。

　子どもの悪性疾患では，白血病，悪性リンパ腫についで脳神経系の悪性腫瘍が多く見られる。腫瘍ができた場所の症状に加えて，腫瘍が大きくなっていくため脳圧亢進症状として頭痛，嘔吐が見られる。

（4）腹痛★

　今まで説明してきたように感染性胃腸炎や食物アレルギーなどの腸管の炎症，腸管の先天的または後天的な狭窄，閉塞，便秘などの通過障害で腹痛が見られる。

　強い腹痛が見られる病気に**アレルギー性紫斑病**（IgA血管炎）がある。ウイルスや細菌感染の回復期に見られ，各病原体に対して誘導された異常な構造のIgAと呼ばれる抗体が，自分の皮膚，腸管，腎臓の血管に付着して血管の炎症を起こすものである。皮膚で血管炎が起きると，赤血球が血管外に漏れて，紫斑となる。腸管では，血管炎が強いと血流の低下から，強い腹痛や嘔吐が発生する。虚血が強いと腸粘膜が壊死を起こして大量の水様便となる。皮膚や腹部の症状から1〜3か月ぐらいすると腎臓でも炎症が強くなり血尿，タンパク尿，むくみが出現する。

　尿が作られて，排泄されるまでの器官を尿路といい，腹部には，腎臓，尿管，

★腹痛への対応
第Ⅱ部 健康と安全／第8章 子どもの体調不良への対応と救急処置，p.154

膀胱，尿道といった器官がある。**尿路感染症**は主に，外尿道口から大腸菌などの細菌が侵入し，膀胱，腎臓へと炎症が広がっていく。排尿時の痛み，膀胱炎による下腹部の痛み，腎盂炎による背中の痛みなどがあるが，乳幼児が自ら腹痛を訴えることはあまりない。発熱，不機嫌，食欲低下で医療機関を受診して，尿検査などを行って診断される。先天的な尿路奇形は，500人に1人ぐらいの割合で見つかっている。このような基礎疾患があると，尿路感染症が重症，遷延化する事がある。尿路感染症を繰り返す場合は，尿路に異常がないか検査をする。尿路の奇形によっては手術による治療が必要となる。そのまま，放置すると，成人になってから腎不全となる場合がある。尿路に奇形があると尿の流れがとどこおり，腎盂*，尿管が拡張し腹痛・背部痛を訴えることもある。

- - - - - - - - - - - - - - - -
***腎盂**：腎臓と尿管の接続部。
- - - - - - - - - - - - - - - -

　頻度は少ないが，おたふく風邪の合併症に急性膵炎がある。おたふく風邪で腹痛を訴えたら，膵炎を疑う。膵臓の炎症で，腸管が麻痺して，ぜん動運動が起きなくなり腸管狭窄と同じような状態となり嘔吐も見られる。

　その他に腹部の病気とは直接関係ないが，腹痛を訴える病気には，急性扁桃腺炎や喘息発作がある。乳幼児では，自分の症状を正確に訴えることができない。そのため，喉が痛くても，「ぽんぽんが痛い」などの表現をすることがある。喘息発作の場合は，呼吸が苦しい時間が長いと，努力呼吸で腹筋を使っている場合がある。そのため，苦しいという訴えではなく，筋肉痛からお腹が痛いという場合がある。

④ 頭痛★

　頭痛には一次性と二次性がある。一次性は，原因となる基礎疾患がなくて起こるもので，緊張性頭痛，片頭痛などがある。最も多いのは緊張性頭痛だが，ストレス，姿勢の異常，頭頸部の筋肉の酷使によって，筋肉から痛みを誘導する物質が放出されて起こると考えられている。近年は，スマホアプリで長時間遊ぶ子どもも増えていて，緊張性頭痛が増える可能性がある。次いで多いのが片頭痛である。知覚神経である三叉神経周囲の血管拡張によって神経が刺激されて頭痛が起こると考えられている。嘔吐の項で述べたように，幼児から学童に多い周期性嘔吐症は，片頭痛の一型と考えられているが，乳幼児で頭痛を訴えることはほとんどない。

　二次性頭痛の原因疾患は多岐にわたり，小児では，髄膜炎，脳炎などの中枢神経系感染症，目，耳，鼻，副鼻腔，口の感染症，頭部外傷，脳出血，脳腫瘍などがある。2次性頭痛を起こす病気でも，乳幼児が直接頭痛を訴えることはあまり見られない。不機嫌や食欲低下，発熱，嘔吐など他の症状から気づかれることが多いと思われる。

★頭痛への対応
第Ⅱ部 健康と安全／第8章 子どもの体調不良への対応と救急処置，p.159

5 けいれん★

★けいれんへの対応
第Ⅱ部 健康と安全／第8章 子どもの体調不良への対応と救急処置，p.171

　けいれんは，手足や体の筋肉が意志と関係なく発作的に強く収縮する状態を指す。筋肉の一部分から全身に及ぶものまでさまざまである。通常は，脳から筋肉に至るまでの電気的活動が協調的に働いているため意志のままに活動できるが，この電気的活動に乱れが生じると，自分の意志と関係なく筋肉が強く収縮する。

　けいれんを起こす病気には，大きくてんかん性と非てんかん性の疾患がある。

　てんかんは，脳内のある部位で神経細胞の過剰な興奮が起こり，強直や間代性けいれん，意識障害などを引き起こす。意識消失だけでけいれんのないタイプもある。治療しなければ，発作は，繰り返し発生する。さまざまな検査をしても，脳内に明らかな異常が見つからないものを特発性てんかんという。低酸素，脳炎・髄膜炎，脳出血，脳腫瘍などによって脳が障害を受けた時にもけいれんは起こるが，その障害が原因で，繰り返しけいれんが起きるようになったものを症候性てんかんという。てんかんは全年齢の小児に見られる。

　よく見られる非てんかん性けいれんには，憤怒けいれん，熱性けいれん，胃腸炎関連けいれんなどがある。

　憤怒けいれんは泣き入りひきつけとも言われ，乳児が泣き続けて，十分酸素が取り込めずに脳が一過性に低酸素になることが原因と考えられる。低酸素とけいれんで口唇が紫色（チアノーゼ）になるので驚くが，自然に回復する。

　熱性けいれんの多くは，体温が38℃以上に上がる途中で発生する。神経ネットワークは興奮と抑制の神経がバランスをとっていることで制御されているが，発熱によって，そのバランスが崩れて神経細胞の過剰な興奮が起こってけいれんが起きると考えられている。夏にはエンテロウイルス属による風邪が流行し，高熱となることが多いため1年の中で最も熱性けいれんの合併が多く見られる。次いで，インフルエンザやRSウイルス感染症が流行する秋から冬に多く見られる。けいれん時間は数分から15分以内がほとんどだが。まれに30〜60分と持続する場合もある。10人に1人ぐらいの子どもが経験する。多くの子どもは終生1回のみだが，複数回経験する子どももいる。5〜6歳以降は，見られなくなる。けいれん時間が15分以上と長かったり，けいれんが左右非対称であったり，意識障害が遷延する場合は，脳炎・脳症を考える必要がある。

　ノロウイルス，ロタウイルスなどの**ウイルス性胃腸炎**は11月から4月ごろ流行する。嘔吐，下痢が始まって1〜3日ぐらいで数分のけいれんが短時間のうちに群発する。発作間欠期の意識は清明で，熱はないこともある。けいれんの機序は不明だが，通常の熱性けいれんの治療薬では効果がなくナトリウムチャネル遮断薬*が有効である。

*ナトリウムチャネル遮断薬：不整脈の治療用に用いられ，血脈に関与するナトリウムイオンの流れを止めて，脈拍を正常にする働きをする。

⑥脱水症★

　乳幼児の場合，成人に比べて皮膚や呼吸で失われる水分が多いこと，成長過程
にあり代謝が活発なため多くの水分を必要とすることなどから，体重1kgあたり
の1日の水分量が成人の2倍ぐらい必要であるという生理的特徴がある。

　特に，感染性胃腸炎の時は，下痢で大量の水分，塩分が失われること，嘔気や
嘔吐で水分，塩分が十分摂取できないことから容易に脱水状態となり，脱水症の
治療のため入院となる頻度が高くなる。脱水症の重症度による症状は**表6−3**の
ようになっている。

★脱水症への対応
第Ⅱ部 健康と安全／第
8章 子どもの体調不良
への対応と救急処置，
p.160

⑦浮腫

　むくみは，細胞と細胞の間の間質と呼ばれる組織に水が溜まった状態を指す。
外見的には，目が腫れぼったいということで気づくことが多く，ゆっくり進行し
ている場合は，最近少し太ってきたなどの印象から気づかれることもある。

　乳幼児でむくみをきたす代表的な病気が，腎炎やネフローゼ症候群といった腎
臓の病気である。腎臓は主に体の中の水分の調節を担っている臓器で，成人の場
合，腎臓の糸球体というところで1日150Lの原尿ができ，その99％が腎臓の尿
細管で再吸収されて再利用され，残りの1％が尿として老廃物とともに排泄され
ている。腎炎は尿を作る糸球体に炎症が起きた状態である。そのため，尿を作り
出すことができなくなり不用な水分を体外に排泄できなくなり尿量が減少する。
食事などで摂取した水分が，体に溜まってしまいむくみとなって現れる。ネフロー
ゼ症候群も腎臓の病気だが，むくみの機序は腎炎と異なる。腎炎とは異なる腎
臓の糸球体の異常によって，血液中の蛋白成分が大量に尿中に出てしまう病気で
ある。血液中の蛋白成分が著しく低下すると，血管内の血液が低浸透圧となり，
相対的に血管外の組織の浸透圧が高くなる。血管の中と外の浸透圧を同じレベル
に保とうとして血管内の水分が血管外の組織に移動することで水が溜まってむく
みが出現する。

　顔を虫に刺された場合や風邪が引き金となって顔にじん麻疹が出た場合，アレ

表6−3　脱水症の症状による重症度分類

重症度	症状
軽症	口唇や皮膚がカサカサと乾燥する。
中等症	目がくぼんで，元気がなくなる。
重症	見た目はぐったりしており，視線が合わない，うとうと眠り続ける。声かけしても返事がないか弱いといった意識障害が出現し，さらに悪化すると，けいれんを起こしたり，刺激しても反応のないショック状態となり心肺停止に至ることもある。

ルギー機序などによる血管性浮腫も顔がむくんでいるように見えることがあるが，その他の部位にはむくみはなく多くは数時間から数日以内で改善する。

そのほかに浮腫が見られる病気に川崎病がある。

8 発疹★

発疹は，大きく分けて，感染性のものと非感染性のものがある。

（1）感染性の発疹

感染性の発疹には，皮膚への直接感染によって発生する場合とその他の感染症に随伴して見られる発疹がある。

★発疹と感染症対策
第Ⅱ部 健康と安全／第8章 子どもの体調不良への対応と救急処置, p.158
第Ⅱ部 健康と安全／第9章 感染症対策, p.176

皮膚への直接感染

皮膚への直接の感染症には，伝染性膿痂疹，伝染性軟属腫，皮膚真菌症，頭シラミなどがある。

①伝染性膿痂疹（とびひ）

> 【主な原因】汗疹や虫刺され，アトピー性皮膚炎などかゆみがある部位を強くかいて，皮膚のバリアーが壊れたところに黄色ブドウ球菌や溶血性連鎖球菌が接触感染することによる。夏に多く見られ，病巣部位をかいた指で，別の場所をかいたりすると，新たに病巣が形成されていく。「とびひ」と言われる所以である。
>
> 【症状】さまざまな部位にジクジクした病巣を形成する。

広範に見られる場合は医療機関を受診して抗菌薬の内服，外用で治療する。引っかく原因となる汗疹，虫刺され，アトピー性皮膚炎に対して軟膏治療を行う。つめを切っておくこと，外遊びなどのあとは十分な手洗いを行い予防する。

②伝染性軟属腫（水いぼ）

> 【主な原因】毛根への直接の感染もあるが，とびひと同様，汗疹，虫刺され，アトピー性皮膚炎などの箇所を強くかいてしまい，皮膚のバリアーが壊れたところがあると，伝染性軟属腫ウイルスが接触感染してより病巣を形成しやすくなる。
>
> 【症状】外観は水っぽい光沢のある，いぼ状の発疹だが，中身は液体ではなく，ウイルスと変性した表皮細胞からなる塊である。病巣をかいた指で，別の場所をかくことで広範に広がっていく。

放置しても，数か月から数年で免疫ができて改善するが，集団生活している場合は，他の乳幼児に対する感染源となることや，プールに入れないことなどがあ

るため，数が少ないうちに皮膚科で摘み取ってもらうことが早期改善につながる。

③皮膚真菌症

【主な原因】乳児期は皮膚が薄くてバリアーが脆弱なこと，免疫が弱いことから皮膚の真菌症が起こりやすくなる。おむつかぶれや，感染性胃腸炎で下痢が続いたために肛門周囲が赤く爛れたところにカンジダ菌や白癬菌が接触感染して病巣を形成するパターンが多く見られる。

【症状】最初は1個の赤い丘疹が徐々に外に向かって広がっていく。外縁がやや隆起して赤くかゆみの強い部分で，内側は比較的綺麗な皮膚に見える。おむつかぶれだと思っていて軟膏をつけてもよくならず皮膚科で診てもらって診断される。

ステロイド軟膏は皮膚真菌症を悪化させるため，抗真菌剤の軟膏が有効である。

④頭シラミ

【主な原因】頭皮に頭シラミが感染して，卵を産み，その成虫が頭皮から吸血することで頭のかゆみが生じる。

【症状】感染して症状が出てくるまでに数週間かかり，頭をすごくかゆがっている乳幼児の頭を見ると髪の毛に白いフケのようなものが固着していることがある。フケなら簡単に取れるが，頭シラミの卵の場合は，簡単に取ることができない。

皮膚科を受診して顕微鏡で確認してもらい，頭シラミ専用のスミスリンシャンプーで毎日頭髪を洗い，その後，すき櫛ですいて卵や成虫を除去する。子ども同士の頭が接触しないように配慮する。

全身性の感染症に伴う皮膚病変

ワクチン接種が徹底されてきたこともあり，発疹を伴う感染症の発生数は少なくなっており専門医であっても診察する機会はまれとなっている。ワクチンがなくて比較的よく見られる感染症と発疹について解説する*。

＊以下疾患の登園再開基準は，第9章 感染症対策のp.174〜175を参照。

①手足口病

【主な原因】夏季に流行する。コクサッキーウイルスやエンテロウイルスの接触感染・飛沫感染によって感染拡大する。

【症状】手のひら，足の裏，口腔内に水疱が出現することから手足口病と呼ばれている。手や足の水疱は少し痛みのある硬い水疱である。口腔内の水疱が破れると痛くて硬いものは摂取できなくなる。原因ウイルスが多数あり，ウイルスの種類によって，無熱で発疹のみのもの，体全体に発疹が出るもの，

高熱を呈し脳症（けいれん，意識障害）を合併しやすいものなどがある。

　熱がなくて元気だと，あえて手のひらや足の裏を見ないので見過ごされている場合もある。解熱していて普通に食事ができれば登園は可となっているので，まだウイルス排出量の多い状態で登園する子どもも多い。園内での流行を防ぐのは，かなり難しいと思われる。感染後，鼻汁，便などから数週間，ウイルスは排出されるので，登園再開後は，排便後，おむつ交換後の手洗いの徹底が重要となる。

②突発性発疹

【主な原因】ヒトヘルペスウイルス6型または7型の感染によって発症する。ほとんどの成人が乳幼児期にヘルペス属のウイルスに感染している。

【症状】突発性発疹は親との接触によって感染すると考えられている。乳児の初めての発熱であることが多く，母乳や胎盤を介してもらった母からの抗体が低下する，生後6か月以降に見られる。原因ウイルスが2種類あるため2回罹ることもある。38℃以上の発熱，哺乳低下で気づかれ，発熱は3～4日持続し解熱と同時（ヒトヘルペスウイルス6型）か解熱翌日（ヒトヘルペスウイルス7型）に体に紅斑が出現し，紅斑は数日で自然に消失する。多くは何もなく経過するが，熱性けいれんや下痢が時に見られる。下痢がひどい場合は点滴のため入院することがある。

　止まりにくいけいれんがあれば脳症を疑う。脳症の合併はインフルエンザについで多く見られる。

③溶連菌感染症

【主な原因】溶血性連鎖球菌という細菌による感染症で，冬から春に流行する。飛沫感染，接触感染後，数日で高熱，咽頭痛で発症する。

【症状】喉が真っ赤で舌がいちごの表面のようにブツブツとなる。溶連菌が作り出す毒素が体に吸収されると，赤い，小さな，かゆみのある発疹が全身に見られることがある。治療が遅れたり，不十分だと急性腎炎やリウマチ熱，関節炎などさまざまな合併症を引き起こす頻度が高い。

　インフルエンザのような迅速抗原検査を行って診断を確定し，完全に除菌するために2週間前後，抗生物質を内服する必要がある。

④単純ヘルペス感染症（口内炎，口角炎，歯肉炎）

【主な原因】主にヒトヘルペスウイルス1型（単純ヘルペス1型）の感染によるが，性器ヘルペスである2型によって発症する場合もある。突発性発疹

症と同様，接触・飛沫によって感染する。

【症状】口唇や口角，歯肉，口腔内に集簇（しゅうぞく）した小さい水疱性の病変を形成する。口の痛みが強くて柔らかいもの以外は飲み込めないこともある。初回の感染では，39℃以上の高熱が数日から1週間程度続くことがあり，脳炎を合併することもある。

　抗ウイルス剤の内服薬や点滴薬があり，使用すれば比較的速やかに改善する。解熱して，普通に食事が摂取できれば登園は可能である。一旦感染すると，他のヘルペス属のウイルス同様，終生，ウイルスは体内に潜伏する。体調が不良な時に，再活性化して口内炎を起こすが，発熱することはない。

⑤伝染性紅斑（りんご病）

【主な原因】ヒトパルボウイルスの接触感染，飛沫感染によって発症する。全国的な流行はないが，地域的な流行が時に見られる。症状は咳と鼻水で発熱はないか微熱程度である。発熱がないと普通に登園していることが多い。数日で風邪症状が改善して1週間ぐらいすると顔を中心に紅斑が出現して気づかれる。

【症状】頬が赤いリンゴのように真っ赤になることからりんご病とも呼ばれる。

　顔の発疹が出た段階では他の人にうつす危険性はないとされているので登園は可能である。紅斑は改善するのに1〜3週間かかる。50％の成人は抗体がない。抗体を持たない妊婦がりんご病にかかると，胎児に重篤な合併症が発生することがある。流行があれば，妊娠中の園のスタッフや園児の母親に注意喚起が必要となる。仕事についても配慮が必要となることがある。

（2）非感染性の発疹
①川崎病

【主な原因】年間，2万人弱の乳幼児がかかり，秋，冬に多く，春夏は少なくなる。さまざまな感染症が引き金となって免疫系の異常活性化，全身の血管の炎症が起こることで多様な症状が出現する。日本人を含むモンゴロイド系人種に多いことから遺伝的要因もあると考えられている。

【症状】目が赤い，口唇が赤い，発熱があるということで気づかれ，多くは体を中心に不定形の紅斑がみられる。その他，手足の浮腫，頸部リンパ節腫脹などの症状がある。治療を行わないと症状が1か月続くこともあるだけでなく，心臓に血液を送る冠動脈に強い炎症が起こるため，動脈瘤ができて心筋梗塞で亡くなるケースもある。

　入院は通常，2週間前後だが，10％ぐらいの子どもでは治療がうまく効かず，入院が1〜数か月に及ぶ場合もある。冠動脈瘤_{かんどうみゃくりゅう}が後遺症として残った場合は，心筋梗塞を予防するため，長期の内服が必要となる。園では運動制限が必要となる場合もあり，主治医から診断書が提出される。

②アレルギー性紫斑病（IgA血管炎）

【主な原因】感染症が改善した後，アレルギー性紫斑病が起こることがある。日本では，溶連菌感染症後が多いとされ，溶連菌に対して誘導された異常な構造を持つIgA抗体が皮膚や腸，腎臓の小血管に付着して血管の炎症を起こし，さまざまな症状が出現する。

【症状】皮膚の血管の炎症で，赤血球が血管外に漏れて青あざ（紫斑）になる。紫斑は紅斑と違って上からガラス板で押しても発疹は消失しない。腸の血管に炎症が起こると血流が低下し，酸素供給が悪化して，強い腹痛を引き起こす。紫斑や腹痛がでて1か月後ぐらいから血尿，タンパク尿が出てくることもある。腎臓の炎症の程度はさまざまだが，治癒するのに数年かかるケースもある。

　運動制限がある場合は診断書が園に提出される。

③汗疹（あせも）

【主な原因】気温が高く，湿度が上がると発汗が多く，汗が乾きにくくなる。汗腺の管が大量の汗で詰まると，汗が皮膚内の組織に漏れ出て水ぶくれになったり，炎症を起こして赤くてかゆいブツブツ（丘疹）がみられるようになる。寝ている場合，体の下にしている方が蒸れやすく，そこに汗疹が発症する。

【症状】特に汗腺の多い，頭，頚部にかゆみの強い丘疹が見られる。かゆみが強く，強く引っかいた箇所からブドウ球菌が侵入して，伝染性膿痂疹（とびひ）を起こすことがある。

　ぬらしたタオルで体を拭いたり，シャワーをまめに浴びて汗を引かせた後，乾いた下着，衣服に着替えさせる。ひどい場合は医療機関を受診する。予防としてつめを切って，手指を清潔に保つ。

④食物アレルギーの関与する乳児アトピー性皮膚炎

【主な原因】母乳中にはわずかだが，母親が摂取した食物由来のたんぱく成分が含まれている。哺乳のたびに母乳と接触する口の周囲や頬がまず赤くなり，徐々に悪化して体にも紅斑が出現するようになる。

【症状】生後3〜4か月ごろ，顔を中心にかゆみの強い紅斑が出現してくる

ことがある。

　医療機関で処方された保湿剤やステロイド剤の軟膏を塗布するが，塗るのをやめるとすぐ悪化するということが繰り返される。血液検査などで原因食物を特定し，母親に対して原因食物を除去できれば皮膚症状は速やかに改善する。母乳を継続する場合，母親の食事制限は半年程度続くことがある。

⑤アトピー性皮膚炎

【主な原因】多くの場合，アレルギー素因を持つ子どもに見られる（p.113）。
【症状】体，手足，肘や膝裏に慢性湿疹を起こすことがある。

　アトピー性皮膚炎があると，砂遊びや塩素消毒の強いプールで遊ぶと悪化することがあり，湿疹がひどいとプールや砂，泥遊びはできない。軽症なら遊んだあと，十分水道水で洗って，保湿剤をぬる。園でも慢性湿疹の子どもに保湿剤をぬるよう依頼されることがある。

⑥凍瘡（霜焼け）

【主な原因】気温の低い冬であっても，薄着，裸足で過ごす子どもがいるが，手足の指や足裏が変色していれば霜焼けを考える。
【症状】子どもの手足の指や足裏が赤紫色に変色して腫れる。

　血行をよくしないと改善しないので，この場合は手袋，靴下をはかせる。入浴も血行改善につながる。1日数回，血行改善効果のある軟膏を塗り，内服ができれば漢方薬の内服治療も行われる。

⑦虫刺され

【主な原因】夏場，蚊やぶよ，チャドク蛾などの毛虫，蜂，ダニなどに刺されると，赤く腫れ上がり，かゆみを伴う。
【症状】子どもにアレルギー体質があると，蚊が吸血するときに出す体液で感作されて，刺されるたびにひどい発疹を発症する。ダニアレルギーがある場合も，強いかゆみが出る。そのほかにアレルギー体質の子どもが1度蜂に刺されると，蜂に対するアレルギーの抗体が誘導されることがあり，2度目に刺されるとショックとなることがある。

　一度でも刺された経験がある場合は，血液検査をして，抗体が陽性ならエピペン®を携帯する必要がある★。

★エピペン®
第Ⅱ部 健康と安全／第10章 保育における保健的対応，p.213

3. アレルギー疾患

■1 Ⅰ型アレルギー疾患の発症の仕組み

　アレルギーとは，本来は無害な物質（体を構成する細胞成分である自己抗原，花粉，ダニ，食物など）に対して過敏な免疫反応が起こり，生体にとって不利益な障害・症状が発現することをいう。アレルギー反応にはⅠ型からⅣ型までの4つの機序があり，それぞれの機序によってさまざまな疾患を発症する（表6－4）。

　保育所で多く遭遇するのが，Ⅰ型アレルギー疾患である気管支喘息（ぜんそく），アトピー性皮膚炎，食物アレルギー，アレルギー性鼻炎（花粉症を含む）である。一般に「アレルギーがある」「アレルギーを持っている」などという場合は，Ⅰ型アレルギー疾患を指す。

　Ⅰ型アレルギーの発症には，IgEと呼ばれる抗体*が関与する。IgEを作りやすい人と作りにくい人がおり，それらは主に遺伝的要因と環境要因によって決定される。IgEを作りやすい体質の人の場合，花粉やダニ，家のホコリ，食物，薬物，蜂などの各成分に対して特異的IgE抗体が産生される。白血球には機能が異なる細胞が10種類ぐらいあって，それぞれが対応する病原体を排除するために働いている。なかでもマスト細胞と呼ばれる白血球は，主に寄生虫のような病原体を排除するために，皮膚，口腔，消化管，肺など外界と接する臓器に分布している。図6－8のように，ダニや食物，花粉などに対して誘導されたIgE（Yの字の形をした部分）は，マスト細胞表面にあるIgE受容体と結合した状態で各組織に分布する。

　原因物質が再度，体内に侵入すると，その原因物質がマスト細胞表面のIgEと結びついて，マスト細胞を活性化させる。すると細胞の中にあるヒスタミンやロイコトリエンといった化学物質が放出される。これがさまざまなアレルギー症状が誘発される仕組みとなる。

----

*抗原と抗体：ウイルスや細菌，ほこり，花粉など，体内に侵入して免疫反応を引き起こす物質を「抗原」という。「抗体」は，その抗原を排除する目的で作られるたんぱく質の総称のこと。

表6－4　アレルギーの4つの型と疾患例

	Ⅰ型	Ⅱ型	Ⅲ型	Ⅳ型
名称	即時型 アナフィラキシー型	組織障害型	免疫複合型 アルサス型	遅延型 ツベルクリン型
作用因子	IgE	IgG，IgM	IgG，IgM	T細胞
反応時間	15～20分	数分～数時間	3～8時間	24～72時間
疾患例	気管支喘息，じん麻疹，食物アレルギー，薬物アレルギー，アナフィラキシー	自己免疫性溶血性貧血，突発性血小板減少性紫斑病，薬剤性溶血性貧血，グッドパスチャー症候群	糸球体腎炎，血清病，過敏性肺臓炎，全身性エリテマトーデス，薬物アレルギー	アレルギー性接触性皮膚炎，移植片対宿主病，ツベルクリン反応，薬物アレルギー

東京都福祉保健局が5年に1度実施する「アレルギー疾患に関する3歳児全都調査」によると、3歳までに喘息、食物アレルギー、アトピー性皮膚炎、アレルギー性鼻結膜炎、じん麻疹と診断された割合は、約4割にも達している（**図6-9**）。

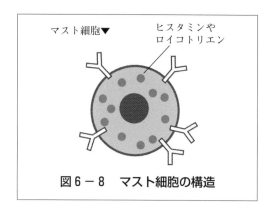

図6-8　マスト細胞の構造

また、アレルギー疾患別の推移をみると、喘息やアトピー性皮膚炎は減少傾向にある一方で、食物アレルギーは増加していたが、2019（令和元）年度に初めて前回調査より2.2ポイント減少に転じている（**図6-10**）。

アレルギー疾患は50年前までほとんど見られなかったが、ここ何十年かで増加し、現在は日本人の2人に1人が何らかのⅠ型アレルギー疾患を有するようになっている。Ⅰ型アレルギーの発症に関わるIgEを作りやすい体質は遺伝的要因と環境要因によって決まると述べたが、ここ数十年で日本人の遺伝子に変化が起きたわけではなく、主に環境要因によると思われる。免疫細胞は、腸内細菌との相互作用によって正常に発達・維持されることが最近の研究でわかっている。人の腸管には腸内細菌が1,000種類、100兆個生息しており、野菜根菜類、海藻類、キノコ類、豆類、果物類に含まれる水溶性食物繊維やオリゴ糖をエサとして、さまざまなビタミン、短鎖脂肪酸（お酢の仲間）を作り出している。私たちは腸内細菌が作り出したものを吸収して健康を維持しているのである。かつての日本人の

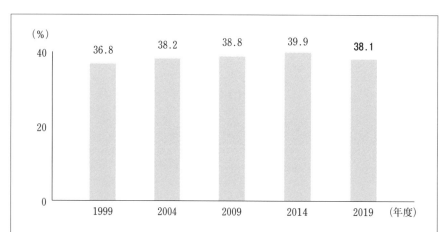

出典）東京都福祉保健局「アレルギー疾患に関する3歳児全都調査（令和元年度）」p.15, 2020
https://www.fukushihoken.metro.tokyo.lg.jp/allergy/effort/research.html

図6-9　3歳までに何らかのアレルギー疾患と診断された児の割合

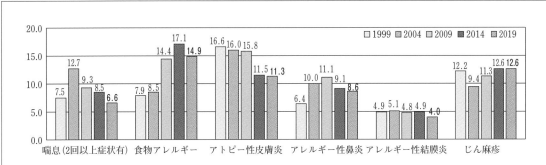

出典）東京都福祉保健局「アレルギー疾患に関する3歳児全都調査（令和元年度）」p.15，2020
https://www.fukushihoken.metro.tokyo.lg.jp/allergy/effort/research.html

**図6−10　各アレルギー疾患の罹患状況の推移
（3歳までにアレルギー疾患と診断された児の割合）**

食事は低脂肪高食物繊維の和食を中心としていたが，現在は食生活が豊かになり高脂肪低食物繊維へと変化している。農林水産省の統計では1人1年あたりの野菜摂取量はアメリカよりも少なくなっている[*]。水溶性食物繊維を含むさまざまな食材の摂取量を増やすことが，多様な腸内細菌の環境を保ち，免疫を正常に維持することにつながると考えられる。

❷ Ⅰ型アレルギー疾患の種類
（1）気管支喘息

　気管支喘息の原因と症状は，本章第2節（p.96）に記した通りである[★]。

　小学校高学年までに6割前後の喘息は寛解すると言われているが，先天的に気道過敏性が高い子供では寛解せず成人以降も持続する場合がある。治療法の進歩は目覚ましく，ほとんどの子どもが，運動も含めて普通の生活を送ることが可能となっている。ただし受験などの精神的ストレスがあると，喘息のコントロールが難しくなる。

（2）アトピー性皮膚炎

　図6−11に示すように，皮膚は，皮脂膜＋角質層＋顆粒層タイトジャンクション[**]で皮膚バリアを形成し，異物の侵入を防ぐ。有棘層にはリンパ液が流れ，樹状細胞と呼ばれる白血球が存在し異物の侵入に備えている[★]。アレルギーの抗体を作

＊農林水産省「野菜をめぐる情勢」2019

★気管支喘息への対応
第Ⅱ部　健康と安全／第8章子どもの体調不良への対応と救急処置，p.157

＊＊顆粒層の細胞同士の間をすき間なく接着させるしくみのこと。

★アトピー性皮膚炎
第Ⅱ部　健康と安全／10章　保育における保健的対応，p.215

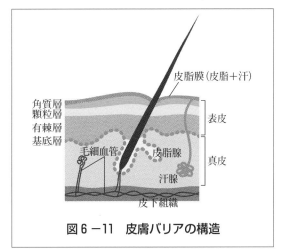

図6−11　皮膚バリアの構造

りやすい子どもでは，皮膚のバリアが壊れてダニが侵入するとダニ特異的IgEが作られてダニアレルギーとなり発症する。また疾患の成り立ちとしてはⅠ型アレルギーのみが重要ではなく，皮膚そのものの機能の障害も重要である。症状と注意点はp.110を参照。

（3）アレルギー性鼻結膜炎

ダニアレルギーによる通年性のものと花粉アレルギーによる季節性のものがある。ここでは季節性（花粉症）の鼻結膜炎について述べる。

【主な原因】地域によって花粉の飛散する時期が異なるが，その年の気象状態によっても飛散量は変化する。樹木花粉はスギ，ハンノキ，ヒノキ，シラカンバ，雑草の花粉としてはカモガヤ，ブタクサなどが多く見られる。多くの花粉に感作されて，真冬以外に花粉症の症状が見られる人もいる。
【症状】鼻汁，鼻閉，涙目，目，鼻，耳のかゆみなどがある。鼻閉がひどくなると睡眠障害を引き起こし，昼間の活動性が低下したり，集中力の低下から成績不良となる場合もある。滲出性中耳炎が慢性化して聴力の低下を生じたり，かゆみで目を強くこすることによって白内障となる場合もある。

カバノキ科（ハンノキ）花粉症とバラ科果物（りんご，もも，さくらんぼ，なし，いちご，びわなど），イネ科（カモガヤ），ブタクサ花粉症とウリ科果物（メロン，スイカなど）のようにある種の花粉抗原は，ある種の果物・野菜と類似性を持っている。例えば，年齢とともにハンノキの花粉症が悪化すると，以前はなんの症状もなく摂取できていたバラ科の果物で，口腔内のかゆみ，痛みなど口腔症状を強く発症するようになり，摂取できなくなっていく（口腔アレルギー症候群）。そういった食材でも，ほとんどの場合は電子レンジなどで加熱処理すると摂取できるようになる。

（4）食物アレルギー

①食物アレルギーの概要

【主な原因】主にアレルギーの抗体（IgE）を作りやすい体質を持つ個体が，特定の食物を摂取したり，食物に皮膚接触することで症状が出現する。
【症状】皮膚ではかゆみを伴う紅斑，じん麻疹，呼吸器では咳や喘鳴，呼吸困難，消化器では腹痛，嘔吐などが見られる。重篤な場合には，ショック（意識低下などの意識障害，血圧低下，心肺停止）状態となる。口の中のかゆみ，痛み，閉塞感などの口腔症状も頻度が高いが，乳幼児の場合，自ら訴えることができないため，正確な頻度は不明である。

主要なアレルギー症状の発生頻度は**図6−12**の通りである。ショック症状は10

％と高率で発生するので，食物アレルギーの症状や対応方法については，十分理解しておく必要がある。

　乳幼児の食物アレルギーの発症時期は次の通りである。

・新生児期から：下痢，下血で発症。

・生後2－3か月ごろ：母乳授乳中に顔の紅斑で発症。

・生後6か月以降：離乳食で初めて食べた食品で紅斑，咳，喘鳴，嘔吐で発症。

　表6－4は年齢別の原因食物の頻度を表している。3～6歳の乳幼児では，木の実類と落花生を合わせると約30％あまりとなり原因食物として最も多い。18歳以降では木の実類は上位に入らないことからわかるように，以前は，原因食物としては少なかった。近年の食環境の変化によるものと考えられる。

　食品表示基準により，加工食品において表示義務のある食品（特定原材料）は，えび，かに，小麦，そば，卵，乳，落花生（ピーナッツ）である。表示推奨の食品は21種で，木の実のアレルギーが乳幼児を中心に増加していることから，誤食事故を防ぐためにも今後は木の実類の表示も義務づけるべきと思われる。

　食物アレルギーの特殊なものとして，食物依存性運動誘発性アナフィラキシーがある。食物を摂取するだけでは何の症状も出ないが，食物摂取後，2時間以内に運動すると強いアレルギー症状（アナフィラキシー★）が出現する。主に，運動強度が上がる学童以降に見られる。

★アナフィラキシー
第5章 子どもの食, p.82

②保育現場での管理

　食物アレルギーの子どもが在籍する保育施設は全体の約80％にのぼる。そのう

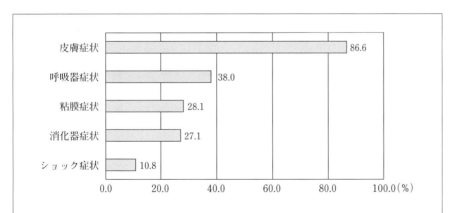

消費者庁「平成30年度食物アレルギーに関連する食品表示に関する調査研究事業報告書」
　　　2019
https://www.caa.go.jp/policies/policy/food_labeling/food_sanitation/allergy/pdf/food_
　　index_8_190531_0002.pdf

図6－12　アレルギーの誘発症状

表6-4　年齢別原因食物

	0歳（1,530）	1，2歳（1,364）	3～6歳（1,013）	7～17歳（714）	≧18歳（230）
1	鶏卵 55.3%	鶏卵 38.3%	牛乳 20.6%	鶏卵 16.4%	小麦 19.1%
2	牛乳 27.6%	牛乳 23.1%	鶏卵 18.9%	牛乳 15.7%	甲殻類 15.7%
3	小麦 12.2%	小麦 8.3%	木の実類 18.3%	木の実類 12.9%	魚類 10.0%
4		木の実類 7.9%	小麦 10.8%	果物類／落花生 10.5%	果物類 8.7%
5		魚卵 7.4%	落花生 10.7%		大豆 7.4%

出典）消費者庁「平成30年度食物アレルギーに関連する食品表示に関する調査研究事業報告書」p.4，2019
https://www.caa.go.jp/policies/policy/food_labeling/food_sanitation/allergy/pdf/food_index_8_190531_0002.pdf

ち約20％の保育施設が1年間に子どもの食物アレルギーの症状を経験している。さらにその60％が保育施設での初発症状であり，食物アレルギーと診断されていない子どもが，保育施設で初めて症状が出ることも多い。そのため保育所では，食後，園児に食物アレルギーの症状がないか注意して観察することが求められる。食物アレルギーと診断されている子どもの場合は，「保育所におけるアレルギー疾患生活管理指導表」が主治医から出されており，保護者，保育所，医療機関での情報共有と連携が必要となる★。

★食物アレルギーへの対応
第Ⅱ部　健康と安全／第10章　保育における保健的対応，p.209

4. 感染症

ウイルスや細菌などの病原体が体内に入って増殖した状態を**感染**といい，感染により症状が現れた状態を**感染症**という。感染症の発生には，感染源（病原体を排出する人や動物，環境中にある病原体），感染経路（病原体の種類によって空気，飛沫，接触，経口など他の人へ伝播する経路が異なる），感受性宿主（原因となる病原体に対してワクチンを接種していない人，過去に感染したことがない人）の3つの要素が必要となる。病原体に感染して症状が出るまでの期間を潜伏期間といい，病原体の種類によって1～2日と短いものや2～3週間と長いものまでさまざまである。また同じ病原体であっても，最初に体内に侵入した病原体の量が多ければ，潜伏期間は短くなる。

1 感染源の規定

ウイルス感染症では，感染者は症状が出る1～2日前からウイルスを排出している。また，感染しても，全く症状が出ない場合もある。これを不顕性感染といい，不顕性感染であっても，ウイルスは排出されている。症状が出ている子ども

だけが感染源なのではなく，症状が出る1〜2日前の潜伏期間中の子どもや不顕
性感染で症状のない子どもも感染源となることを理解しておく必要がある。

（1）感染経路★

　保育所で流行する感染症の多くが，飛沫か接触の感染経路によって感染拡大す
る。保育所は集団生活の場であり，スタッフや子ども同士が密に接する機会も多
いため，飛沫感染，接触感染による感染拡大が最も起こりやすい場所の1つであ
ることを理解しておく必要がある。飛沫感染対策としてはマスクの着用，接触感
染対策としては，うがい，手洗いの徹底，環境消毒などあるが，乳幼児自ら行う
ことは難しいため，スタッフ（成人）による十分な支援が必要となる。

★感染経路への対策
第Ⅱ部 健康と安全／第
9章 感染症対策, p.176

（2）感受性宿主

　ある感染症に対してワクチンが接種されていない場合や，過去にかかったこと
がない場合に感受性宿主（感染症にかかりやすい個体）となる。生後，2か月過
ぎから多くのワクチン接種が行われており，麻疹，風疹，水痘，流行性耳下腺炎
の生ワクチンは1歳過ぎから2回接種が行われている。保育施設によって受け入
れる乳児の月齢にばらつきはあるが，乳児は，免疫機能が特に弱いこと，ワクチ
ン接種が終了していないことから，多くの感染症に対して感受性宿主となる。

2 感染症の種類

　学校保健安全法施行規則では，学校において予防すべき感染症を，**表6−5**の
ように第一種，第二種，第三種と分類して，出席停止，臨時休業などを定めてい
る。保育所は児童福祉施設だが，子どもの保健対応については学校保健安全法に
準拠して行われる。

表6−5　学校において予防すべき感染症の種類

第一種感染症	エボラ出血熱，クリミア・コンゴ出血熱，痘そう，南米出血熱，ペスト，マールブルグ病，ラッサ熱，急性灰白髄炎，ジフテリア，重症急性呼吸器症候群（病原体がベータコロナウイルス属SARSコロナウイルスであるものに限る。），中東呼吸器症候群（病原体がベータコロナウイルス属MERSコロナウイルスであるものに限る。）及び特定鳥インフルエンザ（感染症法第6条第3項第6号に規定する特定鳥インフルエンザをいう。） ※上記に加え，感染症法第6条第7項に規定する新型インフルエンザ等感染症，同条第8項に規定する指定感染症，および同条第9項に規定する新感染症は，第一種の感染症とみなされる。
第二種感染症	インフルエンザ（特定鳥インフルエンザを除く。），百日咳，麻しん，流行性耳下腺炎，風しん，水痘，咽頭結膜熱，結核及び髄膜炎菌感染症（髄膜炎菌性髄膜炎）
第三種感染症	コレラ，細菌性赤痢，腸管出血性大腸菌感染症，腸チフス，パラチフス，流行性角結膜炎，急性出血性結膜炎その他の感染症

出典）学校保健安全法施行規則第18条

❸ 保育所で流行が見られる主な感染症について

乳幼児期に多くの予防接種が定期接種として行われていることもあり，保育所で見ることが稀な感染症は省略するが，詳細については「保育所における感染症対策ガイドライン（2018年改訂版）」*を参照のこと。

（1）RSウイルス感染症

【主な原因】RSウイルス（Respiratory syncytial virus）の接触，飛沫による感染である。潜伏期間は4－5日で，ワクチンはない。秋から冬にかけて流行があるが，近年は1年中発生が見られる。

【症状】呼吸器への感染によって発熱，咳，喘鳴，鼻汁などの症状がある。軽度の風邪から細気管支炎，肺炎まで重症度はさまざまで，乳幼児が入院する原因となる感染症の第1位であり，人工呼吸管理をすることも最も多い。乳児は気道が狭いため，感染を受けると炎症でさらに気道が狭くなり，呼吸困難になりやすい特徴がある。何度か罹患してしっかり免疫がつく2歳以降は軽度の風邪症状のみとなる。

＊厚生労働省「保育所における感染症対策ガイドライン（2018年改訂版）」2018
https://www.mhlw.go.jp/file/06-Seisakujouhou-11900000-Koyoukintoujidoukateikyoku/0000201596.pdf

特に重症化して生命の危険があるのは，早産で生まれた子どもや心疾患・神経疾患などの基礎疾患を持つ子どもである。軽い症状の子どもたちは平常時と変わらず通園している場合がある。乳児室の子ども達に感染しないよう，飛沫・接触感染予防を徹底する。

（2）インフルエンザウイルス感染症

【主な原因】現在,わが国で流行している季節性インフルエンザはA型3種類，B型1種類である。時期はA型が11〜1月，B型が2〜3月ごろ流行がある。感染経路は飛沫感染，接触感染で，潜伏期間は1〜4日前後となる。

【症状】A型は，急な高熱，倦怠感，関節痛，筋肉痛などで発症し，数日後から咳，鼻汁などの呼吸器症状が出現する。B型は発熱，咳，鼻汁，嘔吐，下痢が見られる。A型に比べて軽症。

乳幼児の場合，毎年，流行のはじまる前の10〜11月ごろにワクチン接種が行われる。接種後，半年程度で効果がなくなってしまうこと，毎年変異株が出現するため，変異株に対応したワクチンを接種する必要がある。インフルエンザワクチンは発症を完全に予防できるものではないが，重症化を予防できるため，死亡数は激減している。ワクチンが広く行われていること，簡易診断キットで早期診断できること，抗インフルエンザウイルス薬があることから，肺炎や脳症といった合併症で入院する子どもは極めて少なくなっている。

（3）手足口病

本章第2節，p.106参照のこと。

（4）ノロウイルス感染症

【主な原因】人に感染するノロウイルスには複数の種類がある。秋から冬に流行し，乳幼児だけでなく成人もかかる。感染しても免疫が長期間持続しないため，同じ型のノロウイルスに再感染することもありうる。感染経路は経口感染，飛沫感染，接触感染で，潜伏期間は12時間から48時間と短い。

ノロウイルスの主な生息場所は二枚貝であり，ノロウイルス自体は短時間の加熱で不活化される。だが，生牡蠣のように非加熱で摂取した場合には感染する。また，感染者の嘔吐物や糞便には1gあたり100万から10億個の大量のウイルスがいて，100個以下のウイルスでも人に感染して発症する。ノロウイルスに感染している調理者を介して食品が汚染されたことによる食中毒が毎年発生している。

【症状】発熱，嘔吐，下痢が見られるが，数日で改善する。経口補水液などを適切に摂取すれば，脱水症で入院となることはほとんどない。

（5）流行性耳下腺炎（おたふく風邪）

【主な原因】数年おきに流行が見られており，季節性はない。飛沫や接触の感染経路でムンプスウイルスが口腔内の唾液腺（耳下腺，顎下腺，舌下腺）に感染し増殖する。

【症状】2〜3週間の潜伏期間を経たのち，発熱，唾液腺の腫脹，疼痛が出現する。その他，中枢神経系や膵臓，生殖腺（精巣，卵巣）などにも感染して髄膜炎，脳炎，膵炎，精巣・卵巣炎などを合併することもある。髄膜炎の合併が最も多く見られ，頭痛，嘔吐などで，ひどい場合は入院となるが，後遺症なく改善する。ただし一生涯残る後遺症として難聴がある。片側の難聴がほとんどだが，毎年多くの子どもが難聴となっている。

生ワクチンがあり，1歳以降，接種可能である。任意接種のため，摂取率は40％前後で高くない。難聴を予防するためにも定期接種化するなど接種率を上げていく必要がある。任意接種のためワクチンがあることを知らない保護者も多いと思われ，保育所で情報提供していくことが大切である。

（6）伝染性膿痂疹（とびひ）

本章第2節，p.105参照のこと。

5. 予防接種

１ 予防接種の意義

　白血球を主体とした免疫系は，病原体から体を守るために常に働いている。免疫系には自然免疫と獲得免疫があり，自然免疫はどんな病原体が体に侵入してきても，すぐに攻撃を開始するが，攻撃力はあまり強くない。自然免疫が病原体と戦っている間に，リンパ節内では，その病原体の情報をもとに，病原体だけを攻撃する抗体やキラーT細胞といった獲得免疫が１週間ほどで誘導される。これらの獲得免疫は攻撃力が強く，自然免疫系と一緒になって病原体を排除する。

　獲得免疫は，長期間，免疫記憶として体内のリンパ節に残存する。この仕組みを利用して，予防接種が行われている。病原体の毒性を弱めたもの（ワクチン）を接種すると，獲得免疫が誘導され，記憶される。本当の病原体が体に侵入して来ると，自然免疫と同じくらいの速さで獲得免疫が働くため，病原体はすぐに排除されて発症しないか，症状が軽くて済むのである。

　現在，多くの感染症に対して予防接種が行われている。それぞれの感染症にかかった場合には，死亡したり，後遺症を残したりするものも多く，そのような状況を防ぐためにも予防接種を受けておくことが大切となる。保育所は最も感染症が流行しやすい場所の１つなので，入園前に予防接種状況を把握することが必要である。

２ 定期接種と任意接種

　予防接種には予防接種法に基づき，市町村が実施する定期接種と予防接種法に基づかず対象者の希望により行う任意接種の２種類がある。定期接種は，市町村が予防接種を勧奨し，保護者は子どもが予防接種を受けるよう努める義務がある。定期接種は費用の負担がない。任意接種は自費であるが，自治体によって一部または全部を助成している場合がある。予防接種後に，健康被害が発生した場合，定期接種と任意接種それぞれの救済制度がある。

３ ワクチンの種類と接種スケジュール

　ワクチンには生ワクチンと不活化ワクチン，トキソイドがある。生ワクチンは病原性を弱めた，生きている病原体を接種するもので，接種した場合ワクチン株が体内でも増殖するので，感染症にかかった時のような症状が出ることがある。

　生ワクチンにはBCG（結核），ロタウイルス，麻疹，風疹，水痘，流行性耳下腺炎がある。不活化ワクチンは，死んだ状態の病原体や病原体の一部を接種するものである。病原体が作り出す毒素が生体に影響して致命的となることがある。

その毒素を処理して毒性をなくしたものがトキソイドと呼ばれるワクチンである。

　最近の変化としては，ロタウイルスワクチンが，任意接種から定期接種へ変更となっている。医療機関では各種ワクチンの同時接種が行われている。不活化ワクチン，トキソイド接種後は1週間，生ワクチン接種後は4週間あけて，次のワクチンを接種することができる。

　日本小児科学会では，各ワクチンを使った標準的な予防接種の推奨スケジュールを公表している*。

*https://www.jpeds.or.jp/uploads/files/vaccine_schedule.pdf

6. 障害のある子どもたち

■1 障害の定義と現状

　障害児とは障害者総合支援法**や児童福祉法では，「身体に障害のある児童，知的障害のある児童，精神に障害のある児童（発達障害者支援法に規定する発達障害児を含む），または，治療方法が確立していない疾病その他の特殊な疾病で一定の障害を認める児童」と定義されている。

　医学の進歩および医療の発展にともなって，救命できる子どもが増えた。その一方で障害を抱えながら日常生活をおくる子どもも増えている。厚生労働省が発表している「障害児保育の実施状況の推移***」によると，障害のある子どもを受け入れる保育施設，利用する児童数は年々増加している（図6−13）。また，肢体不自由，視覚障害，聴覚障害，知的障害など何らかの障害を抱え，特別支援学校や特別支援学級，あるいは，通級による指導を利用する児童生徒数も，2019年度までの10年間で増加傾向にある（図6−14）。

　主な障害の概要を記す。

（1）肢体不自由

　肢体不自由とは，四肢の麻痺や欠損，体幹の機能障害のため，日常生活，社会生活に制限を受ける状態にある者をいう。子どもの肢体不自由の原因としては，脳性麻痺が最も多く，その他に二分脊椎，筋ジストロフィー，奇形症候群などがある。

　肢体不自由児の障害の程度はさまざまである。障害の程度を判別する尺度として利用される**粗大運動能力分類システム**（gross motor function classification system；GMFCS）（**表6−6**）では，子どもの移動能力，座位能力を中心として粗大運動能力をもとにして，6歳以降の年齢で最終的に到達する機能レベルを5段階に分類している。GMFCSのレベルから子どもの障害の程度や運動機能を把握することができる。また，障害の部位や程度，生活環境などに応じて，さま

**障害者総合支援法：正式名称は「障害者の日常生活及び社会生活を総合的に支援するための法律」。障害者への福祉対策を定めた障害者自立支援法が2012（平成24）年に法改正される際，現在の名称に変更された。

***厚生労働省「各自治体の多様な保育（延長保育，病児保育，一時預かり，夜間保育）及び障害児保育の実施状況について」2020所収

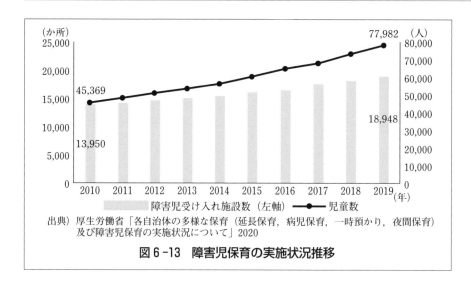

出典）厚生労働省「各自治体の多様な保育（延長保育，病児保育，一時預かり，夜間保育）及び障害児保育の実施状況について」2020

図6-13 障害児保育の実施状況推移

ざまなタイプの補装具や車いす（**図6-15**）を使用する場合がある。障害の種類，障害の程度だけではなく，補装具や姿勢保持具を使用している場合にはその使用場面・正しい装着方法などの情報を共有し理解し，日常生活において必要な介助，支援や環境整備などを検討する必要がある。

（2）視覚障害

視覚障害とは，眼鏡やコンタクトレンズなどで矯正しても，視力・視野などの視機能が十分に回復できない状態であり，一般的に盲と弱視の2種類に分類される。盲は光を感じることができず，明暗のみを感じられる状態，目の前の手の動きのみを認識できる状態である。弱視はロービジョン（low vision）とも言われ，両眼の矯正視力が0.3未満とされる。身体障害者手帳の障害程度区分では1級から6級に分類されている。

子どもの視覚障害をきたす原因としては，先天白内障，緑内障，形成異常，子宮内感染症（風疹，トキソプラズマなど），網膜芽細胞腫，未熟児網膜症，角膜感染症，網膜変性症（網膜ジストロフィー）などがある。

（3）聴覚障害

聴覚障害は，聴力*によって，重度難聴（90dB以上），高度難聴（70dB以上90dB未満），中等度難聴（40dB以上70dB未満），軽度難聴（25dB以上40dB未満）に分類される（**表6-7**）。子どもの聴覚障害をきたす原因は先天性のものと後天性のものに分けられる。先天性の難聴をきたす原因としては，遺伝子異常，子宮内感染症（サイトメガロウイルス，風疹，トキソプラズマなど），早産や新生児仮死，新生児期の高ビリルビン血症など。後天性の難聴をきたす原因としては，細菌性髄膜炎，流行性耳下腺炎，滲出性中耳炎，頭部外傷などがあげられる。中

*聴力：聴力は音圧＝dBで表される。正常な聴力は0dB近辺で，難聴の度合いが強くなるほど値が高くなる。

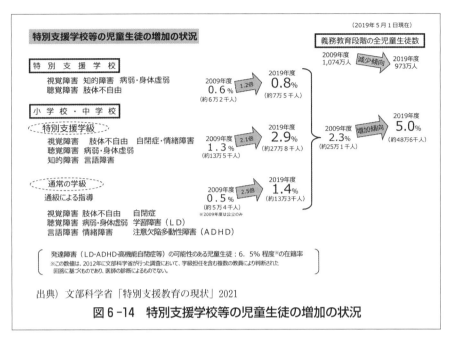

（2019年5月1日現在）

特別支援学校等の児童生徒の増加の状況

義務教育段階の全児童生徒数
2009年度　1,074万人　減少傾向　2019年度　973万人

特　別　支　援　学　校
視覚障害　知的障害　病弱・身体虚弱
聴覚障害　肢体不自由

2009年度　0.6%　1.2倍　2019年度　0.8%
（約6万2千人）　　　　（約7万5千人）

小　学　校・中　学　校

特別支援学級
視覚障害　　肢体不自由　　自閉症・情緒障害
聴覚障害　　病弱・身体虚弱
知的障害　　言語障害

2009年度　1.3%　2.1倍　2019年度　2.9%
（約13万5千人）　　　　（約27万8千人）

2009年度　2.3%　増加傾向　2019年度　5.0%
（約25万1千人）　　　　　（約48万6千人）

通常の学級
通級による指導

2009年度　0.5%　2.5倍　2019年度　1.4%
（約5万4千人）　　　　（約13万3千人）
※2009年度は公立のみ

視覚障害　肢体不自由　　自閉症
聴覚障害　病弱・身体虚弱　学習障害（LD）
言語障害　情緒障害　　　注意欠陥多動性障害（ADHD）

発達障害（LD・ADHD・高機能自閉症等）の可能性のある児童生徒：6. 5%程度※の在籍率
※この数値は、2012年に文部科学省が行った調査において、学級担任を含む複数の教員により判断された
回答に基づくものであり、医師の診断によるものでない。

出典）文部科学省「特別支援教育の現状」2021

図6-14　特別支援学校等の児童生徒の増加の状況

表6-6　粗大運動能力分類システム（GMFCS）

機能レベル	子どもの運動能力
レベルⅠ	制限なしに歩く
レベルⅡ	歩行補助具なしに歩く
レベルⅢ	歩行補助具を使って歩く
レベルⅣ	自力移動が制限される
レベルⅤ	電動車いすや環境制御装置を使っても自動移動が非常に制限されている

出典）日本リハビリテーション医学会監修「脳性麻痺リハビリテーションガイドライン第2版」より八木作成

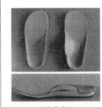

足底板

短下肢装具
（Short leg brace：SLB）

長下肢装具
（Long leg brace：LLB）

車いす（モジュラー型）

車いす
（モールド型）

出典）田村正徳，前田浩利監修『はじめよう！おうちでできる　子どものリハビリテーション＆やさしいケア』三輪書店，2019，p.239とp.245

図6-15　さまざまな補装具と車いす

等度以上の難聴と診断されれば，補聴器の使用と聴覚訓練がすすめられる。また聴覚障害をきたす原因によっては，人工内耳埋め込み術が行われる場合もある。子どもの高度難聴の早期発見と早期からの対応（補聴器の利用と聴覚訓練）は，子どもの言語の発達のみならず社会性の発達にも大きな影響を与えることが明らかにされており，新生児聴覚スクリーニングが実施されている。

（4）知的障害

　知的障害は，アメリカ精神医学会のDSM-5 ** では知的発達症として，発達期（18歳未満）に発症し，知的機能と適応機能の双方の能力障害が持続して存在し，継続的な支援がなければ日常生活活動における機能（コミュニケーション，社会参加，自己管理）が制限されるもの，と定義されている。知的障害をきたす原因にはさまざまなものがあり，染色体異常，脳形成異常，奇形症候群，先天性代謝異常症，子宮内感染症，新生児仮死，新生児期の高ビリルビン血症，髄膜炎・脳炎，頭部外傷，てんかん症候群などが挙げられる。

（5）自閉スペクトラム症（ASD）

　DSM-5の定義★で自閉スペクトラム症は，

①対人コミュニケーションと対人相互交流の障害

②限局された反復的な行動と興味，活動

の2つの特徴が持続することとされる。これらの症状には個人差があり，生活している環境や受けている支援によっても現れ方が変化する。

　乳児期から幼児期早期に認められる症状として，共同注意*の欠如・遅れ，行動の模倣の欠如，喃語の乏しさや独特な言語習得，ごっこ遊びの欠如などがある。予想外の状況に対して想像力を働かせて臨機応変に対応することが障害されており，行動や気分を切り替えることが難しく，強いこだわりとして現れる。

　また，2つの基本的な特徴に加えて，感覚の問題（過敏あるいは鈍麻）や睡眠

★発達障害の病名の分類
第4章 精神保健，p.59

*共同注意：特定のものや人などに対して他者と共通の注意を向けて，共感する能力のこと。定型発達では1歳6か月ごろまでに成立する。

表6-7　難聴（聴覚障害）の程度分類

	平均聴力レベル	難聴（聴覚障害）の程度
軽度難聴	25dB以上40dB未満	小さい声や騒音下での会話の聞き間違いや聞き取り困難を自覚する。
中等度難聴	40dB以上70dB未満	普通の大きさの声の会話の聞き間違いや聞き取り困難を自覚する。
高度難聴	70dB以上90dB未満	非常に大きい声か，補聴器を用いないと会話が聞こえない。聞こえても聞き取りには限界がある。
重度難聴	90dB以上	補聴器でも聞き取れないことが多い。

一般社団法人日本聴覚医学会「難聴対策委員会報告　難聴（聴覚障害）の程度分類について」2014

の問題なども認められ，これらの問題が日常生活を送る上で大きな影響を及ぼす場合も少なくない。

（6）注意欠如・多動症（ADHD）

注意力・集中力が低い，衝動性が高く多動である，という行動パターンが2つ以上の状況で認められ，社会的な活動や発達がさまたげられているもの，とされる。また主要な特徴によって，不注意優勢型，多動・衝動性優勢型，不注意および多動・衝動性の両方をあわせ持つ混合型の3つに分類される。注意力・集中力が低い不注意の症状では，外からの刺激ですぐに注意がそれてしまったり，話しかけられても聞いていないかのような様子が見られる。多動・衝動性の症状では，じっとしていることができず，「まるでエンジンで動かされている」ような多動を示す行動や，順番を待つことができない，他人の会話やゲームの邪魔をするなどの衝動的な行動が見られる。脳の機能障害であることが明らかになっており，親の育児の仕方や家庭環境などが発症の要因ではない。

（7）限局性学習障害（SLD）

限局性学習障害（あるいは，限局性学習症）はDSM-5では，知的能力に遅れはなく，成育環境や学習環境に問題がないにもかかわらず，読字，書字，計算，数的概念など，特定の領域の習得が困難な状態をいう。

（8）コミュニケーション障害（コミュニケーション症群）

言語の習得や使用，会話する能力，コミュニケーション能力の障害を指し，DSM-5では以下の障害が含まれる。

・言語障害（言語症）
・語音障害（語音症）
・小児期発症流暢障害（吃音*）
・社会的（語用論的）コミュニケーション障害

（9）反応性愛着障害，脱抑制型対人交流障害

反応性愛着障害，脱抑制型対人交流障害は，DSM-5では心的外傷およびストレス因関連症候群に分類される。ネグレクト（育児放棄や育児怠慢）や剥奪，主たる養育者の変更が繰り返されることなど，不適切な養育を経験していることが原因となる。反応性愛着障害では著しく発達していない対人関係の行動パターン（他者とかかわろうとしない，感情を表さない，焦燥感を示すなど）を示し，脱抑制型対人交流障害では無差別的社交性（見知らぬおとなも含め誰にでもためらいなく接近し接触する）を示す。

（10）分離不安症，限局性不安症

DSM-5では，不安症群は過度の恐怖と不安，それらに関連した行動上の障害を特徴とする疾患群と定義されている。その中に，分離不安症，限局性不安症，

*吃音：発話の速度やリズム，繰り返しなどがスムーズに行えない状態。単語の頭の音に障害が生じることが多い。

選択制緘黙，全般性不安症，パニック症などが含まれる。就学前から児童期には，分離不安症や限局性不安症がみられる。

　分離不安症は，愛着を持っている人から分離されること（1人で家にいる，親と離れて登校する，など）について過剰な不安，恐怖の訴えが現れる。限局性不安症は，高所や暗所など特定の状況や虫や動物など特定のものへの過剰な恐怖，不安が現れる。子どもはその症状を言葉で伝えることができず，癇癪を起こす，啼泣する（声をあげて泣く），保護者について回る，悪夢・不眠・腹痛・頭痛などを訴えることで示す場合もある。

7. 保育と健康診断

■1 健康診断

　子どもの健康状態を把握し，疾患や発達の課題を早期発見するために，定期的に健康診断を行うことが必要であり，その実施が法律で定められている。乳幼児の健康診断には，母子保健法に基づいて行われる「乳幼児健康診査」，学校保健安全法に準じて実施される「入所時健康診断」と「定期健康診断」とがある。保育者と保護者とで連携し，市区町村で実施される乳幼児健康診査での情報と保育施設で実施される健康診断での内容とを共有することで，子どもの健康，発育，発達に役立てるようにしたい。

（1）乳幼児健康診査（乳幼児健診）

　乳幼児健診は，母子保健法に基づいて，1歳6か月児健診，3歳児健診は市区町村で定期健診として実施される。また，ほとんどの市区町村で，3〜4か月児健診が実施されており，次いで9〜10か月児健診が実施されている。一方，1か月児健診は，任意健診あるいは個別健診として出生した医療機関で実施される場合が多く，公的に実施されている割合は高くないが，ほとんどの乳児が受ける健診である。市区町村で実施される乳幼児健診の受診率は，「令和元年度地域保健・健康増進事業報告の概況」によると，3〜5か月児が95.4%，1歳6か月児が95.7%，3歳児が94.6%と高い水準を推移している。また，他の月齢，年齢の乳幼児健診でも80%以上の受診率であった*。

　乳幼児健診で扱う課題は時代とともに変化している。第二次世界大戦直後は発育や栄養状態の改善など保健・栄養指導（三次予防）が主であった。その後，病気や運動発達・精神発達の早期発見と治療・療育（二次予防），さらに，子どもの社会性の発達と親子の関係性に関する支援，子ども虐待の未然防止（一次予防）も含まれるようになった。子どもの健康に関する課題だけでなく，子どもと保護

*厚生労働省「令和元年度地域保健・健康増進事業報告の概況」2021

者を支援する子育て支援の視点も必要となってきている（**図6－16**）。さまざまな視点を持って対応するためには，医師・歯科医師，保健師，看護師，助産師，管理栄養士・栄養士，保育士，心理職など多くの職種が関与し，さらにそれぞれの専門職がしっかりと連携していくことが求められる。

（2）保育所や幼稚園での健康診断

保育所では，入所時の健康診断，および，少なくとも2回の定期健康診断を学校保健安全法で規定する健康診断に準じて行うことが定められている*。幼稚園では，年1回の定期健康診断が学校保健安全法で定められている**一方，入園時の健康診断は法的に義務づけられてはいない。しかし，集団生活を始める際に健康状態をチェックしておくことは重要である。

定期健康診断や入所時・入園時の健康診断では，それぞれの園が作成する健康記録表を活用し，健康の維持や管理に役立てる。在園中の予防接種の記録や，病気の記録は定期的に更新しておくのが良い。健康診断の結果は，嘱託医・園医から保育士に伝え，保育士から保護者へ説明する場合が多いが，保護者から質問や相談などがあれば，嘱託医・園医ができるだけ協力して対応する。事後措置が必要な場合は，保護者，保育者，看護師，嘱託医・園医，かかりつけ医が協調し，問題点の理解や解決方法の提案などに積極的に取り組む姿勢が求められる。

*児童福祉施設の設備及び運営に関する基準第12条

**学校保健安全法第13条

2 診療に用いられる主な検査

（1）検体検査

血液や尿，糞便など，ヒトの身体から取り出した試料（検体）について，その

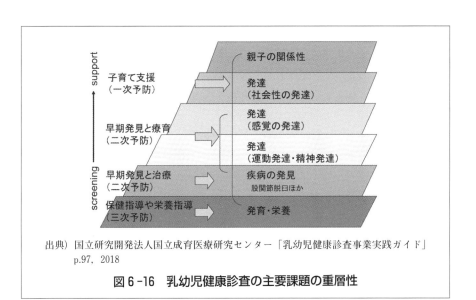

出典）国立研究開発法人国立成育医療研究センター「乳幼児健康診査事業実践ガイド」p.97，2018

図6-16　乳幼児健康診査の主要課題の重層性

中に含まれる成分，細胞の数や形，細菌などを調べる検査。症状や経過に応じて，必要な検査項目が実施される。

（2）生理検査

　心電図検査や脳波検査など，ヒトの身体を直接調べる検査。超音波検査は生理検査にも含まれる。心電図検査は心臓が動くときに生じる電気信号を記録する検査で，不整脈や心臓の機能を評価するために用いる。脳波検査は脳の大脳皮質から常に出されている微弱な電気信号を脳波計によって増幅し記録する検査で，てんかん，脳炎，脳症，脳死など，脳の機能異常や治療効果を評価するために用いる。

（3）画像検査

　からだの内部の構造やその性状を画像として評価する検査。X線を用いるレントゲン検査，CT検査，超音波を用いる超音波検査（エコー検査），磁気を用いるMRI検査などがあり，検査方法によって観察できる質が異なる。子どもの症状や状態から，からだの「どの部分」の「どのような情報」を調べる必要があるのかを検討し，検査によって得られる情報と検査時に子どもにかかる負担などを踏まえて，適切な検査を選択する。レントゲン検査やCT検査は短時間で撮影できるが，MRI検査やエコー検査では一定時間同じ姿勢を維持する，検査しやすいように姿勢を変えるなどの必要があり，子どもの検査を行う場合，姿勢を保持するための工夫や配慮を必要とする場合が多い。

8. 保護者との情報共有

　子どもが健康で安全に生活し，その心身の発育・発達を促すためには，保育者と保護者・家族との協力が不可欠である。近年，低年齢から長時間，保育施設で過ごす子どもが増えていることからも，保育者は家庭と常に連携を図り，家庭における子どもの生活状況や健康状態，保育施設での様子について情報を共有する必要がある。そして情報を有効に活用するためには，保護者が保育者・施設を信頼して，話をしやすい関係を築いておくことが前提となる。慢性疾患や障害のある子どもの場合には，かかりつけ医や療育機関との連携も必要となるだろう。嘱託医・園医とも連携して，疾患や障害に関する正しい知識を得て，子どもに認められる症状や対応方法を把握し，職員が協力して対応できるようにしておくことが求められる。

■1 情報共有の機会とポイント

（1）日々の情報共有

　登園時・降園時には保護者と直接コミュニケーションをとり，子どもの様子や健康状態について情報を共有する。共有する情報としては，その日，あるいは前日の食欲や睡眠の状況，排便の状況，元気さやいつもと違う様子について気になることなどが挙げられる（**表6-8**）。直接保護者と話をすることも大切である一方，連絡帳を活用して文章として記録することで情報をより正確に伝えることができる★。保育施設から伝える情報は丁寧でわかりやすい文章で書く必要がある。

★連絡帳の例
第Ⅱ部 健康と安全／第11章 健康および安全管理の実施体制，p.239

（2）行事や懇談会での情報共有

　行事や懇談会では，保育施設で過ごす子どもの様子を保護者が観察し，成長を感じられる場面や気になる姿（集団生活になじみにくい，集団の中で落ち着きがないなど）について共有することができる。保護者にとっては，子どもの家庭での様子や心配な点を保育者に相談できる機会でもあり，十分にコミュニケーションをはかれるよう心がける。

（3）体調不良，けが等の緊急連絡

　保育中に，急な発熱などの体調不良，けがなどが起こった場合は，緊急連絡先に連絡し，子どもの状況（起こった時間，症状，体調不良の場合は食欲や体温など），保育施設で行った対応，応急処置などを伝える。発生時の状況や行った応急処置などを詳しく伝えることは，医療機関を受診した際に貴重な情報となる。

（4）病児保育，病後児保育での情報共有

　病児あるいは病後児を預かる際には，保護者から症状や回復の見込み，内服薬や頓服薬について確認するとともに，前日からその日の朝にかけての食事の量や睡眠の状況，機嫌，元気さなど，普段とは異なる様子などを聞き取り，子どもの状態に合った保育を行う。また，降園時には保育施設での様子（食欲，睡眠の状況，機嫌・元気さなど）を保護者に伝えることが重要である。

表6-8　登園時・降園時，連絡帳での情報共有内容

・食欲
・睡眠の状況
　　　保護者から保育者へ；前日の睡眠状況など
　　　保育者から保護者へ；保育施設での午睡の状況など
・排便の有無（便の性状）
・体温
・機嫌
・元気さ
・気になること（いつもと違う様子など）
・けが・傷

（5）保健だよりなど，おたよりでの情報共有

保健だよりなどを通じて，保護者に向けて情報を発信し，施設全体での健康管理，健康増進に関する取り組みを共有し，必要に応じて協力を求める★。

①保健計画（保健活動計画）

保育所保育指針では，「子どもの健康に関する保健計画を全体的な計画に基づいて作成し，一人ひとりの子どもの健康の保持，増進に努めていく」ことが記載されている。子ども一人ひとりの心身の健全な成長発達のために保健計画を立てることは重要である。保健計画をもとに年間を通して実施する保健活動の内容，身体測定や健康診断の予定など，保護者と共有し，協働して取り組めるようにする。

★保健だよりと保健計画の例
第Ⅱ部 健康と安全／第11章 健康および安全管理の実施体制, p.230-231

②感染症に関して

保育施設内ではまだ発生していないが，地域では感染症が流行している場合には，その感染症の症状，子どもがかかったときの対応方法，予防対策や注意事項などを知らせる。保育施設内で感染症が発生した場合は，感染症に関する情報に加えて，発生状況，施設内で行っている対策，保護者や家族に協力を依頼することなどを，保健だよりだけではなく，掲示板なども用いて速やかに保護者に知らせる★。

その時，流行していない場合でも，季節によって流行しやすい感染症（アデノウイルスやエンテロウイルスによる夏風邪，食中毒，冬季のインフルエンザウイルスやRSウイルス感染症など）の情報を共有しておくことも大切である。

★感染症発生時の対応
第Ⅱ部 健康と安全／第9章 感染症対策, p.181

③その他，健康に関して

保健計画の内容や季節に合わせて，ハミガキの方法やむし歯の予防など歯の健康，年齢・発育発達に応じた事故とその予防策，熱中症の症状やその予防策・対応策など，健康に関する情報の共有をはかる。また，食事は健康な生活をおくるための基本であり，乳幼児期から適切な食生活が実践されること，望ましい食習慣を身につけられる取り組みが求められる★。

★食育
第5章 子どもの食, p.84

2 共有する内容と注意点

（1）発育に関する情報共有

子どもの発育状況は，子どもの健康状態を把握する上で重要な情報である。身長，体重，頭囲，胸囲の身体測定を定期的に行い，その推移を記録し，健康上の問題が疑われる場合は，保護者に連絡する。

（2）健康診断についての情報共有

保育所，幼稚園での健康診断の結果は，保護者に知らせ，必要な場合には，医療機関の受診，精密検査の実施を指示し，受診結果等を保育施設に提出してもら

う。

（3）子どもの気になる姿に関する情報共有

　保育施設での子どもの様子に気になる点がある場合，保育施設でのみ見られる様子なのか，保育施設でも家庭でも見られる様子なのかということは，その後の支援を考える際のポイントとなる。また，保育者が子どもについて気になる姿と保護者が気にしている姿が異なる場合も少なくない。子どもをよく観察し，気になる様子に隠れている子どもが表出しているメッセージを探るとともに，保護者と丁寧な情報交換を行い適切な支援を検討する。

（4）情報共有と育児支援

　保育施設は保護者への子育て支援を行う役割も担っている。保護者が感じている育児への困り感，負担感，不安などを相談しやすい，雰囲気・信頼関係を作るためには，日々のコミュニケーションを積み重ねていくことが大切である。状況に応じて，医療機関や療育機関，福祉機関など相談できる専門機関の情報を提供することや，専門職と保護者との懇談会を開催し，橋渡しができるように準備しておく必要がある。

（5）配慮を必要とする子どもの情報共有

　慢性疾患を持つ子どもや障害のある子どもについては，保護者，主治医，療育機関，嘱託医・園医らと連携して，一人ひとりの症状，配慮を要する環境・状況，対応方法や支援方法を共有する。運動制限がある場合は**学校生活管理指導表**[*]，アレルギー疾患を持ち特別な配慮や管理が必要な場合は保育所における**アレルギー疾患生活管理指導表**[★]を活用すると良い。また，症状や病態，対応方法が，成長に応じて変化する可能性があるため，定期的に見直すことが必要である。「保育所におけるアレルギー対応ガイドライン（2019年改訂版）」では，生活管理指導表の活用について**図6－17**のように記している。

（6）災害の発生に備えた情報共有

　近年，台風や豪雨，地震などの自然災害が多く発生しており，災害発生の可能性を見据えて準備しておくことの重要性が増している。保育施設における防災対策，防災訓練などの情報を共有するだけでなく，災害が発生した場合にどのように保護者と連絡をとる手段については，複数の連絡方法，連絡先の優先順位を確認しておく。連絡先や連絡方法に変更があった場合には随時更新する。保護者の迎えが大幅に遅れる事態や迎えに来られない事態，保護者以外の方が迎えにくる場合の確認方法，避難場所に避難した場合，など，さまざまな事態をあらかじめ想定し対応策を考え，保護者と共有しておくことが大切である。

[*]公益財団法人日本学校保健会「学校生活管理指導表（幼稚園用）」2020
https://www.hokenkai.or.jp/kanri/xls/textbook_yochien_2020_3.xlsx

[★]**アレルギー疾患生活管理指導表**
第Ⅱ部 健康と安全／第10章 保育における保健的対応，p.209

アレルギー疾患を有する子どもの把握
- ・入園面接時に，アレルギーにより保育所で特別な配慮や管理が必要な場合，保護者から申し出てもらう。
- ・健康診断や保護者からの申請により、子どもの状況を把握する。

保護者へ生活管理指導表の配付
- ・保育所と保護者との協議の上，アレルギー疾患により保育所で特別な配慮や管理が求められる場合に，配付する。

医師による生活管理指導表の記入
- ・かかりつけ医に生活管理指導表の記載を依頼する。(保護者は，保育所における子どもの状況を医師に説明する)
- ※医師には，必要に応じ，本ガイドラインの該当ページを参照してもらう。
- ・保護者は，必要に応じて，その他資料等を保育所に提出する。

保護者との面談
- ・生活管理指導表を基に，保育所での生活における配慮や管理環境や行動，服薬等の管理等や食事の具体的な対応除去や環境整備等について，施設長や担当保育士，調理員などの関係する職員と保護者が協議して対応を決める。
- ・対応内容の確認とともに，情報共有の同意について確認する。

保育所内職員による共通理解
- ・実施計画書等を作成し，子どもの状況を踏まえた保育所での対応（緊急時含む）について，職員や嘱託医が共通理解を持つ。
- ・保育所内で定期的に取組状況について報告等を行う。

対応の見直し
- ・保護者との協議を通じて，1年に1回以上，子どものアレルギーの状態に応じて，生活管理指導表の再提出等を行う。なお，年度の途中において対応が不要となった場合には，保護者と協議・確認の上で，特別な配慮や管理を終了する。

出典）厚生労働省「保育所におけるアレルギー対応ガイドライン（2019年改訂版）」p.7，2019

図6-17　生活管理指導表の活用の流れ

【参考文献・資料】

田村正徳・前田浩利監修，『はじめよう！おうちでできる　子どものリハビリテーション＆やさしいケア』三輪書店，2019

日本リハビリテーション医学会監修『脳性麻痺リハビリテーションガイドライン第2版』金原出版，2014

日本小児内分泌学会編，『小児内分泌学　初版』診断と治療社，2009

国立研究開発法人国立成育医療センター「乳幼児健康診査事業実践ガイド」2018

国立研究開発法人　国立成育医療センター「乳幼児健康診査身体診察マニュアル」2018

厚生労働省「平成30年度地域保健・健康増進事業報告の概況」2020

神奈川県医師会「保育園における健康診断マニュアル（2015）」2015

兵庫県医師会・兵庫県「保育所・幼稚園における健康管理マニュアル」2013

公益財団法人日本学校保健会「令和元年度改訂学校生活管理指導表（幼稚園用）」2019

丸尾良浩, 竹内義博　編著『新版　よくわかる子どもの保健』ミネルヴァ書房, 2021

厚生労働省「保育所におけるアレルギー対応ガイドライン（2019年改訂版）」2019

経済産業省「想定外から子どもを守る　保育施設のための防災ハンドブック　（認可保育所, 認定こども園, 幼稚園, 認可外保育所対象）」2018

第Ⅱ部

健康と安全

第7章

子どもの生活と保健

〈学習のポイント〉　①子どもの健康と安全が保障される保育環境について学ぶ。
②日常的な衛生管理や手洗いの方法を学ぶ。
③子どもの事故の特徴を理解し，安全対策を学ぶ。
④危機管理能力を高めるために，安全管理や安全教育を学ぶ。
⑤避難訓練の手順等，災害への備えについて学ぶ。

1. 保育環境の整備と保健

　子どもが1日の多くの時間を過ごす保育施設は，健康と安全が保障され，一人ひとりの状況や発達過程を踏まえた上で，環境を通した子どもの健やかな育ちを支え促していかなければならない。生涯を通じて健康で安全な生活を営む基盤は，乳幼児期における愛情に支えられた安全な環境の下で，心と体を十分に働かせて生活することによって培われていくものである。

　2017（平成29）年に告示された保育所保育指針では，養護に関する基本的事項のなかで「生命の保持」のねらいとして，次の4つをあげる。

第1章 総則　2 養護に関する基本的事項　（2）養護に関わるねらい及び内容
①一人一人の子どもが，快適に生活できるようにする。
②一人一人の子どもが，健康で安全に過ごせるようにする。
③一人一人の子どもの生理的欲求が，十分に満たされるようにする。
④一人一人の子どもの健康増進が，積極的に図られるようにする。

　保育者は保健的観点からも保育環境を最善な状況に整え，子どもの生活が豊かなものとなるように工夫して保育しなければならない。心地よく十分養護の行き届いた安心感のある環境の下で自己を十分に発揮し，自発的・意欲的な活動を展開する。このような環境で，子どもの健全な心身は育まれていくのである。

　保育の環境とは，**人的環境**，**物的環境**，**場の環境**が相互に関連し合った全ての環境である*。子どもの健康を守り増進していくためには，常に保育環境を最善な状況に整えることが重要となる。そのためには，以下を踏まえて環境を整備していく必要がある。

* 「保育所保育指針」第1章総則　1保育所保育に関する基本原則（4）保育の環境を参照

■1 人的環境

　人的環境には，保育者等や子ども同士の関係に加え，施設職員，保護者，関連機関，地域の人々などがある。自分以外の他者とかかわる経験は，乳幼児期以降

も長期にわたりさまざまな面に大きな影響を与える。子どもの健全な心身の発達を図るためにも，多様な人々と出会い，心を通わせる経験を重ねることができる環境を整えることが重要である。

（1）保育者・職員による環境整備

大勢の子どもたちが生活する場では，子どもの周囲の環境を点検し，衛生的な環境となるよう細心の注意を払い，常に病気の予防や衛生面に対する配慮を意識しなければならない。子どもは疾病に対する抵抗力が弱く，容態が急変しやすいことを十分認識し，職員間で連携を図りながら適切かつ迅速に対応することが必要である。

職員同士が連携して，感染症への対処★，緊急時や災害時の対応，事故や食物アレルギーをはじめとするアレルギーの対応なども研修や訓練を行い，組織的に体制を整えておく必要がある。

★感染症対策
第9章 感染症対策,
p.173

（2）子ども同士のかかわりへの環境整備

同年齢の子ども同士の関係，異年齢の子どもとの関係，保育士等との関係や地域のさまざまな人とのかかわりなど，安心して多様な人間関係を育むことができる状況をつくり出すことが大切である。子どもは，子ども同士のかかわり合いを通して相互に刺激し合い，さまざまなものや事柄に対する興味や関心を深め，外の環境とかかわる意欲を高めていく。

また，子どもは日々の生活の積み重ねの中で，さまざまな生活習慣を身につけていく。子ども自身が興味や関心を持ったときに，その思いに寄り添いながら丁寧に教えていくことが大切である。保育者のかかわりよって，自分の体を大切にしたり身の回りを清潔で安全なものにするなど，生活に必要な習慣や態度を身につけ，自立した行動ができるようになっていく。

２ 物的環境

物的環境には，施設や設備，園庭，遊具や道具などがある。子どもたちが過ごす場所は，安全で保健的であること，発達に即した保育環境であることが望ましい。子どもに適した物的環境について考える。

（1）発達段階に応じた環境の整備

園内の遊具や用具は年齢や生活経験などを考慮し，安全に配慮しながら子どもが取り組んでみたいと思えるように配置するなど，それぞれの発達段階に応じた配慮が求められる。そのためには，子どものそのときどきの興味や関心が満たされ，満足のゆく遊びが十分行えるスペースを確保するほか，手を洗う，食事をする，着替えをするなどの養護が十分行える配置が望ましい。

おもちゃの選択や置き場所，子どもの動線を配慮した遊具の設置，保育者の配

置等の環境も工夫しなければならない。

（2）くつろげる場としての環境の整備

　子どもたちが一日の大半を保育施設で過ごす環境では，子どもたちが集団という場から離れ，絵本を見たり静かに遊ぶことできる場所や，眠いときや休みたいときに，くつろげる場所などが必要である。このように一人ひとりの生活リズムに合わせて遊んだり，休息が取れる環境を保証していくことも大切である。

（3）子どもが過ごしやすい環境の整備

　子どもたちの心身の健康と情緒の安定を図るためには，自然光や換気を調節できる環境で，室温が適切な状態に整備されていることが望ましい。安心してゆったり過ごすことができる環境には，子どもや保育者の声の大きさや周囲の音（音量・種類等）が適切であるかも含まれる。

　また，子どもの発達の特性を踏まえた遊具・用具，備品，設備などは，定期的に安全点検を行い，常に修繕が行き届いた衛生的で安全な配慮がなされていることが重要である。子どもたちが過ごしやすい環境を整えることによって，養護と教育が一体的に展開され，保健的観点を踏まえた保育環境の中で，子どもが安心して探索活動をしたり，伸び伸びと体を動かして遊んだりすることができるのである。

③ 場の環境

　場の環境には，自然や社会，地域などがある。子どもたちは，身近な自然と触れ合う中で，さまざまな事象に興味や関心を持つようになる。例えば，ウサギや小鳥などの小動物，園庭の樹木や草花，育てた野菜などを通して，季節の変化を身近に感じることができる。

　また園で飼育している動物たちの存在は，子どもたちの心を癒し，生き物をいたわるという優しい気持ちの芽生えや子ども同士の関係を深める機会にもなる。

　保育施設での活動以外でも，例えば近くにある公園や広場，野原や川原など自然の多い場所や高齢者のための施設を訪問したり，地域の行事へ参加したり，逆に地域の人々が保育施設を訪問する機会なども，子どもが豊かな人間性の基礎を培う上で貴重な体験を得るための重要な環境である。

2. 保育現場における衛生管理

　多くの子どもたちが長い時間を過ごす保育所などの施設は，衛生的な管理がなされ，安全で快適な場所であることが望ましい。衛生管理の法的根拠は，児童福

祉法第45条に基づく「児童福祉施設の設備及び運営に関する基準」や学校保健安全法に定められている★。

★資料編, p.256, 258

　子どもはおとなに比べて心身ともに未成熟で抵抗力が弱く，病気や感染症にかかりやすいほか，さまざまな環境の影響を受けやすい。子どもが心身ともに健やかに成長するためには，日ごろから清掃・消毒等を行い，常に清潔な環境を保つようにする。職員一人ひとりが子どもの発達段階の特徴をとらえ，感染症の拡大を防止するための正しい知識や，対処法を身につけていく必要がある。

　また，消毒薬の種類と適正な使い方を把握するとともに，子どもの手の届かない場所で管理するなど，消毒薬の管理を徹底し安全の確保を図ることが重要である。

　感染症の広がりを防ぎ安全で快適な保育環境を保つためには，常日ごろからの清掃や衛生管理が大切である。点検表等を活用しながら職員間で情報を共有して，衛生管理に努める。

１ 日常的な衛生管理

（1）保育室

①清掃・消毒

　保育室は子どもが一日の大半を過ごす場所であり，日々の清掃で清潔を保つようにする。

　特に床は子どもがハイハイをすることも多く，排泄物や嘔吐物などで汚染されている場合があるので，気をつけて清掃や消毒をする★。

★嘔吐物の処理方法
第8章 子どもの体調不良への対応と救急処置, p.156

　汚れた手で触れることの多い水まわりは，目に見える以上に汚れている場合が多い。シンクの中や排水口をはじめ，子どもたちが触れることの多い蛇口やカランの清掃・消毒は丁寧に行う★。

★消毒薬の種類と使用法
第9章 感染症対策, p.177

②換気・室温調節

　感染予防のために換気は，1時間に1～2回程度定期的に行う。子どもは体温調節機能が未発達なので，室内の温度・湿度の影響を受けやすい。保育者が適切な管理を行う必要がある。管理の目安として，**室温は夏26～28℃，冬 20～23℃，湿度は60%程度**が望ましい*。

　暖房器具や加湿器，エアコン等は，定期的に清掃してカビや雑菌の増殖を防ぐよう心がける。

*厚生労働省「保育所における感染症対策ガイドライン（2018年改訂版）」p.27，2018

（2）手洗い

　生活の中でさまざまなものに触れる手は，最も汚れやすい場所である。手を介して感染症が広がっていくことも考えられるため，手洗いは大切である。

　手洗いは，石鹸と流水を用いて30秒以上しっかりと手を洗う。最初はおとなが一緒に洗いながら正しい洗い方の手本を見せ，自ら手を洗う生活習慣を身につけ

させるようにする（**図7-1**）。
絵本や教材などを使用して発達
に合った言葉がけをしたり，保
育者が「ぞうさん」「ハッピー・
バースデイ・トゥ・ユー」を歌
うなど，時間をかけて丁寧に洗
えるように工夫していく。

　消毒液を使用する際は，70%
以上のアルコール消毒液を用い
た消毒を15秒以上行う。固形石
鹸は液体石鹸と比較して保管時
に不潔になりやすいため，取り
扱いに注意する。液体石鹸の補
充は，空になった容器を清潔な
状態で乾燥させてから補充す
る。衛生上つぎ足しをしない。
手を拭く際には，子どもが持参
したタオルかペーパータオルを
用い，タオルの共用は絶対に避
ける。

以下の手順で，30秒以上，石けんを用いて流水で行う。

① 液体石けんを泡立て，手のひらをよくこする。

② 手の甲を伸ばすようにこする。

③ 指先とつめの間を念入りにこする。

④ 両指を組み，指の間を洗う。

⑤ 親指を反対の手でにぎり，ねじり洗いをする。

⑥ 手首を洗い，よくすすぎ，その後よく乾燥させる。

⑦水道の栓は手首か肘で止める。難しい場合はペーパータオルを使用する。

出典）辻明良（日本環境感染学会監修）『病院感染防止マニュアル』2001をもとに作成

図7-1　手の洗い方

（3）おもちゃ

　遊具は多くの子どもが共有するため，子どもの手指を通してウイルスや細菌な
どが付着しやすい。特に直接口に触れることが多い乳児の遊具については，衛生
的に遊べるように遊具を用いるたび，お湯などで洗い流して乾燥させる。その他
の遊具も，水またはお湯などで洗ったり拭いたりする。子どもの唾液や嘔吐物な
どで汚れやすいため，午前・午後とで遊具の交換を行い，使用前後の入れ物を区
別するなど配慮する。ぬいぐるみや布類の遊具は定期的に洗濯し，週1回程度は
日光消毒をする★。

（4）食事・おやつ

　食事やおやつの前には，手洗いの励行を指導する。テーブルは，清潔な台布巾
を用いて水またはお湯で拭く。必要に応じて濃度70％以上95％以下のアルコール
や濃度が0.05％の次亜塩素酸ナトリウムなどを使用して拭く。スプーン，コップ
等の食器は共用せず衛生的な配膳・下膳を心がける。食後は，テーブル，椅子，
床等の食べこぼしを清掃する。

★遊具等の消毒
第9章　感染症対策，
p.178

（5）調理室・調乳室

調理室・調乳室は，食中毒の予防に注意し，常に清潔な状態を保てるように掃除・洗浄・消毒による管理が必要である。入室時には，清潔な白衣やエプロン，帽子，マスクを着用し手洗いをする。調乳器具は消毒を行い，調理器具や食器も清潔に保管する★。

★ミルクの保存，殺菌
第 I 部 子どもの保健
第 5 章 子どもの食，
p.76，77

（6）歯ブラシ・うがい用コップ・タオル

歯ブラシやタオル，コップは個人専用とし，他の子どもの物を誤って使用させないように気をつける。使用後は水で十分にすすぎ，ブラシを上にして清潔な場所で乾燥させる。他の子どもの物と接触させないように，個別に保管する。持ち帰る場合は，自宅でも同様に清潔に取り扱う。

（7）寝具

個別の寝具には，ふとんカバーをかけ，タグをつけたりシールを貼るなどして，個人で同一のものを使用する。

シーツや上掛けは定期的に洗濯し，衛生的な寝具を使用する。尿，糞便，嘔吐物等で汚れた場合には，消毒（熱消毒等）を行う。

感染症の流行時は，子どもの唾液や鼻水などがついている場合には，少量であっても袋に密閉して洗濯を依頼する。

（8）おむつ交換

おむつ交換は，手洗い場があり，食事をする場所等と交差しない一定の場所で実施する。糞便処理の手順を職員間で徹底し，おむつの排便処理の際には使い捨て手袋を着用する。感染症が流行している場合は，使い捨てのガウン，マスク，手袋などを着用して行う。また，一人ひとり使い捨てのおむつ交換シート等を敷いて，おむつ交換するたびに石鹸と流水でしっかりと手洗いを行う。

おむつ交換台
（写真提供：株式会社ヤマサキ）

使用後のおむつは，ビニール袋に密閉した後に蓋つき容器等に保管し，保管場所やおむつ交換台の消毒も行う。

（9）トイレ

子どもが使用するトイレは，便器，汚物槽，ドア，ドアノブ，蛇口や水まわり，床，窓，棚，トイレ用サンダル等，目に見えないウイルスや細菌で汚染されていることが多い。定期的に点検し，日々の清掃および消毒用エタノール，塩素系消毒薬等による消毒で清潔に保つ。

感染症が流行している場合には塩素系消毒薬を使用するなど，流行している感染症に応じた消毒および清掃を行う必要がある。トイレを使用する際には，他のクラスと時間帯を分けるなど，できるだけ他のクラスの児と混在しないように工夫する。蓋が設置されているトイレの場合は，蓋を閉めてから流すように指導する。

トイレ
（写真提供：東京家政大学ナースリールーム）

(10) 砂場

砂場の衛生管理は，定期的に掘り起こして砂全体の日光消毒を行い，動物の糞尿や水たまりなどがないかを確認後，ある場合は速やかに除去する。砂場は寄生虫，大腸菌等で汚染されていることがあるので，砂場で遊んだ後は石鹸と流水でしっかりと手洗いを行う。

砂場を使用しないときは，動物が入らないようにシートで覆うなどの対策をす

砂　場
（写真提供：東京家政大学ナースリールーム）

る。抗菌砂や定期的に砂を入れ替える等の方法もある。

(11) 園庭

始業前に園庭の玩具や遊具，破損個所がないかなどを定期的に点検して，安全点検表の活用等による安全・衛生管理を徹底する。園庭には，害虫や動物などが侵入する可能性があるため，動物の糞，尿等は速やかに除去し駆除や消毒を行う。樹木や雑草は適切に管理し，害虫，水たまりなどの駆除や消毒を行う。

蚊の発生や転倒を防止するためにも，水たまりを作らない工夫をする。小動物の飼育施設は感染源とならないように清潔に管理し，飼育後の手洗いを徹底する。小動物と触れ合う場合は，アレルギーがないか確認するとともに危険が及ばないようにする。

(12) プール

プールの衛生管理は，設備や遊具等を使用期間前後，および日常的に掃除や点検をする。遊泳用プールの衛生基準に従い，プールの使用前と使用中1時間ごとに1回以上遊離残留塩素濃度を測定して，濃度が0.4mg/Lから1.0mg/Lに保たれるように水質基準を維持する。

準備体操やプール遊び前後の身体洗浄，子どもの健康観察などを行い，健康管

理を徹底する。熱中症や紫外線の対策として，日よけや休憩場所の設置をする。

　プール遊びや水遊びの前に，危険な行動をしないようにルールを設け指導しておく。排泄が自立していない乳幼児には，個別のタライなどを用いて他者と共有しないよう配慮をする。

②職員や保護者の衛生・健康管理

　園内に出入りする職員や保護者などのおとなが，外部からさまざまな雑菌を持ち込まないように努力することも重要な配慮点である。

（1）職員

　職員は清潔な身だしなみや服装を心がけ，自分自身の健康管理にも十分注意しなければならない。保育中および保育前後の手洗いを徹底し，感染症の予防に努める。発熱・咳・下痢・嘔吐などの症状があるときには受診をし，保育者が感染源となることは避ける。

　感染源となりうる物（糞便，吐物，血液等）の安全な処理方法の徹底や下痢，嘔吐の症状又は化膿創や風邪症状がある職員の食物の扱いを禁止する。咳エチケットやマスクの着用や取扱いに注意する。

（2）保護者

　風邪の症状などがある場合にはマスクの着用，手洗いやうがいなど，感染症から守るための協力を呼び掛けていく。また，家族内で体調不良の人がいる場合は知らせてもらうなど，情報の共有をすることも大切である。

3. 保育現場における事故防止および危機管理・安全対策と災害への備え

　保育中の事故防止のためには，乳幼児期の発達段階や心身の状態を踏まえて，施設内外の安全点検に努め，安全対策や災害への備えなどの危機管理に対する全職員の共通理解や体制づくりが求められている。

　またマニュアルを作成し，ヒヤリハット報告書などを活用しながら，日常生活のあらゆる状況で起こりうる事故を想定して，危険をどのように回避し，子どもの安全を守ることができるかという課題に取り組むことが大切である。事故や災害が発生した場合は，迅速・適切な処置をすることで被害を最小限にとどめることが重要である。

　子どもには，自ら危険を察知し身を守る力をつけるための安全教育を行い，家庭や地域の関係機関の協力を得る。

1 事故防止および安全対策

（1）子どもの死因

　わが国の人口動態統計によると，子どもの死因の上位を占めているのは，不慮の事故である。子どもの年齢や発達段階によって事故の原因が異なるが，命にかかわる不慮の事故は，子どもたちにとっては非常に大きな問題だといえる★。

★年齢階級別死因の順序
第Ⅰ部 子どもの保健
第2章 親と子どもの保健, p.13

（2）不慮の事故の内容

　不慮の事故の内容について具体的に見てみると（表7−1），その種類や起こっている状況は，子どもの年齢によって特徴がある。0歳では睡眠中の窒息が多く，他に嘔吐物や食物などによる誤嚥や誤飲も窒息の原因である。1～4歳では歩行が可能になり，興味や関心とともに行動範囲が拡大し，窒息，交通事故，溺死，転倒などの事故が発生している。

（3）保育施設での子どもの事故

　保育施設で事故が発生しやすい月は5～7月が多く，次いで9月～12月が多い。これは，新しい環境に慣れて行動が活発になることや季節による活動のしやすさ（気温他の要因）などが影響していると考えられる。

　時間帯は，活動が活発になる午前10時～11時ごろと降園時間が近づく午後16時～17時ごろである。場所は園舎内が多く，園舎内では保育室が多い。遊具の事故は，すべり台が多い*。

*田中哲郎『保育園における事故防止と安全保育第2版』日本小児医事出版, p.27-28, p.52-53, 2019

（4）重大事故が発生しやすい場面ごとの注意事項

　保育施設における子どもの死亡事故などの重大事故は，毎年発生している。安全な教育・保育環境を確保するために，子どもの年齢，場所，活動内容に留意し，事故防止に取り組むことが大切である。特定教育・保育施設，特定地域型保育事業，地域子ども・子育て支援事業，認可外保育施設および認可外の居宅訪問型保育事業を対象とした「**教育・保育施設などにおける事故防止および事故発生時の対応のためのガイドライン**」が，2016（平成28）年に作成された*。このガイドラインに記載されている以下の内容を参考にしながら保育施設全体の安全確保に努めることが重要である。

*内閣府子ども・子育て本部，文部科学省，厚生労働省の連名で公表された。

表7-1　不慮の事故の種類別にみた死因順位

年齢	第1位	第2位	第3位	第4位	第5位
0歳	窒息	溺死及び溺水	転倒・転落	交通事故／自然の力への曝露／その他　※同率	
1～4歳	窒息	交通事故	溺死及び溺水	煙・火及び火災	転倒・転落
5～9歳	交通事故	溺死及び溺水	煙・火及び火災	窒息	転倒・転落
10～14歳	溺死及び溺水	交通事故	窒息	転倒・転落／煙・火及び火災　※同率	

出典）厚生労働省「令和2年（2020）人口動態統計」2021

①睡眠中の安全確保

ａ．窒息リスクの除去

・医学的な理由で医師からうつぶせ寝を進められている場合以外は，乳児の顔が見えるあお向けの状態で寝かせる。

・子どもを一人で寝かせず，定期的に呼吸・体位・睡眠状態を点検し，安全な睡眠環境を整える。

・やわらかい布団を使用しない。

・ベッド周辺に，ヒモやヒモ状のもの，ぬいぐるみなどを置かない。

・ミルクや食べ物などの嘔吐物や口の中の異物を確認する。

ｂ．乳幼児突然死症候群（SIDS）

　睡眠中に死亡する原因は，窒息などの他にSIDS（Sudden Infant Death Syndrome シズ）がある★。

★乳幼児突然死症候群（SIDS）
第10章 保育における保健的対応，p.191

②プール活動・水遊びにおける安全確保

・監視者とプール指導者と分けて配置し，役割を明確にして監視者は監視に専念する。

・規則的に目線を動かしながら全域をくまなく監視し，動かない子どもや不自然な動きをしている子どもを見つける。

・時間的余裕をもってプール活動を行う。

・十分な監視体制が確保できない場合は，プール活動を中止する。

・プール活動にかかわる職員は，応急手当，緊急事態への対応など，事前教育を十分に行う。

③誤飲・誤嚥（食事中・玩具・小物等）の予防

・子どもの食事の介助をするときは，子どもが正しい座り方をしているか，眠くなっていないか注意する。

・子どもの食事に関する情報や当日の健康状態などについて情報を共有する。

・食べ物を与えるときは，子どもの口にあった量で，子どものペースに合わせながらゆっくりと食べ物を与える。

・汁物の水分を適切に与えながら，食べ物が口に残っていないか，食べ物を飲み込んでいるかを確認しながら行う。

・食事の提供中は驚かせない。

・過去に，誤嚥，窒息などの事故が起きた食材（白玉団子，丸のままのミニトマトなど），窒息の可能性のある大きさや形状の玩具などは使用しない。

・普段食べている食材も窒息する可能性があると認識し，食事の介助および観察をする。特に食べているときに継続的に観察する。

（5）事故防止にかかわる職員の資質向上

　事故の発生防止には，子どもの特性を十分に理解した上で，子どもの行動や問題点を把握する。職員間のコミュニケーションとり，情報の共有化や苦情解決への取り組み，安全教育などの環境づくりをする。定期的に点検を実施した上で記録し，結果に基づいて改善したものを職員に周知する等に留意することが大切である。

　各施設・事業者の全ての職員は，救急対応（心肺蘇生法，気道内異物除去，AED，エピペン®の使用等）の実技講習，事故発生時の対処方法を身につける実践的な研修を通じて，職員の資質の向上に努める。研修や職員会議などの機会に，子どもの発育・発達との関係，事故を起こしやすい場所などを共有して，事故への認識，危険に対する予知能力の向上を図る。

❷危機管理

　保育者は，子どもたちの生命の保持と健やかな生活を保障するためには，十分な安全管理を行うことが責務である。しかし，万が一事故が発生した場合には迅速な対応を行い，保護者や関係機関との情報の共有を図ることが大切である。

（1）緊急時の対応

　事故発生時には，役割ごとの分担と順位や順番を決めて，分担表を見やすい場所に提示する★。　　　　　　　　　　　　　　　　　　　　　★資料編，p.249

（2）日常の備え

・受診医療機関のリスト，119番通報する際のポイント★，受診時の持ち物，通報先の順番，連絡先などを示した図表などを作成し，見えやすい場所に掲示する。園外活動の際は携帯する。　　　　　　　　　　　　　　　　　★資料編，p.250

・各職員の緊急連絡網，医療機関，地方自治体や警察等の関係機関の一覧，保護者の緊急連絡網などを事前に整理しておく。

・日ごろから地域との関係づくりを積極的に行い，保護者や地域住民等や関係機関と連携して，事故発生時の協力体制や連絡体制を整える。

・健康管理および事故防止に向けて，子どもや保護者への安全教育に取り組む。

・施設内の設備について年齢別チェックリストを作成し，定期的にチェックする。問題のある箇所の改善を行い，職員に周知して情報の共有化を図る。

（3）ヒヤリハット報告（記録）

　子どもたちが集団で活動している日常生活の中で，重大な事故や怪我に遭わなかったものの，危険を感じてヒヤッとしたことやハッとした事象のことをヒヤリハットいう。保育現場には，遊びの時間や食事，睡眠などさまざまな場面にヒヤリハットが潜んでいる可能性がある。ヒヤリハット事例の共有は，保育を振り返

るきっかけや気づきを与え，子どもたちを危険から守ることにつながる。

　ヒヤリハット報告書は，反省を促すためのものではなく事故を未然に防ぐものである。例えば５Ｗ１Ｈで，「いつ」「どこで」「だれが」「何を」「なぜ」「どのように」と，この要素に沿って，簡潔に伝えたい内容を構成すると情報を整理できる。ヒヤリハット報告書の様式に関しては，継続して記入できるように見直しながら工夫すると良い★。

　また，ヒヤリハット報告書は，書いて終わりではなく要因を分析し，対策を立てて実行し，評価して改善をする，再度対策を立てるといったPDCAサイクルを活用しながら，事故を継続的に回避する。

★ヒヤリハット記録の例
第11章 健康および安全
管理の実施体制，p.226

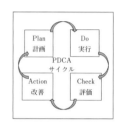

（4）安全マップ・安全チェックリストの作成

　保育室・園庭・散歩コース・近隣の公園など，子どもの生活エリアや活動エリアについて，危険個所や注意点，避難場所や避難経路，駐在所やコンビニ等の安全を確保できる場所を記入した**安全マップ**（図７−２）をつくる。どんな場所でどのような事故が起こりやすいかを常に認識し，危険に対する見通しがつくことで事故の予防につながる。安全マップは状況に応じて更新されたものを，目に付くところに掲示して保護者と情報を共有する。

　事故防止のためにすべきことは，「危険箇所をなくす」ことである。全職員で危険箇所を点検して対策を検討し，対策の共通理解と事故防止の徹底を図る必要がある。**安全チェックリスト**を作成し，出入り口・保育室・ホール・廊下・トイ

マップ作成）盛岡大学・盛岡大学短期大学部　千葉玲

図７−２　地域安全マップの例

レ・園庭・固定遊具などに事故やケガにつながるような危険個所はないか，破損
個所はないかなどを定期的に確認する。

（5）安全教育

　子どもの発達によって，身体の大きさ・運動能力・視野等の周囲の状況の認知
の特性などに個体差があり，交通ルールの理解なども変わってくる。乳幼児の特
性を踏まえた対策をとることが重要である。

　安全教育の目的は，子ども自身が安全に過ごすための習慣や態度を身につけて，
危険を回避できるようにすることである。子どもの興味や関心および理解を導く
ように教材を工夫し，発達段階に合わせて，なぜ危険なのか，どうすれば安全かを
一緒に考え，繰り返し教えていく必要である。例えば，園内の危険な場所や遊ぶ
際の配慮点，遊具や園庭での遊び方，道路の歩き方や公園での遊び方などである。

　また，日常の生活や遊びの中でさまざまな経験をすることにより，危険を回避
する判断力や機敏な動きを身につけていくことも重要である。

　保育者自身も事故防止について学習し，危険予知力や問題解決能力を高めるト
レーニングが必要となる。具体的には，**安全保育マニュアル**や年齢ごとの**事故防
止チェックリスト**等を活用し，子どもの発育・発達と事故の関係や事故の生じや
すい場所等を，職員会議や研修などの機会を設けて職員間で共有する。交通安全
指導や消防署・警察署による避難訓練・防犯訓練などの実施，救命研修などで応
急処置の仕方を身につける等である。

　保護者との連携を図りながら，毎日の生活リズムを整え，規則正しい生活や基
本的生活習慣を身につけることで，心身の状態が安定し，安全に過ごすことがで
きる。保護者へは，やけどの防止や衣類・靴の選び方，ヘルメット着用，チャイ
ルドシート使用の推進など，事故を未然に防ぐための情報提供・共有，予防のた
めのアドバイスを行う。

３災害への備え

　事故以外に子どもの命にかかわる事案には，台風や地震などの**自然災害**，**火災**
や**交通事故**，**溺水**，**不審者の侵入**などがある。

　災害は，いつ発生するのか予測が難しいことから，さまざまな状況を想定して，
マニュアルを作成し，緊急時の対応の具体的内容および手順・役割分担・避難方
法など職員間で共通認識する。定期的に避難訓練や防災訓練，防犯訓練や引き渡
し訓練を行い，いざというときに冷静かつ迅速に行動できるようにしておくこと
が肝心である。避難訓練については，地域の関係機関や保護者と日常的に連携し
協力を得る。なお，災害が発生した後の心のケアも重要である。

（1）危険個所の安全点検

　保育所の立地特性に加え，施設の耐久性・耐震性などの構造上の問題や周辺の環境，物理的特徴などに問題がないか確認する。定期的に安全点検して，保育室のロッカーや棚等の転倒防止や高い場所からの落下物防止の措置を講じたり，ガラス戸に飛散防止シートを貼ったりする。火元となる電気コードやコンセントの確認，調理室ではガスの元栓やホース劣化の有無などの確認をする（図7−3）。園庭は，災害時に避難することが多いので，ブロック塀や固定遊具の強度や安定性を点検し，二次被害が起きないようにする。

　消火用具や非常口は，消火器の点検，誘導灯が常時点灯しているか，掲示の位置はわかりやすいか，警報設備や非常用電源は作動するかなどを点検する。避難ルート，避難場所までの所要時間，避難方法，危険個所の有無などをチェックし，避難経路の確保等のために整理整頓を行う。避難ルートは，さまざまな状況を想定して2通り以上設定しておく。

（2）避難訓練の実施

　保育所の避難訓練の実施については，「児童福祉施設の設備及び運営に関する基準」第6条第2項において，少なくとも月1回は行わなくてはならないと規定されている。

　子どもに対する避難訓練の目的は，避難訓練の大切さと目的を理解してもらい，実際の災害時に安全に避難できるようにすることである。例えば，すべり台などの避難器具や防災頭巾の使い方，先生の指示を落ち着いて聞くことなどを学ぶ。

　保育者にとっての避難訓練の目的は，実際の災害時に冷静な判断ができるようにする，子どもたちに適切な指示ができるようにすることである。避難訓練を実際に行うことで，子どもの理解度や役割分担・手順等の問題点を表面化させ，改善に向け対処する目的もある。評価する際は，避難訓練毎に記録し職員間で情報共有する。

　災害発生時には，保護者・関係機関や地域との連携が不可欠であることから，避難訓練に参加してもらい，協力体制を整備しておく。特に保護者とは，災害時の引き渡しルール等を明確にしておくことや子どもの避難場所，災害時の情報共有をスムーズに行えるように確認しておく。

【火災発生時の避難】

①子どもを安全な場所に集め，建物の外に誘導する。

②人数を確認したら，子どもが煙を吸わないように水で濡らしたハンカチなどで鼻と口をおさえさせ，低い姿勢で移動しながら静かに早足で避難させる。

③延焼を防ぐために，窓やドアを閉める。

④消防署に通報する。

| ロッカー・棚等の転倒防止 | ガラス飛散防止 | 電気コード，ガス元栓等の老朽化 |

出典）経済産業省「想定外から子どもを守る保育施設のための防災ハンドブック」2012より

図7-3　保育施設・設備の安全点検の例

⑤可能であれば，消火器による初期消火をする。

⑥出火元が特定できた場合，風向きを確認し風の反対方向に，子どもをできるだけ遠ざけ，避難経路を確保して避難する。

【地震発生時の避難】

①落下物のないところに子どもを集め，人数を確認する。揺れている間は「ダンゴ虫のポーズ」や，机の下に隠れるなどして頭を守る。

②ドアや窓を開けて，避難経路を確保する（地震で建物がゆがみ，ドアが開かなくなることがある）。

ダンゴムシのポーズ

③ガスの元栓を締め，ブレーカーを落とす。

④揺れがおさまってから，防災頭巾をかぶらせ長袖の上着を着せ，靴を履かせて避難する。※防災頭巾は，消防士ごっこや工事現場のヒトをイメージした遊び等に取り入れ，かぶり慣れておくとよい。

⑤状況に応じて非常用持ち出し袋を背負い，子どもを避難場所に誘導する。避難するときの行動をわかりやすく伝える標語*を使用する。

【水害（台風・洪水など）発生時の避難】

①台風情報・天気予報を常にチェックし，状況に応じて安全なうちに保護者に引き渡す。

②強風で飛ばされそうなものは，屋内に移動する。

③停電・断水・避難に備え準備しておく。

---
*標語の例として「お・は・し・も・な」等を用いる地域もある。

お	おさない
は	はしらない
し	しゃべらない
も	もどらない
な	なかない

149

④浸水に備え，濡れて困るものは高いところに移動する。

⑤避難勧告・指示が出た場合，ブレーカーを落とし，ガス，水道の元栓を閉める。
　ドアに避難場所を掲示しておく。雨具を着用し荷物は背負うものだけにして，
　両手を開けておく。水が入ると歩きにくくなるため，長くつではなく運動靴を
　はかせる。乳幼児は，おんぶではなく抱っこで守る。子どもと手をつなぎ一緒
　に行動する。

（3）防犯訓練（不審者侵入等の対応）

①不審者への対応（職員を不審者に見立てる）

・不審者を園児に近づけないように，さすまたを利用する。

②不審者からの退避訓練

③園児を守る訓練

・標語*や紙芝居などを使用し，子どもたちにも防犯意識を持たせる。

・防犯用具（非常ベル・防犯ブザー・さすまた等）の点検。

・退避するルートを想定して，園児へ逃げる方向を指示する。

④保育室内での動き（バリケードや内鍵等）の訓練

⑤緊急連絡訓練

・役割分担，保護者や関係機関への連絡，引き渡し訓練。

（4）非常用持ち出し品の準備

　災害は，いつ起こるのかわからないため，避難場所での生活に最低限必要な物
を，いつでも持ち出せるように，非常用持ち出し品を，リュックなどを使用して
準備しておく（表7－3）。非常用持ち出し袋は，各保育室の持ち出しやすい場
所に設置する。薬や食品は，年1回消費期限を確認し交換し補充する。万が一に
備え，園内に最低3日分の食品や日用品を備蓄しておくのも良い。

（5）心のケア

　災害時に，怖い思いや悲しい思いを体験すると，子どもたちの様子に変化（ス
トレス反応）が表れてくることがある。2011（平成23）年に発生した東日本大震
災後に，被災地の子どもや被災地以外の子どもたちにも，さまざまな心の変化が
表れた事がきっかけとなり，子どもの心のケアについて取り組むようになってき
た。子どもの心の問題の現れ方は多種多様であり，周囲のおとながわかるように
自分の心の傷を表さないことが多い。子どもの様子がなんとなく災害前と異なる
と感じた場合，子どもなりの心の問題が表れた可能性がある。これらの子どもが
発するサインは，保育者や保護者の心が落ち着いていないと見落としてしまうこ
とがある。保育者は，子どもの心の問題を見過ごさないように，災害時の子ども
の行動や症状の現れ方に対して，理解を深めておく必要がある。特別な配慮を要
する子どもの心のケアに対しても，長期的に取り組んでいくことを忘れてはなら

*標語の例として「いか・
の・お・す・し」等を用
いる地域もある。

いか	ついていかな い
の	車にのらない
お	おおきな声で 叫ぶ
す	すぐ逃げる
し	しらせる

ない。

　災害時に保育者は，子どもの不安を小さくするために，“食べる・寝る・話す”などを意識しながらかかわり，いつも通りに安心安全な生活を続けることを心がける。かかわるときは，子どもの目線に合わせてかかわる，言葉を子どもの発達レベルに合わせるなどの配慮などが必要である。また，保育者自身や保護者の心のケアも大切である。保護者自身が心労を抱えているときがある。保護者の心労が，ネグレクトや虐待に発展した例もあり，保護者とは意識的にコミュニケーションを取りながら，その兆候を見逃さないようにする。保育者自身も，無理なく自分自身に合った方法でリラックスを心がける。言葉に出して語りあう，意識的に休憩をとる，適度に運動をする等の体制を整えケアをしていく。

　保育者は，災害時には災害対策とともに子どもたちの日常生活を支え，心のケアの中心的役割を果たさなければならない。研修を積み重ね適切な心のケアを実施できるようにしておく必要がある。

　ストレス反応が1か月以上継続する場合は，PTSD（Post Traumatic Stress Disorder：心的外傷後ストレス障害）の可能性もある。ストレス反応が長期に及ぶことで，その後の成長・発達に大きな影響を及ぼすこともあるので，保護者と話し合い，カウンセラーなどの専門家に相談する。

表7-3　非常用持ち出し品リスト

書類	□園児名簿　□緊急連絡網　□引き渡しカード　□関係機関連絡先　□防災マップ　等
食料品	□水　□非常食　□お菓子　等
救急用品	□常備薬　□慢性特定疾患児の薬　□救急薬品　□絆創膏　□ガーゼ　□包帯　□体温計　□湿布　□冷却シート　等
光熱用品	□懐中電灯　□乾電池　□ろうそく　□ライター　等
日用品	□タオル　□バスタオル　□ウエットティッシュ　□ティッシュペーパー　□着替え　□文房具　□トイレットペーパー　□軍手　□ビニール袋・ゴミ袋　□ロープ　□新聞紙　□スプーン　□紙皿　□紙コップ　□ラップ　□ビニールシート　□ライト　□非常用簡易トイレ　□除菌ジェル　等
乳児用品	□紙おむつ　□お尻ふき　□おんぶ紐　□粉ミルク　□哺乳瓶　□ベビーフード　□ミニ絵本　□おもちゃ　等
情報機器	□ラジオ　□携帯電話　□携帯電話用充電器

【参考文献・資料】

厚生労働省「保育所保育指針」2017

厚生労働省「保育所保育指針解説」2018

文部科学省「幼稚園教育要領」2017

日本環境感染学会監修「病院感染防止マニュアル」2001

全日本私立幼稚園連合会「園児を事故・災害から守る 安全対策のてびき (第3版)」
　　2010

文部科学省「学校環境衛生基準」2020改正

文部科学省「学校環境衛生基準管理マニュアル『学校環境衛生基準』の理論と実践［平
　　成30年度改定版］」2018

日本スポーツ振興センター「学校の管理下の災害［平成30年］」2018

全国保育園保健師看護師連絡会 学術委員会「保育現場のための新型コロナウイルス感
　　染症対応ガイドブック 第2版」2020

厚生労働省「保育所等における園外活動時の安全管理に関する留意事項」2019

厚生労働省「保育所における感染症対策ガイドライン (2018年改訂版)」2018

加藤敏子『乳児保育　一人一人を大切に』萌文書林, 2019

倉石哲也監修「もしもの時に…子どもの心のケアのために」日本小児科医会, 2012

厚生労働省「高齢者介護施設における感染対策マニュアル 改訂版」2019

宮城県子ども総合センター「東日本大震災における子どもの心のケアに関する報告書」
　　2016

内閣府, 文部科学省, 厚生労働省「教育・保育施設などにおける事故防止及び事故発生
　　時の対応のためのガイドライン【事故発生時の対応】～施設・事業者向け」2016

文部科学省, 国土交通省「プールの安全標準指針」2007

経済産業省「想定外から子どもを守る保育施設のための防災ハンドブック」2012

田中哲郎『保育における事故防止と危機管理マニュアル』日本小児医事出版社, 2008

田中哲郎『保育における事故防止と安全保育　第2版』日本小児医事出版社, 2019

テルマ・ハームス／デビィ・クレア他, 埋橋玲子訳『新・保育環境評価スケール②〈0・
　　1・2〉』法律文化社, 2018

山中龍宏／寺町東子他『保育現場の「深刻事故」対応ハンドブック』ぎょうせい, 2014

厚生労働省「新型コロナウイルスの消毒・除菌方法について」

　　https://www.mhlw.go.jp/stf/seisakunitsuite/bunya/syoudoku_00001.html

厚生労働省「知ることから始めようみんなのメンタルヘルス」

　　https://www.mhlw.go.jp/kokoro/know/disease_ptsd.html

第8章

子どもの体調不良への対応と救急処置

〈学習のポイント〉 ①子どもの主要な体調不良の状態や症状を理解し，適切な対処法を学ぶ。
②意識障害や早急に処置が必要な病態と対応を学び，救急処置・蘇生法など
を習得する。
③子どもたちの活発な活動の際に発生する怪我や事故などについて知識を深
め，対応を学ぶ。

1．体調不良に対する適切な対応

2017（平成29）年告示の保育所保育指針において，子どもの健康及び安全は以
下のように記されている。保育者は子どもの健康にかかわる知識を持ち，適切な
対応をすることが求められる。

> **第3章　健康及び安全**
> 保育所保育において，子どもの健康及び安全の確保は，子どもの生命の保持
> と健やかな生活の基本であり，一人一人の子どもの健康の保持及び増進並びに
> 安全の確保とともに，保育所全体における健康及び安全の確保に努めることが
> 重要となる。

保育者は園児に生じる体調不良に早期に気づき，ポイントを押さえた対応をと
ることが大切である。いつもそばにいる保護者や保育者が，「いつもと違って変だ」
という子どもの微妙な体調の変化を感知することは，病気の早期発見に大変重要
である。

■1 発熱★

乳幼児の場合，一般に37.5℃以上を発熱と考えてよいが，子どもの状態を観察
することが大切で，平熱よりやや高い程度でも元気がない，食欲がないなどいつ
もと違う様子が見られる場合は，発熱の際の対応と同様の対応をすることが望ま
しい。なお発熱に加えて，発疹や下痢，嘔吐，咳込みがあるなど別の症状が加わ
っている場合は重症である可能性があるので，特に注意をして別室で休ませ，す
みやかに保護者に迎えに来るように連絡をする。
発熱時には以下のポイントを押さえて対応する。

★発熱
第Ⅰ部 子どもの保健／
第6章 子どもの病気と
保育，p.91

【対応のポイント】
①水分補給をする（湯冷ましや麦茶など）。
②熱が上がって暑がるときは薄着にし，涼しくする。氷枕などをあてる。高
　熱の場合，いやがらなければ，首の付け根，わきの下，足の付け根を冷や
　す。手足が冷たいときや寒気があるときは保温する。
③汗をかいたらよく拭き，着替えさせる。

　なお，0〜1歳の乳児は体温調節機能が未熟なため，外気温，室内の高い気温
や湿度，厚着，水分不足などによる影響を受けやすく，体温が簡単に上昇する。
風邪症状がなければ水分補給を十分に行い，涼しい環境で休ませることで解熱し
てくることがある。また0歳児で入園後初めての発熱の場合は，いくら機嫌が良
くても突発性発疹の可能性があり，熱性けいれんを起こす場合があること★，機
嫌が悪く耳をよくさわるときは中耳炎の可能性があることなどを知っていると慌
てずに対応ができる。

★突発性発疹
第Ⅰ部 子どもの保健／
第6章 子どもの病気と
保育，p.107

2 腹痛★

　腹痛は子どもがもっともよく訴える症状であり，注意すべきは緊急処置が必要
な腹痛である。乳幼児では腸重積症，急性虫垂炎等，学童以上では急性虫垂炎
等である。腸重積は乳児の号泣が5〜10分ごとに見られ，血便（苺ゼリー様）が
特徴である。急性虫垂炎は，お腹の上部の痛みが右わき腹に移動してくること，
ジャンプするとお腹に響き痛みが増強することが特徴である。できるだけすみや
かに受診の必要がある。
　慢性の腹痛を子どもが訴える場合がある。幼児では便秘，食物アレルギー，犬
猫の寄生虫症などが考えられ，6歳くらいでは起立性調節障害＊なども考える。
　腹痛における観察のポイントには，痛む場所，痛みの持続性，随伴症状，痛み
の時間帯などがある。それぞれの症状から疑われる主な疾患の例を図8−1に記
す。
　腹痛に対しては以下のポイントを押さえて対応をする。

★腹痛
第Ⅰ部 子どもの保健／
第6章 子どもの病気と
保育，p.99〜102

＊起立性調節障害：起立
時の立ちくらみや頭痛の
ほか，動悸，倦怠感，朝
起床できないなどの症状
を伴う自律神経の機能不
全の一つ。小学生から思
春期の時期に多くみられ
る。

【対応のポイント】
①水分をとらせながら観察し，緊急性のあるものかどうかを見極める。
②痛みが続き判断に迷う場合，痛みがかなり強い場合，水分がとれない場合
　などは，すみやかに保護者に迎えに来るように連絡をして，場合によって
　は病院搬送も考える。

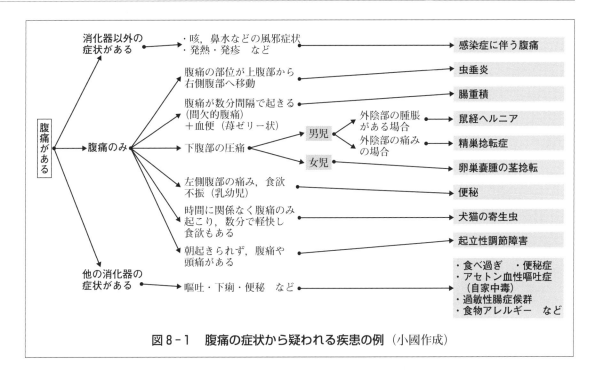

図8-1　腹痛の症状から疑われる疾患の例（小國作成）

❸下痢★

★下痢
第Ⅰ部 子どもの保健／
第6章 子どもの病気と
保育，p.97

　下痢には，軟便，泥状便，水様便などがある。また，便に粘液や血液がついていることもある。幼児の場合は，下痢のときにはおとなが便を観察することが望ましい。下痢の原因には，食べ過ぎや食べたもの（油分の強いものなど）による病的でないものもあるが，食中毒やノロウイルスやロタウイルスなどのウイルス感染症の場合もある。対応のポイントは，脱水症にならないように注意し，また感染力が強い可能性があるため，周りに感染を広げないように注意することである。

【対応のポイント】
①感染予防のための適切な便処理を行う。
②繰り返す下痢・発熱，嘔吐など他の症状を伴うときは，別室で保育する。
③水分補給を十分行う。湯ざまし，麦茶等を少量ずつ頻回に与える。
④食事ができるようなら消化の良い食べ物にする。

　下痢のときの食事は，消化吸収の良い，おかゆ，野菜スープ，煮込みうどん（短く刻む）などを少量ずつ，ゆっくり食べさせる。適切な水分と経口電解質*の補給（医師の指示により使用すること）をする。絶食は推奨されない。
　なお乳幼児の場合，おむつ交換は他児と別の場所で行うようにし，処理者は手

*ナトリウムやカリウム，マグネシウムなどのように水に溶けると陽イオンになり，電気を帯びる物質。血管や細胞，筋肉などの維持に不可欠な働きをする。

袋をする。おむつ交換専用シート（使い捨て）を敷き一回ずつ取り替える。汚れ物はビニール袋に入れて処理する。処理後は手洗いを入念に行う。

　診察を受けるときは，便の一部を持っていくとよい（便のついた紙おむつでもよい）。受診時に伝えることは，便の状態（量，回数，色，におい，血液・粘液の混入など）と，子どもが食べた物やその日のできごと，そして家族やクラスで同症状の者の有無などである。

4 嘔吐★

　嘔吐への対応のポイントは，脱水症にならないようにすること，感染リスクがある可能性を考えて常に対処することである。また，保護者に迎えに来るように連絡をする。

★嘔吐
第Ⅰ部 子どもの保健／
第6章 子どもの病気と
保育，p.99

Column　嘔吐物の処理の方法

　嘔吐物の処理は，以下の手順で行う。

①マスク，エプロン，ゴム手袋を着用する

②次亜塩素酸ナトリウム50〜60倍希釈液を含ませた雑巾，あるいはペーパータオルで吐物を覆ってふき取り，ビニール袋に入れる。

③嘔吐場所に次亜塩素酸ナトリウムを広く散布し消毒する。

④処理に使用したマスク，エプロン，ゴム手袋，雑巾やペーパータオルなどは全てビニール袋に入れ，ビニール袋を二重にして密閉して破棄する。

⑤処理後は手洗いを入念に行い，処理者の服が汚れた場合は着替える。汚染された衣服は，二重のビニール袋に密閉して家庭に持ち帰る。

　嘔吐した児の汚染された服も二重のビニール袋に密閉し家庭に返却する。嘔吐があった部屋は十分に換気を行う。

汚物を覆う形でふき取る

廃棄用のビニール袋に入れ密閉

＊嘔吐物の処理に使用する以下の道具類は，常にバケツにまとめて準備しておく。

○使い捨て手袋　　○使い捨てマスク　　○使い捨てエプロン

○ビニール袋2枚　　○使い捨て雑巾　　○ペーパータオル

○次亜塩素酸ナトリウム50〜60倍希釈液

衣服は，保育者，子どもそれぞれに分けて密閉した二重のビニール袋で持ち帰る。

【対応のポイント】
①他児を別の部屋に移動させる。
②嘔吐した児をすみやかに休める場所（保健室など）に連れていき，うがいができればうがいをさせる。
③30分程度様子を見て，吐き気がなければ少量ずつ水分をとらせる。とらせる水分は，イオン水（電解質を含んだもの）が良いが，最初はさ湯や麦茶などでもよい。
④コラムを参照して嘔吐物を処理する。

　子どもの嘔吐は，食べ過ぎや精神的ストレスでもよく起こる。一方，脳腫瘍や脳髄膜炎などの中枢神経系の重い病気でも嘔吐が生じることを念頭に入れておくことが重要である。そして，もっとも多いのが感染性胃腸炎に伴う嘔吐である。下痢を伴う，嘔吐により水分がとりにくいなどが脱水症を起こしやすくする。その場合，ほんの少しずつ水分摂取を試みる，吐き気止めの薬を投与して水分摂取を促す，などができれば脱水症を最小限に食い止められる。しかし，乳幼児はもっとも脱水症に弱いため，脱水症による死亡リスクが高いことを認識し，水分を十分に摂取できない状況がある場合は，すみやかに受診し輸液を受ける。

5 咳★

　咳には，痰を伴う湿った咳（湿性の咳）と痰を伴わない乾いた咳（乾性の咳）がある。風邪症状の一つのことが多いが，気管支喘息などのアレルギー疾患によるものや鼻炎に伴う咳もある。乳児や幼児で，突然起こる強い咳の場合，豆やビーズなどの異物を吸い込んだ可能性（誤嚥の可能性）も念頭に入れておく。
　咳の対応は，静かな場所で安静にし，そばにおとながいて安心させることが大切で，対応のポイントは以下の通りである。

★咳
第Ⅰ部 子どもの保健／
第6章 子どもの病気と
保育, p.93

【対応のポイント】
①別室に連れていき，安静にして，少量ずつ水分（さ湯やお茶など）を補給する。
②座位または，上半身を高くして寝かせるなど，児が心地よい状況で休ませる。
③痰が絡んだゼーゼーという音を伴う咳の場合，前かがみの姿勢で背中をさする，背中を軽くたたく（タッピング）を行う。
④咳がある場合は，食事は消化の良いものをとらせる。

気管支喘息がある場合は，横に寝かせるより座っているほうが楽である（起坐

呼吸）。また，痰がありゼロゼロと聞こえている場合など，背中をさするあるいはタッピング（背中を軽くたたく）が効果的で，痰が動くと楽になる。

咳込みは一過性のこともあり，注意深く様子を見て，回復するようなら保育に参加させて良いが，咳込みが続いている，ぐったりしている，元気がないなどがあれば，保護者に連絡をして迎えに来てもらう。また，突然の強い咳込で呼吸困難を伴うときなどは，誤嚥の可能性がないかどうかすみやかに確認する。（誤嚥の場合は，119番に通報すると同時に，誤嚥物質を取り除く。（p.170参照）

病院受診をした方が良い呼吸状態を表8－1に示した。

表8-1　病院受診をすべき子どもの呼吸

名称	子 ど も の 状 態
多呼吸	呼吸が速い
肩呼吸	肩を上下させる
陥没呼吸	胸やのどが呼吸のたびに引っ込む
起坐呼吸	息苦しく横になることができない
鼻翼呼吸	小鼻をピクピクさせる呼吸
呼気の延長	吸気に比べて呼気が2倍近く長くなる
喘鳴 （ぜんめい）	呼吸のたびにゼーゼー音がする

6 発疹★

発疹がある場合の対応のポイントは以下の通りである。

【対応のポイント】
①発疹を見つけたら，別室で保育し保護者に連絡をする。
②発熱の有無，発疹の様子などを観察する。
③児の状態が悪化しないように水分をとらせながら，保護者が迎えに来るのを待つ。

発疹には感染性のあるものとないものがあるが，見分けるのが非常に難しいため，別室で保育しながら保護者に連絡して受診してもらう。感染性のあるものの場合でも，条件付きで保育を継続して問題ないものもある。例えば伝染性膿痂疹（とびひ）はプールに入らなければ，通常通りの保育でよい。

発疹の中でも注意が必要なものは，発熱を伴う発疹である。感染性が強い，重症化しやすい等の可能性があり，すみやかに受診する必要がある。

発疹の種類を表8－2に示した。

（発疹の観察の仕方）
・時間とともに増えていないか

★発疹（感染性，非感染性）
第Ⅰ部 子どもの保健／第6章 子どもの病気と保育，p.105

・出始めた場所，広がっていく場所はどこか
・発疹の形は，盛り上がっているのか扁平か，不定形か丸いか，同じ大きさか大
　小さまざまか，発疹同士が癒合しているか
・かゆい，痛い，その他の症状がないか

表8-2　発疹の種類

発疹の種類	状　態
紅色疹	赤い発疹
小疹	小さい発疹
点状疹	小さい点のような発疹
斑	打撲したときの青あざのような，ある程度の面積ある発疹
丘疹（きゅうしん）	盛り上がった発疹
水疱	水を持った発疹，いわゆる水ぶくれ
不定形疹	大きさ形がさまざまな発疹

7 頭痛★

　子どもが頭痛を訴えた際の対応のポイントは，以下のとおりである。

【対応のポイント】
①できれば別室で，水分をとらせながら頭痛に伴う他の症状がないか，頭痛
　が継続しているか等をよく観察する。
②具合が悪いようなら保護者に連絡をして迎えに来てもらう。

　幼児の場合，元気がないときに「どこか痛いの？」と聞くと，「ここ」と言っ
て頭を押さえることが多く，自分から「頭が痛い」と訴えるのは5歳くらいから
である。

　幼児の場合，頭痛の多くは発熱を伴うものであるが，元気がない，食欲がない，
嘔吐がある等がみられる場合は，重病の可能性があり，すみやかに受診する。髄
膜炎，中耳炎などであった場合は，早急に治療しなければ後遺症が残ることがあ
る。また，発熱を伴わない頭痛の場合は，脳腫瘍やてんかんなどの可能性がある
ため，やはり受診することが大切である。

　家族性の片頭痛や心因性の頭痛の場合もあるが，常に別の病気が隠れているこ
とを念頭に，頭痛の性状や頻度を日記につけ，悪化する場合は受診をする。

8 熱中症★

　熱中症は予防がもっとも大切である。熱中症予防には，水分や塩分補給に努め，
無理をしないこと，そして暑さに体を慣らすことである。

★頭痛
第Ⅰ部 子どもの保健／
第6章 子どもの病気と
保育，p.102

★熱中症
第Ⅰ部 子どもの保健／
第6章 子どもの病気と
保育，p.92

熱中症を引き起こす条件は，気温と湿度が高く，風が弱い**環境要因**と，体温調節がうまくいっていない**体の要因**，激しい労働や運動によって体に熱が生じる**行動の要因**がある。私たちのからだは，平常時は体温が上がっても汗や皮膚温度が上昇することで体温が外に逃げる仕組みとなっており，体温調節が自然と行われる。体温の上昇と調節機能のバランスが崩れると，どんどんからだに熱がたまっていく。このような状態が熱中症である。

【対応のポイント】

　熱中症の症状を早期に発見し，以下のような分類に照らし合わせ，その状態に応じた対処法を行うことである。（図8－2　熱中症の応急処置も参照）

重症度Ⅰ度：めまい・筋肉痛・こむら返り・大量の汗

＜対処法＞涼しい場所へ移動・安静・体の表面を冷やす・水分と塩分補給

重症度Ⅱ度：頭痛・吐き気・体がだるい・体に力が入らない・集中力や判断力の低下

＜対処法＞涼しい場所へ移動・体を冷やす・安静・十分な水分と塩分を補給。水分を自力で摂取できない場合や症状に改善が見られない場合は受診が必要。

重症度Ⅲ度：意識障害・けいれん・運動障害

＜対処法＞涼しい場所へ移動させ，体表冷却・体内冷却・呼吸管理。ためらうことなく救急車を要請。入院が必要。

（日本救急医学会　平成30年7月「熱中症予防に関する緊急提言」より）

熱中症を引き起こす条件として「環境」は重要だが，気温だけでは暑さは評価できない。熱中症に関連する，気温，湿度，日射・輻射，風の要素を積極的に取り入れた指標として，**暑さ指数**（WBGT：Wet Bulb Globe Temperature：湿球黒球温度）があり，特に高温環境の指標として労働や運動時の予防措置に用いられている。暑さ指数を用いた指針としては，日本体育協会による「熱中症予防運動指針」，日本生気象学会による「日常生活における熱中症予防指針」があり，暑さ指数に応じて表に示す注意事項が示されている（**表8－3**）。

⑨ 脱水症 ★

脱水症とは，体内の水分が足りなくなった状態を言う。水分を摂るのを控える，嘔吐などで水分がとれないなど，「水分摂取量が減少」した場合と，下痢や大量の汗が出るなど「水分喪失が増加」した場合，もしくはこの両方が同時に起きた場合に脱水症は起こる。

脱水症への対応のポイントは，「水分をとらせること」に尽きるが，あらゆる工夫を試みることが大切である。例えば，少量の水でも嘔吐がある場合は，氷を

★脱水症
第Ⅰ部 子どもの保健／
第6章 子どもの病気と
保育，p.104

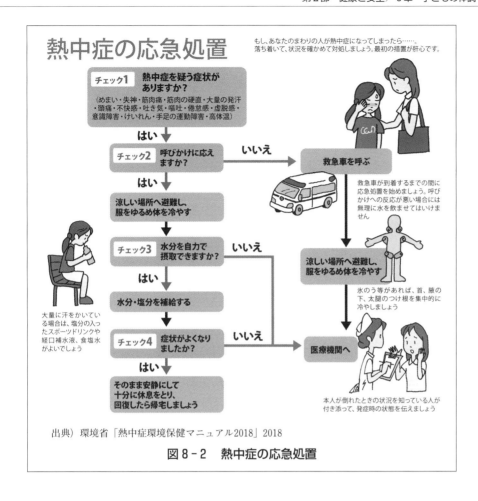

図 8 - 2　熱中症の応急処置

表 8 - 3　日常生活に関する指針

温度基準 WBGT	注意すべき 生活活動の目安	注意事項
危険 31度以上	すべての生活活動でおこ る危険性	高齢者においては安静状態でも発生する危険性が大きい。外出はなるべく避け，涼しい室内に移動する。
厳重警戒 28〜31℃※		外出時は炎天下を避け，室内では室温の上昇に注意する。
警戒 25〜28℃※	中等度以上の生活活動でおこる危険性	運動や激しい作業をする際は定期的に充分に休息を取り入れる。
注意 25℃未満	強い生活活動でおこる危険性	一般に危険性は少ないが激しい運動や重労働時には発生する危険性がある。

※28〜31℃及び25〜28℃については，それぞれ28℃以上31℃未満，25℃以上28℃未満を示す
出典）日本生気象学会「日常生活における熱中症予防指針Ver.3.1」2021

なめさせる，スプーンで少量ずつ口に水分を含ませる等で脱水による死亡リスクを減らすことができる。ただし，意識がない場合は水分摂取をさせてはいけない。誤嚥し窒息することがあるからである。

脱水症には，急性胃腸炎などの嘔吐下痢症にみられる電解質（ナトリウムやカリウムなど）が少なくなる「低調性脱水＝ナトリウム欠乏型脱水」と，熱中症による大量の汗が出る，水分摂取量が少ないことによって生じる「高調性脱水＝水欠乏型脱水」がある。低調性脱水が起きたときは，ぐったりしているが意識が保たれていることが多く，電解質を含む水分摂取をさせるのがよい。

高調性脱水が起きたときは，体温が急激に上昇していて意識がないことが多く，まずは皮膚を冷やして体温を下げ，同時に119番に電話して病院搬送を依頼する。意識がない状態で水分摂取をすると誤嚥の危険性がある。意識があれば，少量ずつ水分摂取をさせる。

特に乳児は，脱水症になると死亡リスクが高い。こまめに水分補給をすることが大切である。

🔟 与薬

保育所保育指針には，「子どもの疾病等の事態に備え，医務室等の環境を整え，救急用の薬品，材料等を適切な管理の下に常備し，全職員が対応できるようにしておくこと。」とされている*。

＊第3章　健康及び安全
1　子どもの健康支援
（3）疾病等への対応

保育所保育指針解説は，与薬に関する留意点として以下を示している。

保育所において子どもに薬（座薬等を含む）を与える場合は，医師の診断及び指示による薬に限定する。その際は，保護者に医師名，薬の種類，服用方法等を具体的に記載した与薬依頼票を持参させることが必須である。

保護者から預かった薬については，他の子どもが誤って服用することのないように施錠のできる場所に保管するなど，管理を徹底しなくてはならない。

また，与薬に当たっては，複数の保育士等で，対象児の確認，重複与薬や与薬量の確認，与薬忘れ等の確認をして誤りがないようにする必要がある。

与薬後には，子どもの観察を十分に行うことも大切である。

（保育所保育指針解説　第3章 健康及び安全　　1　子どもの健康支援（3）疾病等への対応 ⑤与薬に関する留意点を参照）

2. 応急と救急処置

子どもに対する救急処置といってもさまざまであるが，ここでは早急に適切な

処置が必要な病態とその対応について解説する。とくに乳幼児では，急激な発病，症状の突然の変化や異常，また不慮の事故に注意が必要である。これらに対して，医師の診療を受ける前に適切な救急処置を行うことが大切である。

　一般的には，まず意識状態を確認する。意識障害があれば，自発呼吸の有無，脈拍の有無を順次確認する。最重症の場合には心肺蘇生を行うことになる。

1 意識障害

　子どもの意識障害はけいれんと同様に重症疾患を疑わせる症状の一つであり，さまざまな原因によって起こる。

　意識障害の程度は，傾眠（けいみん），嗜眠（しみん），昏迷（こんめい），昏睡（こんすい）などに分けられるが，小児期においては区別が困難である。声をかけても反応がない，痛みなどの刺激を与えても反応しないなどから，意識明瞭，意識混濁（こんだく），意識消失の区別を行い，その経過を把握しておくことが大切である。

　意識障害を認めたら，まず気道確保をはかり，窒息を予防する。体位は右側臥（そくが）位（い）とし，顔面を横向けにし，頭部はやや高くして唾液などの誤嚥を防ぎ，呼吸がしやすいようにする。表情，体温，脈拍，呼吸の状態，チアノーゼの有無，四肢の運動，麻痺の有無など，一般状態を注意深く観察する。必要ならば，ただちに救急車を要請する。

2 救急処置および救急蘇生法

　子どもに対して，早急に適切な処置が必要な病態とその対応について解説する。特に乳幼児では，急激な発病，症状の突然の変化や異常，また不慮の事故に注意が必要である。これらに対して，救急車を呼ぶ，あるいは直接病院に搬送する際に，まず保育者が適切な救急処置を行うことが大切である。

　異変に気づいたときに，最初に意識状態を確認する。意識がない，あるいははっきりしない場合は「意識障害がある」ということで，すみやかに呼吸をしているかどうか，脈拍はあるのかを順次確認する。そして，呼吸や脈拍が確認できなければ，ただちに心肺蘇生を行わなければならない。子どもは特に，心肺蘇生がすみやかに行われているかどうかで，回復した時の状態が大きく異なる。

（1）心肺蘇生法

　心肺蘇生で重要なことは，**気道確保**（Airway），**人工呼吸**（Breathing），**心臓マッサージ**（Circulation）である。以前はそれらの頭文字ABCの順番で蘇生をすることが推奨されていたが，現在はCABの順番が推奨されている。一般社団法人日本蘇生協会による『JRC蘇生ガイドライン2020』の「市民用一時救命処置（BLS）アルゴリズム」（**図8−3**）では，救助者は119番をして通信司令員の指

示を仰ぐ一方で，気道確保や人工呼吸より先に，ただちに胸骨圧迫を始めるとしている。また，深さは胸骨が約5cm沈むように圧迫し（6cmを超えないように），1分間あたり100〜120回のテンポで胸骨圧迫を行う。人工呼吸は，訓練を受けた人が人工呼吸をする意思のある場合に行い，胸骨圧迫30回に対して2回行うとしている。

　小児の心停止の原因としては，呼吸状態悪化や呼吸停止に引き続く心停止（呼吸原性心停止）が成人に比較して多く，乳児や低年齢の小児になるほどその傾向が強いと考えられる。

　いったん心停止してしまうと小児の場合，回復率は高くないが，呼吸停止だけの状態で発見され，心停止に至る前に治療が開始された場合の救命率は70%以上と報告されている。それゆえに救急蘇生協会のガイドラインには，「換気開始が著しく遅れることがないように，蘇生行為の一部としての人工呼吸を適切に行うことの重要性を強調したい。小児の心肺蘇生法では，CAB，ABCどちらのアプローチも支持される根拠がある。救助者が人工呼吸を施行することができない場合は，少なくとも胸骨圧迫だけは行うべきある」と書かれている。

　小児においては，胸骨圧迫は，胸骨の下半分を胸郭前後径（胸の厚さ）の約1/3の深さで，1分間当たり100〜120回のテンポで行う。人工呼吸を開始し，胸骨圧迫と人工呼吸は，救助者が1人の場合は30：2の比で行うが，救助者が複数の場合は15：2の比で行う。人工呼吸は，約1秒かけて胸が上がる程度の換気量で行い，過大な換気量は避けるべきである。特に子どもの場合には，窒息，溺水，気道閉塞，目撃者がいない心停止，長く続く心停止状態では，早期に人工呼吸を開始することが望ましい。

（2）心臓マッサージの仕方

　血圧が下降し，脈拍も触れなくなり，心音が聴き取りにくくなったら，ただちに心臓マッサージを開始する。救急処置として閉胸式心マッサージが行われる。心停止は呼吸停止と同時に見られることが多く，人工呼吸とともに実施する。

　年長児童はあお向けに寝かせ，片方の手掌を子どもの胸骨下部，剣状突起*のやや上方にあて，他方の手掌を重ね，体重をのせるようにして真下に向かって圧迫する（図8-4）。幼児では指先または手掌で胸骨中央部を圧迫する（図8-5）。乳児の場合には，人差し指と中指をそろえて指先で胸骨中央部を圧迫する方法，あるいは両手の親指を胸骨中央部にあて，他の指はそろえて子どもの背部にあて圧迫する方法がある（図8-6）。

（3）AEDの使用法

　心停止と思われる病態として，心室細動*の場合がある。心肺蘇生中に，可能なら自動体外式除細動器（Automated External Defibrillator：AED）を用意する。

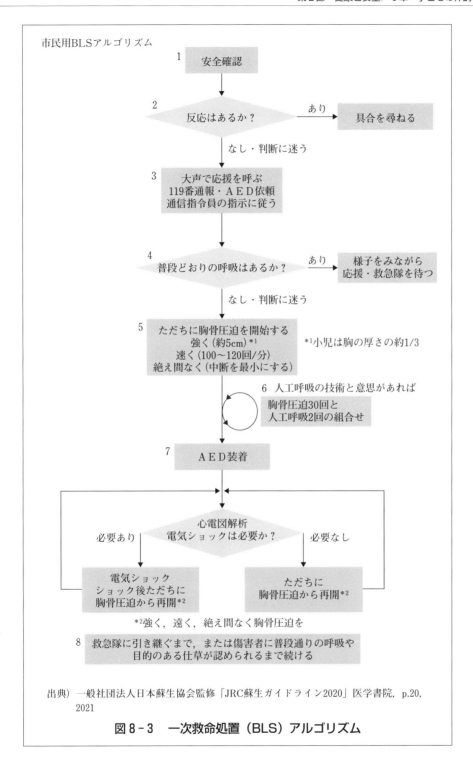

図8-3　一次救命処置（BLS）アルゴリズム

AEDは自動で心室細動を判断して，必要に応じて除細動*を行う医療機器である（**写真8-1**）。AEDの電源を入れ，子どもに電極パッドを貼り付ける（**図8-7**）。AEDの自動解析結果を待ち，音声指示に従って，子どもに誰も触れていないことを確認してから除細動を行う（**図8-8**）。就学児には，成人用の電極パッドが適応される。未就学児（およそ6歳以下）においては小児用パッドが用いられる。

（4）呼吸状態

　子どもの心肺停止（心臓が動いていない，呼吸がない）の多くは，呼吸ができない場合やショック状態があり，心停止となる場合である。脈拍があって呼吸を

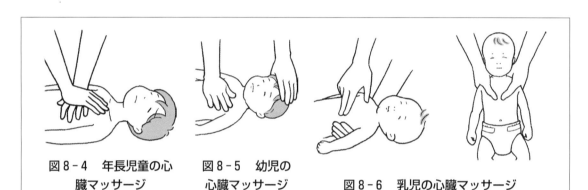

図8-4　年長児童の心臓マッサージ　　図8-5　幼児の心臓マッサージ　　図8-6　乳児の心臓マッサージ

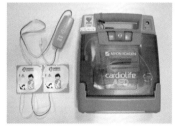

写真8-1　AEDの本体と電極パッド

撮影協力：東京家政大学附属みどりヶ丘幼稚園

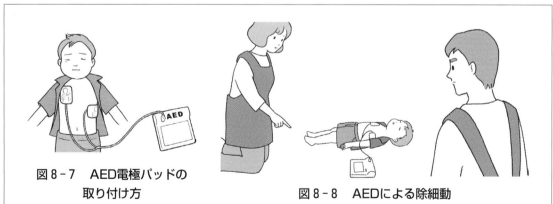

図8-7　AED電極パッドの取り付け方　　　図8-8　AEDによる除細動

していないか不十分な場合は，気道確保をただちに行うことが大切である。救急車が来るまで気道確保の処置をする。

　子どもは頭が大きく，首が短いため，横臥位（あおむけ）になったときに首が前屈しやすく，また乳児は相対的に舌が大きいため，口腔内の多くの容積を占めることとなり，この両方で気道を塞ぎやすい。鼻腔は狭く，特に新生児期は鼻呼吸であるため，分泌物や出血などによって鼻腔が閉塞して，気道を閉塞する。

①気道の確保

　迅速な気道確保の処置が必要である。気道の確保は，救急蘇生の第一歩である。

　気道の分泌物を吸引するとともに，体位を仰臥位（ぎょうがい）とし，下あごを上方に，頭部を後方にそらせるようにして気道をひろげる。吸引には，手動吸引器あるいは電動吸引器を用いることが多い。

　救急車が来るまでの気道確保の処置として，乳児では仰向けに寝かせ，下あごを前に押しだすようにする（図8-9）。幼児では両手で首の後ろを持ちあげ，下あごを前に押しだすようにする（図8-10）。このような体位にしても呼吸ができなければ，人工呼吸を行う。

　なお，気道内異物による窒息の場合には，乳児では頭部を低くして，肩甲骨（けんこう）の間をたたく（背部叩打法（こうだ））（図8-11）。幼児では背部から抱きかかえ，腹部に手を置いて上方に圧迫する（ハイムリック法）（図8-12）。

②人工呼吸

　気道が確保されても，自発呼吸がない場合に行う。

　蘇生用のバッグとマスクがあれば，顔にマスクをあて，バッグを圧したり，放したりして，肺の拡張を補助する。

　蘇生用のバッグがない場合には，口対鼻人工呼吸法あるいは口対口人工呼吸法を行う。口対鼻人工呼吸法では，子どもを仰向けに寝かせ，片方の手を頸部の下方にあて，他方の手で頭部を押さえてそりかえるようにする。頸部の下方にあてた手をあごの下にあてがって，子どもの口を軽く閉じさせ，鼻孔に口をあてて呼気を吹き込む（図8-13）。口対口人工呼吸法では，同じ体位で子どもの鼻をつまんで息がもれないようにし，口から口へ呼気を吹き込む（図8-14）。このような救急処置を行いながら，救急隊の到着を待つ。

🔳 具体的な応急措置

　保育所保育指針には，「一人一人の子どもが健康安全に過ごせるようにしながら，一人一人の子どもの生理的欲求が，十分に満たされるようにする*」とあり，子どもを安全に保育しながら，子どもたちが元気一杯に活動する生来的な欲求を満たすことも求められる。子どもが元気一杯活動するときには，必ず大小さまざ

*第1章　総則　2　養護に関する基本的事項（2）養護に関わるねらい及び内容のア

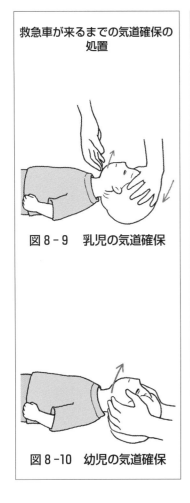

救急車が来るまでの気道確保の処置

図8-9　乳児の気道確保

図8-10　幼児の気道確保

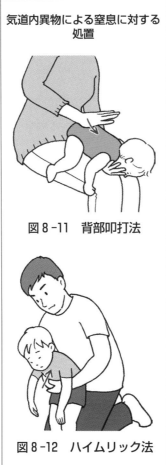

気道内異物による窒息に対する処置

図8-11　背部叩打法

図8-12　ハイムリック法

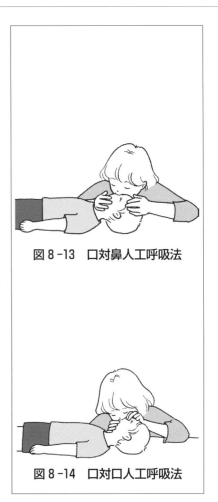

図8-13　口対鼻人工呼吸法

図8-14　口対口人工呼吸法

まな怪我や事故が発生するが，そのときの適切な対応が，その後の子どもたちの怪我の回復を大きく左右する。保育者にとって，適切な応急手当の知識は，その後の子どもの回復にも影響する重要な専門的知識の一つである。

（1）切傷，刺傷，擦過傷

切傷（切り傷），刺傷（刺し傷），擦過傷^{さっかしょう}（すり傷）は，いずれも痛みと多少の出血が見られるが，処置方法が異なるので注意が必要である。

切傷および擦過傷は，生理食塩水あるいは水道水で洗浄する。出血時は消毒ガーゼで圧迫止血し，その後ワセリンを塗布したガーゼで患部をおおう。患部の汚れや異物が洗浄で除去できないときは，ワセリンを塗布したガーゼでおおい，ただちに外科を受診する。出血の多い場合には強めに包帯を巻いて圧迫する。消毒薬は，殺菌成分によって組織に有害な作用を及ぼす可能性があるので使用しない。

刺傷では，傷口が小さくても深い傷の場合は化膿することが多い。傷口から血

を絞り出し，汚れを除いた後，消毒ガーゼをあてる。とげが刺さっている場合には毛抜きまたはピンセットで引き抜く。抜去しても，先端が残っている場合には，化膿する可能性が高くなる。釘やガラスなどで傷が深い場合には，さびや汚れが傷の中に残る。血を絞り出して消毒ガーゼをあてる。化膿や破傷風の危険があるので，ただちに外科を受診する。

　出血が多い場合には，出血部より心臓に近い場所で動脈を圧迫するか，ゴム，三角巾などで強く締めて止血する。傷を圧迫するときは，清潔なガーゼ，ハンカチなどを使用する。

（2）ねんざ，脱臼，骨折

　ねんざは関節部が強い力を受けることで，関節包，腱，靭帯などが伸張あるいは断裂して，疼痛，腫脹，皮下出血などを呈するものである。患部に冷湿布，消炎剤の湿布，氷嚢をあてて冷やす。

　脱臼は関節部が強い力を受けることで，骨頭が関節面から離脱して，関節の変形をきたした状態を呈するものである。関節の屈曲伸展は不能となり，疼痛，皮下出血，腫脹などが認められる。関節部に副木などをあてて包帯固定し，整形外科を受診する。

　骨折では，強い疼痛，変形，軋轢音などが認められる。患部の上下関節にかけて副木などで固定し，ただちに整形外科に搬送する。

（3）頭部打撲

　乳幼児は頭部が大きく，四肢の発達が不十分なので，体のバランスをとりづらい。転ぶとほとんどが頭を打つことになる。

　打撲のあと大声で泣き，泣きやんだあとで顔色や機嫌がよい場合であれば，かすり傷や腫脹があっても，まず経過をみるだけでよい。打撲のあと顔色が悪い，嘔吐する，体動が少ない，名前を呼んでも反応がない，意識障害やけいれんをきたす，耳出血や鼻出血，打撲部位の陥凹，発熱がある場合には，ただちに脳神経外科を受診する。処置としては，頭や躯幹をゆすったりしないで，下あごを前方へ押しあげるようにして気道を確保し，顔を横に向けて静かに寝かせ，打撲部位を氷で冷やす。出血があればガーゼかタオルで圧迫する。

　打撲直後には症状がなくても，2〜3日後に頭痛，吐き気，嘔吐，けいれんなどをきたすことがある。このため，2〜3日は注意深く観察することが重要である。

（4）熱傷（やけど）

　熱傷の程度は，作用した時間，温度，皮膚の範囲に依存する。傷害を受けたときは，局所を早急に冷却することが大切である。衣服の上から熱湯をかぶったときは，衣服を脱がすよりも先に水道水をかける。衣服を無理に脱がせると皮膚が

剥脱することもある。衣服を脱がせるよりも，ハサミで切り開くほうがよい。

第1度の火傷は皮膚に発赤，腫脹，疼痛が見られる程度であり，冷湿布を行い，清潔なガーゼで包んでおけば大多数は完全に治癒するが，熱傷部位が広汎な場合には医師の診察が必要である。水疱の見られる第2度の熱傷では，感染によって瘢痕*を発生させやすくなるので清潔な処置が必要である。水疱を破らないようにして医師の処置を受ける。患部に壊死の見られる第3度の熱傷では，ただちに医療機関を受診する。

（5）異物誤飲あるいは誤嚥など

乳幼児はさまざまなものを口の中に入れることが多いので，誤飲することがよくある。ボタン，硬貨，おはじき，碁石などの円いもの，ヘアピン，安全ピンなども誤飲することがあるが，通常，食道，胃，腸管を通過して便とともに排泄される。しかし，ピン，針，乾電池などは胃壁，腸管壁などを傷害する危険があるので，誤飲した場合は必ずX線診断を受ける。

気管および気管支異物では，頻度として，豆類，とくにピーナッツ，鉛筆のキャップなどが多い。異物が気道内に入ってしまった場合，ただちに呼吸困難，激しいせき，チアノーゼがあらわれる。非常に苦しがって虚脱状態に陥ることがあり，窒息の可能性もある。重篤な嚥下性肺炎**を発生することもある。ただちに専門の医師の診療を受けるべきである。ピーナッツなどは与えないことが望ましい。

子どもが鼻腔に紙や小さな玩具を自分で入れてしまうことがある。このような場合は，まず鼻をかませてみる。あるいは保育者や保護者が鼻に口をあてて吸いだす。ピンセットではさんで取りだすこともある。取りだせないときは無理をせず，耳鼻咽喉科を受診する。

耳に小さな虫が入ることがある。耳かきやピンセットで異物を取ろうとするとよけいに困難となったり，外耳道を傷つけたりすることがある。この場合には，懐中電灯で耳孔を明るく照らすと虫が飛びだしてくることがある。あるいはオリーブ油などを2～3滴外耳道に垂らし，耳を下にしてしばらく待つと出てくることがある。これらの処置をしても効果がない場合には，耳鼻咽喉科を受診する。

（6）薬物・化学物質の誤飲

薬品，洗剤，殺虫剤，灯油などの誤飲事故が多発している。これらの事故の中には死にいたるものがあり，後遺症を残すものもある。適切な救急処置が必要とされる。

誤飲を発見した直後に，吐かせてはいけない種類の薬品があるため，誤飲した薬物の種類を確かめ，ただちに救急病院に対応を問い合わせる。誤飲したものを明らかにすること，誤飲した量を確認することが大切である。嘔吐があった場合

*組織が障害された後，膠原線維や結合組織に置きかわって修復されたものを指す。

**口内の唾液あるいは食物を嚥下したあと，気管，気道に入り，細菌感染が発生した状態を指す。

には，その吐物は有力な手がかりとなるので保存しておく。例外もあるが，誤飲に対しては胃洗浄を行うことが原則である。誤飲後 4 時間を過ぎると効果がないので，発見したらただちに医師の処置を受ける。

（7）鼻出血

鼻粘膜には静脈が豊富なので，軽い刺激によっても出血しやすい。

座位にして，鼻翼（小鼻）の根本を 5 分間つまむ。口を開けてゆっくり呼吸させる。血液が鼻から口腔内に入ってきた場合には，飲み込まないで，必ず吐きださせる。困難な場合にはガーゼなどで拭きとる。これで止血できない場合には，脱脂綿あるいはガーゼを鼻腔に詰めて，10 分程度，再度鼻翼（小鼻）の根元をつまむ。これで止血できないような場合には医療機関を受診する。

（8）けいれん★

幼小児のけいれんは頻度が多く，保育所や施設で遭遇する可能性が高い。熱性けいれんの頻度がもっとも多いが，急性髄膜炎，急性脳炎，頭蓋内出血，てんかん，低血糖などさまざまな原因で起こる。しかし，けいれんが起きたときの初期対応は同じである。

けいれんが起きたときの対応と，やってはいけないことは以下の通りである。

★けいれん
第Ⅰ部 子どもの保健／第 6 章 子どもの病気と保育，p.103

【対応のポイント】
①慌てない。落ち着けと自分に言い聞かせる。
②時間を確認する。けいれんが落ち着くまでの時間を確認するためである。
③衣服を緩め，静かに寝かせ，顔を横に向ける。嘔吐物等が逆流して誤嚥しないためである。
④子どもに寄り添い，けいれんの状態を観察する。手足が突っ張っているか，手足が伸縮して動いているか，左右同じ様か，目は上転あるいは左右に向いているか，けいれんしている時間等は，病院で必ず聞かれる項目である。
⑤ 5 分以上けいれんが持続しそうであれば救急車を要請する。

【やってはいけないこと】
①口の中にタオル，割り箸，スプーン，指や手などを突っ込む。嘔吐物などを誤嚥して窒息する可能性があるので危険である。
②けいれんを止めようと抑え込む，抱きかかえる，揺するなど。けいれんを外からの力で止めようとすると，かえって怪我をすることがあり危険である。

（9）ショック

　ショックは，重症の急性末梢循環不全*で，循環血液量の減少と血圧の低下をきたし，全身性の機能失調に陥ったものである。子どもはわずかな刺激でショック状態になることもあり，症状の変化が激しい。そのおもな症状は，無欲状および無関心，冷汗，皮膚蒼白，四肢冷感，低血圧，脈拍の微弱・頻数である。一般に一次性と二次性に分類される。

　恐怖，驚愕，激しい疼痛など強度の精神的・神経的ストレス，あるいは過敏症などによる反射性の血管拡張により静脈血の還流が減少し，結果的に心拍出量が減少して発生するものを一次性のショックという。一次性のショックは原因が取り除かれると回復し，予後がよい場合が多い。しかし，アレルゲンによるアナフィラキシーショックでは重篤になることもあり，注意を要する★。一方，二次性のショックは，外傷や火傷などにおいて一次性のショックのあと，創面**から体液や血液が喪失して循環血液量が減少する場合，また重篤な感染症あるいは嘔吐，下痢による脱水にともなって起こるショック状態を指す。早急に病院へ搬送することが重要である。

【参考文献・資料】

厚生労働省「保育所保育指針」2017

厚生労働省「保育所保育指針解説」2018

環境省「熱中症予防サイト」https://www.wbgt.env.go.jp

環境省「熱中症環境保健マニュアル」2018

日本生気象学会「日常生活のおける熱中症予防症状Ver 3」2013

一般社団法人日本蘇生協議会監修『JRC蘇生ガイドライン2020』医学書院，2021

香美祥二・二宮恒夫編著『最新育児小児病学 改訂第6版』南江堂，2010

白野幸子『子どもの保健II 演習』医歯薬出版，2011

早川 浩・小林昭夫監修『テキスト 子どもの病気』日本小児医事出版社，2007

巷野悟郎・植松紀子編著『0歳児・1歳児・2歳児のための乳児保育』光生館，2004

St. John Ambulance, St. Andrew's Ambulance Association, British Red Cross, First Aid Manual, 9 th ed., Dorling Kindersley, London, 2009

*末梢循環不全とは，臓器あるいは手足など体の末梢部分の血流が障害された状態のこと。

★アレルギーとアナフィラキシー
第I部 子どもの保健／第5章 子どもの食, p.82
第6章 子どもの病気と保育, p.114
第II部 健康と安全 第10章 保育における保健的対応, p.209

**体表が傷を負った場合，外見上傷を負った面を指す。

第9章

感染症対策

〈学習のポイント〉　①保育所における感染症の集団発生を防ぐための3要素を押さえる。
　　　　　　　　　②感染源対策における法令と出席停止など保育者に必要な知識を身につける。
　　　　　　　　　③消毒薬の使用法など各感染経路に応じた対策のポイントを学ぶ。
　　　　　　　　　④感染症発生時の保育所の対応と登園再開に向けた行動を知る。

1. 感染症の集団発生の予防と対策

　保育所は感染症が最も流行しやすい施設の1つであり，感染症の発生を完全に阻止することはできない。そのため，感染症の流行規模を最小限にすることが子どもの健康と安全管理の目標となる。

　第I部第6章で述べたように★，感染症が成立するためには，感染源，感染経路，感受性宿主の3つの要素が必要となる。つまり感染症の流行を防ぐには，これらの要素に対して対策を行うこととなる。

　①病原体を排出している感染源を断つ

　②感染症が伝播するさまざまな経路に対して対策を行う

　③免疫のない状態（感受性宿主*）の解消のために予防接種の状況を把握する

　上記を基本として，日々の衛生管理を行うが，保護者に対しても，口頭や保健だよりなどを通じて感染症について理解を深めてもらい，感染対策に協力してもらうことが必要である。

★感染症の発生
第I部 子どもの保健／
第6章 子どもの病気と
保育，p.116

*感受性宿主：病原体に
対するワクチンの未接種
者や，感染歴がない人の
こと。

❶感染源対策

　感染症の症状を明らかに呈している子どもの場合は，その子から大量の病原体を排出していることが多いため，保健室などへ連れて行き，保護者が迎えに来るまで他の子どもと接触しないよう隔離し，保育を行う。

　一方，症状が出る数日前の潜伏期間，もしくは症状の出ない不顕性感染や，症状が軽微な子どもや職員も病原体を排出しており，感染源となることを理解しておく必要がある。学校保健安全法や同施行規則，「保育所における感染症対策ガイドライン（2018年改訂版）」にも記載されているように，感染症ごとに出席停止や登園再開の基準が決まっていて，その基準に従い管理を行う（表9－1，9－2）。ノロウイルス感染症や手足口病，ヘルパンギーナなどのエンテロウイルス属感染症では，登園再開後も，数週間，便から病原体を排出しているため，感染源と考えなければならない。

表9−1　感染症の種類と登園再開のめやす①*（保育所も学校と同様な扱い）

*学校保健安全法施行規則により出席停止が決められており，かつ医師からの意見書提出が必要と考えられる感染症

感染症名	周囲が感染しやすい期間※	登園再開のめやす
麻疹 （はしか）	発症1日前から発疹出現後の4日後まで	解熱後3日を経過していること
インフルエンザ ★p.118	症状が有る期間（発症前24時間から発病後3日程度までが最も感染力が強い）	発症した後5日経過し，かつ解熱した後2日経過していること（乳幼児にあっては，3日経過していること）
風疹	発疹出現の7日前から7日後くらい	発疹が消失していること
水痘 （水ぼうそう）	発疹出現1〜2日前から痂皮（かさぶた）形成まで	全ての発疹が痂皮（かさぶた）化していること
流行性耳下腺炎 （おたふく風邪） ★p.119	発症3日前から耳下腺腫脹後4日	耳下腺，顎下腺，舌下腺の腫脹が発現してから5日経過し，かつ全身状態が良好になっていること
結核	—	医師により感染の恐れがないと認められていること
咽頭結膜熱 （プール熱）	発熱，充血等の症状が出現した数日間	発熱，充血等の主な症状が消失した後2日経過していること
流行性角結膜炎	充血，目やに等の症状が出現した数日間	結膜炎の症状が消失していること
百日咳	抗菌薬を服用しない場合，咳出現後3週間を経過するまで	特有の咳が消失していること又は適正な抗菌性物質製剤による5日間の治療が終了していること
腸管出血性大腸菌感染症 （O157，O26，O111等） ★p.98	—	医師により感染のおそれがないと認められていること。（無症状病原体保有者の場合，トイレでの排泄習慣が確立している5歳以上の小児については出席停止の必要はなく，また，5歳未満の子どもについては，2回以上連続で便から菌が検出されなければ登園可能である。）
急性出血性結膜炎	—	医師により感染の恐れがないと認められていること
侵襲性髄膜炎菌感染症 （髄膜炎菌性髄膜炎）	—	医師により感染の恐れがないと認められていること

※感染しやすい期間を明確に提示できない感染症については「−」としている。
★は第Ⅰ部 子どもの保健／第6章 子どもの病気と保育の解説ページを示す。
出典）厚生労働省「保育所における感染症対策ガイドライン（2018年改訂版）」p.80，2018より作成

表9－2　感染症の種類と登園再開のめやす②*

感染症名	周囲が感染しやすい期間※	登園再開のめやす
溶連菌感染症 ★p.107	適切な抗菌薬治療を開始する前と開始後1日間	抗菌薬内服後24～48時間が経過していること
マイコプラズマ肺炎	適切な抗菌薬治療を開始する前と開始後数日間	発熱や激しい咳が治まっていること
手足口病 ★p.106	手足や口腔内に水疱・潰瘍が発症した数日間	発熱や口腔内の水疱・潰瘍の影響がなく，普段の食事がとれること
伝染性紅斑（りんご病） ★p.108	発疹出現前の1週間	全身状態が良いこと
ウイルス性胃腸炎（ノロウイルス，ロタウイルス，アデノウイルス等） ★p.98，103	症状のある間と，症状消失後1週間（量は減少していくが数週間ウイルスを排出しているので注意が必要）	嘔吐，下痢等の症状が治まり，普段の食事がとれること
ヘルパンギーナ	急性期の数日間（便の中に1か月程度ウイルスを排出しているので注意が必要）	発熱や口腔内の水疱・潰瘍の影響がなく，普段の食事がとれること
RSウイルス感染症 ★p.118	呼吸器症状のある間	呼吸器症状が消失し，全身状態が良いこと
帯状疱疹	水疱を形成している間	全ての発疹が痂皮（かさぶた）化していること
突発性発疹 ★p.107	－	解熱し機嫌が良く全身状態が良いこと

*出席停止期間は決められていないが，登園再開のめやすが決められており，医師の診断を受け登園届が必要となる可能性がある感染症

※感染しやすい期間を明確に提示できない感染症については「－」としている。
★は第Ⅰ部 子どもの保健／第6章 子どもの病気と保育の解説ページを示す。
出典）厚生労働省「保育所における感染症対策ガイドライン（2018年改訂版）」p.82，2018より作成

　また病原体に汚染された食物も感染源となる。そのため嘔吐や下痢の症状，もしくは皮膚に化膿創などを呈する職員が，食物を直接取り扱うことを禁止する。ノロウイルスや腸管出血性大腸菌による不顕性感染では，感染者が気づかないまま病原体を排出している場合があり，汚染食材が子どもたちに提供されると，集団食中毒を発生する可能性がある。調理従事者は，普段から手指衛生管理をしっかり行うこと，月1回以上の便検査（腸管出血性大腸菌，サルモネラ菌，赤痢菌，ノロウイルス〈10月～3月〉）が義務づけられている。

② 感染経路に対する対策

（1）飛沫感染と接触感染への対策

　保育所で流行が見られる感染症のほとんどは，飛沫感染や接触感染によって感染が拡大している。なかでも最も多いのが風邪症候群，RSウイルス感染症，インフルエンザなどの呼吸器系感染症であり，主に飛沫感染によって感染拡大するが，接触感染による場合もある。

　くしゃみ，咳，会話などによって，感染者から病原体を含むさまざまな大きさの水滴（飛沫）が排出され，これを近くにいる人が吸い込むことで感染する。飛沫が飛び散る範囲は2mぐらいとされるが，軽いものは空気の流れに乗って離れた人にも感染する可能性がある。

> 【飛沫感染対策のポイント】
> ・定期的に窓を空けて換気をよくする。
> ・感染者から2m以上離れる。
> ・マスクができる年齢であれば，感染者はマスクを装着するなど咳エチケットを実施する。
> ・感染症流行時は，全員マスクをする*。

　接触感染は，握手，抱っこ，キスなど感染者と直接接触することで伝播する場合と，感染者が触れたドアノブ，手すり，遊具などに触れることで伝播する場合がある。病原体はある一定の時間，ドアノブ，遊具など環境の中でも生存するため，病原体が付着した遊具やドアノブを触れた手で，口，鼻，目などを触ると，各粘膜から病原体が体内に侵入して感染が成立してしまう。

　飛沫感染する多くの感染症は，接触感染も起こす。呼吸器感染症以外ではノロウイルス，ロタウイルスなどによる消化管感染症も接触感染を起こしている。さらに保育所では，カンジダや白癬菌による皮膚真菌症，伝染性軟属腫（水いぼ），黄色ブドウ球菌による伝染性膿痂疹（とびひ）などの皮膚感染症や頭シラミは，接触感染によって伝播する。

> 【接触感染対策のポイント】
> ・手洗いなどで手指を清潔に保つ。
> ・子どもの年齢に応じて手洗いの介助をする。
> ・適切な手洗いの方法を指導する★。
> ・ドアノブや玩具を含む施設内外の衛生管理を徹底する。

　手洗いは最も効果のある感染対策であり，忙しさなどを理由に不十分に行うことは絶対に避けなければならない。

*乳幼児のマスク着用について，厚生労働省は以下の注意を喚起している。「特に2歳未満では，息苦しさや体調不良を訴えることや，自分で外すことが困難であることから，窒息や熱中症のリスクが高まるため，着用は推奨されません。2歳以上の場合であっても，登園している子どもが保護者の希望などからマスクを着用している場合は，マスク着用によって息苦しさを感じていないかどうかについて，十分に注意していただき，持続的なマスクの着用が難しい場合は，無理して着用させず，外すようにしてください。」「保育所等における新型コロナウイルスへの対応にかかるQ＆Aについて」2021

★手洗いの方法
第7章 子どもの生活と保健，p.138

　施設内外の衛生管理も，接触感染経路を断つ上で重要である。主に使われる消毒薬に石鹸，アルコールと塩素系消毒薬（次亜塩素酸ナトリウム）がある。消毒薬の種類と用途を**表9－3**に示す。

　手指を清潔に保つには流水と石鹸，アルコールを使用する。次亜塩素酸ナトリウムは，手荒れがひどくなるため使用しない。なお次亜塩素酸ナトリウムは全ての微生物に対して有効であるが，アルコールはノロウイルス，ロタウイルスに対する効果が弱いため，使用しない。

表9－3　消毒薬の種類と用途

薬品名	塩素系消毒薬 （次亜塩素酸ナトリウム等）	第4級アンモニウム塩 （塩化ベンザルコニウム等） ※逆性石けん又は陽イオン界面活性剤ともいう。	消毒用アルコール （消毒用エタノール等）
消毒をする場所・もの	・調理及び食事に関する用具（調理器具，歯ブラシ，哺乳瓶等） ・室内環境（トイレの便座，ドアノブ等） ・衣類，シーツ類，遊具等	・手指 ・室内環境，家具等（浴槽，沐浴槽，トイレのドアノブ等） ・用具類（足浴バケツ等）	・手指 ・遊具 ・室内環境，家具等（便座，トイレのドアノブ等）
消毒の濃度	・0.02％（200ppm）〜0.1％（1,000ppm）液での拭き取りや浸け置き	・0.1％（1,000ppm）液での拭き取り ・食器の漬け置き：0.02％（200ppm）液	・原液（製品濃度70〜80％の場合）
留意点	・酸性物質（トイレ用洗剤等）と混合すると有毒な塩素ガスが発生するので注意する。 ・金属腐食性が強く，錆びが発生しやすいので，金属には使えない。 ・汚れ（有機物）で消毒効果が低下する。このため，嘔吐物等を十分拭き取った後に消毒する。また，哺乳瓶は十分な洗浄後に消毒を行う。 ・脱色（漂白）作用がある。	・経口毒性が高いので誤飲に注意する。 ・一般の石けんと同時に使うと効果がなくなる。	・刺激性があるので，傷や手荒れがある手指には用いない。 ・引火性に注意する。 ・ゴム製品，合成樹脂等は，変質するので長時間浸さない。 ・手洗い後，アルコールを含ませた脱脂綿やウエットティッシュで拭き自然乾燥させる。
有効な病原体	全ての微生物（ノロウイルス，ロタウイルス等）	一般細菌（MRSA等），真菌	一般細菌（MRSA等），結核菌，真菌，ウイルス（HIVを含む）等
消毒薬が効にくい病原体		結核菌，大部分のウイルス等	ノロウイルス，ロタウイルス等
その他	・直射日光の当たらない涼しいところに保管する。	・希釈液は毎日作りかえる。	

※通常の衛生管理における消毒については，消毒をする場所等に応じ，医薬品・医薬部外品として販売されている製品を用法・用量に従って使い分ける。ただし，糞便や嘔吐物，血液を拭き取る場合等については，消毒用エタノール等を用いて消毒を行うことは適当でなく，次亜塩素酸ナトリウムを用いる。
出典）厚生労働省「保育所における感染症対策ガイドライン（2018年改訂版）」p.68，2018

表9－4　遊具等の消毒

	普段の取扱いのめやす	消毒方法
ぬいぐるみ 布類	・定期的に洗濯する。 ・陽に干す（週1回程度）。 ・汚れたら随時洗濯する。	・糞便や嘔吐物で汚れたら，汚れを落とし，0.02％（200ppm）の次亜塩素酸ナトリウム液に十分浸し，水洗いする。 ・色物や柄物には消毒用エタノールを使用する。 ※汚れがひどい場合には処分する。
洗えるもの	・定期的に流水で洗い，陽に干す。 ・乳児がなめるものは毎日洗う。 乳児クラス：週1回程度 幼児クラス：3か月に1回程度	・糞便や嘔吐物で汚れたものは，洗浄後に0.02～0.1％（200～1000ppm）の次亜塩素酸ナトリウム液に浸し，陽に干す。 ・色物や柄物には消毒用エタノールを使用する。
洗えないもの	・定期的に湯拭き又は陽に干す。 ・乳児がなめるものは毎日拭く。 乳児クラス：週1回程度 幼児クラス：3か月に1回程度	・糞便や嘔吐物で汚れたら，汚れをよく拭き取り，0.05～0.1％（500～1000ppm）の次亜塩素酸ナトリウム液で拭き取り，陽に干す。
砂場	・砂場に猫等が入らないようにする。 ・動物の糞便・尿は速やかに除去する。 ・砂場で遊んだ後はしっかりと手洗いする。	・掘り起こして砂全体を陽に干す。

出典）厚生労働省「保育所における感染症対策ガイドライン（2018年改訂版）」p.69, 2018

　ノロウイルスが流行する10月から3月にかけては，不特定多数の人間が触るドアノブ，手すり，電気のスイッチ，汚染されやすいトイレの便座などは1日複数回，次亜塩素酸ナトリウムで消毒することが必要である。

　遊具や日用品，砂場などの消毒のめやすと方法を**表9−4**にまとめている。

（2）経口感染への対策

　病原体を含む食物や水分を摂取することで，病原体が消化管に到達し，感染症が成立する。食事の提供や食品の取り扱いに関する厚生労働省や自治体からの通知，「保育所における感染症対策ガイドライン」などを踏まえて衛生管理を行うことが基本となる。

【経口感染対策のポイント】

・食材を衛生的に取り扱うこと。

・適切な温度管理を行うこと。

・生肉，生魚，生卵などにはノロウイルス，サルモネラ菌，腸管出血性大腸菌，カンピロバクター菌が付着している可能性があり，十分な加熱が必要であること。

・生肉などを取り扱った調理器具で，他の食材を調理しないようにすること。

・調理器具の洗浄および消毒も適切に行うこと。

　上記のポイントは家庭でも同じように実践してもらうことが重要である。感染源対策でも述べたが，調理従事者がノロウイルスや腸管出血性大腸菌に不顕性感染をしていて，病原体を排出していることに気づかない場合がある。そのような状況で手指衛生が不十分だと，食物が汚染され，集団食中毒が起こってしまう。月1回以上の便の検査を行っていても，検査直後に感染する場合もある。調理従事者は普段から「感染が起こりうる」と肝に銘じて手指衛生を徹底する。

（3）空気感染への対策

　空気感染をする感染症には，結核，麻疹（はしか），水痘がある。麻疹，水痘は飛沫感染や接触感染によっても伝播する。

　空気感染する感染症の対策は，発症者の隔離と部屋の換気である。結核は，排菌している感染者とかなりの長時間，同じ部屋にいないと（同居していないと）感染しないが，麻疹，水痘はともに感染力がとても強く，同じ部屋に短時間いただけでも感染する可能性が高いと考えられている。通常の対策で感染を予防することは極めて困難なためワクチン接種が極めて有効な予防手段となる★。いずれの感染症もワクチンの定期接種が行われており，小児科医であっても見ることがないくらい乳幼児での発生は少なくなっている。

★ワクチン
第Ⅰ部子どもの保健／第6章 子どもの病気と保育，p.120

（4）血液・体液感染への対策

　血液や体液を介する感染症には，B型肝炎，C型肝炎，後天性免疫不全症（エイズ）がある。乳幼児の場合，ほとんどが母子感染であるが，近年は治療薬の進歩と帝王切開による分娩，人工栄養等によって母子感染は激減している。

　保育所では，血液中に感染性病原体を有する子どもは滅多にいないと思われるが，便や尿と同様に，血液も感染源となりうると考え，子どもが怪我で出血した際の処置では，使い捨ての手袋で防護してもらいたい。特に，保育者自身の手指に傷がある時は，必ず手袋をして対応する必要がある。

　子どもが怪我をして出血した場合は，流水で病原菌を流したあと，絆創膏でおおうなどの処置をして，他の子どもと直接接触しないようにする。

（5）感受性宿主への対策

　先述のとおり，ある感染症に対して免疫がない状態の人を感受性宿主という。集団生活をする保育所では，容易に感染症が流行してしまうため，予防接種によって感受性宿主を減らすことが最大の感染予防策となる。予防接種の項でも説明したが★，乳幼児期は非常に多くのワクチンを接種しなければならない。全てのワクチンをできるだけ早く，円滑に接種するために接種の推奨時期が決められており，それに基づいて自治体から各家庭に接種の連絡がされる。

★予防接種
第Ⅰ部 子どもの保健／
第6章 子どもの病気と
保育, p.120

　乳幼児期は，感染症にかかる頻度が高く，集団生活をする子どもたちは，なおのこと頻度が上がりやすい。そのため体調不良により，予防接種が予定通り進められないこともある。保育所へ入所する前に，受けられる予防接種は済ませておくよう各家庭に連絡するのも保育の側の務めである。登園開始後は，ワクチンの種類，接種日（複数回接種のものは全て）などを記入する予防接種チェック表を使って，子どもたちの接種状況を把握して，接種できていない定期予防接種があれば，小児科医と相談するよう保護者に伝える。

　チェック表をファイルしておくと，感染症が発生した場合に，誰がその感染症の感受性宿主であるかを容易に把握でき，対策を立てやすくなる。新型コロナウイルスに対するワクチンのチェック表なども，今後はインフルエンザ同様に必要となる可能性もある。

　職員も感染源となる場合もあるため，入職時には健康状態の確認に加え，予防接種歴，感染症罹患歴を確認する。母子健康手帳が残っておらず，記憶も曖昧な場合は，感染症の抗体検査を行い，免疫の有無を確認する。免疫がないと判断された場合は，園側からワクチン接種を行うよう指導する。インフルエンザワクチンは発症を完全に予防できるものではないが，重症化を予防できる。そのため職員全員が，毎年接種を行うようにする。

2. 感染症発生時と罹患後の対応

　子どもや職員が感染症に罹患していることが判明した場合には，以下の対応を行う。

> 【感染症発生時の対応】
> ・嘱託医と相談し，感染症法*や自治体の条例などが定める感染症の種類に応じて，市町村，保健所などへ速やかに報告する。
> ・二次感染予防について保健所に協力を依頼する。
> ・施設長の責任のもとに，子どもたちと職員における感染症の発生状況を記録する。
> ・嘱託医，看護師の指導のもと，発生状況，症状，予防方法などについて保護者へ情報提供を行う。
> ・感染拡大を防止するため，飛沫感染対策（マスク，咳エチケット），接触感染対策（手洗いや施設内の消毒）を徹底する。
> ・食中毒が発生した場合は保健所の指示に従って対応する。

*正式名は「感染症の予防及び感染症の患者に対する医療に関する法律」

　予防接種で予防可能な感染症が発生した場合は，子どもや職員の予防接種歴，罹患歴を確認して，免疫のない子ども（感受性宿主）を把握する。嘱託医の指示のもと，免疫のない子どもの保護者に適切な予防方法を伝え，また予防接種を受ける時期について，かかりつけ医と相談するよう促す。

　免疫のない子どもが，麻疹や水痘の感染者と接触した場合，72時間以内に予防接種を受けることで，発症を予防できる場合があるので，かかりつけ医と相談するよう伝えることも重要である。また免疫のない子どもの場合は，保健所の指示で，登園をしばらく控えるよう依頼することもある。

　前節の表9−1，9−2に記載した出席停止基準（登園再開のめやす）を参考に，あらかじめ罹患した子どもが登園を再開する目安を確認しておく必要がある。診察にあたった医師が，子どもの病状が回復し，集団生活に支障がないかどうかを判断する。その際，感染症の種類によって，医師が記入する意見書と保護者が記入する登園届けが，保護者から保育所に提出されるが，施設によっては提出を求めないこともある。

Column　新型コロナウイルス感染症

　2019（令和元）年，中国湖北省の武漢市をはじめとして感染が拡大したした新型コロナウイルス感染症は，翌2020年３月にWHOがパンデミック（世界的大流行）を宣言する事態となり，いまだ多くの地域では流行が続いている。新興感染症の感染源は，一般に感染病原体を保有する動物であるが，今回の感染源はいまだ明確になっていない。また感染経路は飛沫感染が主体だが，接触感染やエアロゾルによる空気感染もあり，マスクなどでの咳エチケット，手洗い，換気，環境消毒が基本的な対策となる。

　平均５日前後の潜伏期間を経て発熱，咽頭痛，倦怠感，咳，鼻汁などの症状を呈し，80％の人は１週間前後で改善するが，高齢者や基礎疾患がある場合は，１週間以降呼吸器症状が悪化して多くの人が肺炎で亡くなっている。また感染しても発病しない不顕性感染も多いと考えられており，そのような人も感染源となる。発病した人の多くが長期間，各種後遺症に悩まされている。インフルエンザのような他の呼吸器系感染症と異なり，子どもの感染者は少なく，かつ，子どもでは軽症や無症状が多いのが特徴である。

　新型コロナウイルス感染症の診断は，鼻腔ぬぐい液などによるPCR検査や抗原検査があり，PCR検査はより感度が高くなる。1990年代から研究が進められてきた，発症の予防，重症化の予防効果のあるmRNAワクチンの実用化が2020年末に間に合い，多くの命が救われている。治療薬の治験も進んでおり，今後は，季節性インフルエンザと同じ扱いの感染症になっていくと思われる。

　（2021年10月，東京家政大学子ども学部　高見澤勝）

第10章 保育における保健的対応

〈学習のポイント〉　①保育現場で実際に行う養護技術（排泄，衣服着脱の自立支援や沐浴）を理解し，実践できる。
　②歯みがき指導など，清潔習慣を身につけさせる方法について学ぶ。
　③子どもの移動手段である「おんぶ」「抱っこ」の方法，ベビーカーなどの利用法を学ぶ。
　④育児用品の種類と使用法を学ぶ。

1. 保健的対応の基本的な考え方

■ 保育所・幼稚園における健康管理の意義・目的

（1）子どもの心身の健康と生活習慣

　"健康"の定義については，第Ⅰ部第1章でみたとおり，WHO（世界保健機関）憲章にその定義が述べられている

　Health is a state of complete physical, mental and social well-being and not merely the absence of disease or infirmity.

　社団法人日本WHO協会の訳を再掲する。

> 　健康とは，病気でないとか，弱っていないということではなく，肉体的にも，精神的にも，そして社会的にも，すべてが満たされた状態にあることをいいます。

　この定義は，子どもにおいても適用される。たんに病気がある，ないというだけでなく，その子ども自身が，心身ともに満たされた状態にあること，社会的にも不利な状況になく，その発育・発達が保障され，幸福に生活してこそ健康といえる。

　また，心身の健康づくりの基礎として，生活リズムを整えることは基本的なことである。適切な運動，調和のとれた食事，十分な休養・睡眠が，健やかな成長には重要であり，家庭と連携を取りながら，睡眠，食事，運動（＝遊び）などの生活リズムがバランスよく整えられるよう配慮していくことが大切である。

（2）子どもの健康状態の把握

　乳幼児期は，感染症にかかりやすく，重症化しやすいという特徴がある。定期的に実施する健康診断だけでなく，毎日の保育中における子どもの健康状態の観察と，家庭での子どもの様子について登降園時に保護者から聞くことで，日々の健康状態を総合的に把握することが重要である。また，一人ひとりの健康状態を

把握することで，集団での感染拡大を防ぐことができ，早期の疾病予防対策を立てることを可能にし，不適切な養育や，障害，慢性疾患の早期発見につなぐこともできる。

子どもが入園する前には，母子健康手帳や保護者からの聞き取りなどから，出生時の状況，成育歴，感染症歴などに関する情報を得るとよい。

日々の保育の中で，子どもの心身の状態をきめ細かに観察し，平常と異なった微妙な体調の変化について敏感に感知し，病気の子どもを速やかに見分けられるよう，日ごろから，一人ひとりの子どもの状態を把握することが必要である。

（3）健康状態の観察方法

健康状態を把握するうえで，最も重要なことは，全身の状態をよく観察することである★。

その他，鼻汁や咳，目やに，喘鳴，嘔吐，下痢，腹痛，便秘，けいれん，発疹，頭痛などの症状があるかどうか，全身の観察をすることが大切である。詳細は，厚生労働省が出している「保育所における感染症対策ガイドライン」別添3「子どもの病気〜症状に合わせた対応〜」を参考にすると良い★。

また，健康観察の際に配慮すべき事項として，虐待の早期発見があげられる★。

（4）子どもの健康管理に関する保護者・医療機関との連携

保育中に体調不良等が発生した場合は，まず，心身の状態に応じて，保護者に連絡するとともに，嘱託医やかかりつけ医に相談するなどの迅速な対応が必要である。特に，高熱や脱水症状，呼吸困難，けいれんといった子どもの症状が急変した場合，または事故など救急対応が必要な場合には，嘱託医やかかりつけ医または医療機関に指示を求めたり，速やかに受診をする。日ごろから，相談のできる小児科医や医療機関と連携をとっておくとよい。必要な場合には，救急車を要請する場合もある。保育者は，病気や怪我などの対応について，正しく理解し，迅速に対応できるよう，日ごろから心肺蘇生や怪我の応急手当など学んでおくと良い。

② 身体発育と保育

乳幼児期は，心身の発育・発達が著しく，基礎が形成される時期である。しかし，一人ひとりの子どもの個人差は大きいため，発達の過程や生活環境など，子どもの発達を全体的にとらえ，把握しておく必要がある。発育や発達は，出生後から連続しているため，定期的に継続して，または必要に応じて随時，成長過程を把握していくことが重要となる★。

★子どもの観察ポイント
第Ⅰ部 子どもの保健／
第1章 子どもと保健，
p.7

★資料編，p.248

★虐待の発見と対応
第Ⅰ部 子どもの保健／
第2章 親と子どもの保健，p.29

★子どもの発達・成長
第Ⅰ部 子どもの保健／
第3章 子どもの成長と発達，p.38〜

2. 3歳未満児への対応

1 排泄
はいせつ

（1）排泄行動の発達

　排泄には，体内で不要な老廃物や有害物を尿や便により体外に排出する役割がある。また，排尿や排便の回数，色，匂い，形状などで，健康状態を把握することができる。

　乳児期および幼児期前半では，大脳の働きが未発達であるため尿意を感じず，膀胱に尿がたまると反射的に排尿される（**図10-1**）。

　ひとり歩きや言葉を話しはじめる1歳半から2歳ごろには，大脳皮質の排尿抑制中枢が発達し，尿意を感じたり我慢したりすることができるようになり，動作やしぐさで示したり，言葉で知らせるようになる。1歳後半ごろからは排泄間隔も2時間程度となり，トイレやおまるに座らせると，タイミングが合えば排泄できるようになる。トイレトレーニング（おむつはずれ）の開始時期は2歳ごろからとされているが，個人差があるため，具体的には**表10-1**を参考にするとよい。

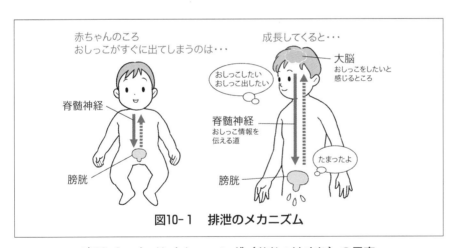

図10-1　排泄のメカニズム

表10-1　トイレトレーニング（おむつはずれ）の目安

1）尿意を伝えられる。
2）トイレに関心をもっている。
3）親のまねをするようになった。
4）ものを決まった場所に置くことができる。
5）ひとりで上手に歩いたり，お座りしたりできる。
6）自分でパンツやズボンをおろせる。
7）子どもの意志で「No！」といえる。

出典）米国小児科学会より

2歳後半ごろには，昼間の時間はおむつをはずせる子どもが増え，3歳ごろには，パンツを取れば1人で用を足し，おとなの援助があれば紙を使い，水で流せるなどの排泄の後始末ができるようになる。およそ4〜5歳までには，夜間のおむつがはずせるようになり，排泄の後始末や排泄後に手を洗うなど，ひと通りのマナーを身につけることができるようになる（排泄習慣が自立する）。

（2）排泄機能の発達

　新生児や乳児は皮膚が薄く，肌を守る防御機能や免疫能力が低いため，尿や便が長く肌に触れたりムレたりすると，おむつかぶれを生じやすい。おむつ交換を頻繁に行い，皮膚を清潔に保つことが必要である。

　1日のおむつ交換の回数は，子どもの排尿，排便の回数と比例する。**表10-2**に，膀胱にためられる尿量と1日の排尿，排便の回数を，月齢別に示した。個人差はあるものの，新生児の頃は1回の尿量は5〜20ccとほんの少量で，1日の排尿回数が15〜20回と多い。月齢が高くなるにつれて膀胱も成長し，尿量が増え，1日の排尿回数が減っていく。また，尿量は汗との相関関係が強く，夏など汗を多くかいた日には尿量が減る。

（3）おむつ交換の方法

　おむつの種類には，紙おむつと布おむつがある。現在は9割以上の家庭で紙おむつが使用されている。紙おむつは，簡便性，清潔，乾燥という点で優れており，外出時や夜間などには便利である。布おむつは天然素材である綿100％を使用することで，乳児の敏感な肌に適している。外出時や夜間には紙おむつを使用し，昼間は布おむつを使用するなど，使い分けをする人もいる。

表10-2　排泄機能の発達

月　齢		排尿機能の発達		排便機能の発達	
		膀胱にためられる尿の量	1日の尿の回数	1日の便の回数	便の状態
新生児期	0〜1か月	5〜20cc	15〜20回	2〜10回	水っぽい
乳児期	1〜3か月	10〜80cc			泥状・軟便
	3〜6か月				
	6〜12か月	50〜180cc	10〜16回		形ができはじめる
幼児期	1〜2歳	80〜200cc	7〜12回	1〜3回	形ができる かたくなる
	2〜4歳	100〜250cc	5〜8回	1〜2回	

①紙おむつ

a 紙おむつの構造（図10-2）

　紙おむつには表面材，吸収材，防水材が使用されている。肌に直接触れる表面材は，吸水性，吸汗性が高く，逆戻りしない構造でつくられていて，常に表面がサラサラとしている。吸収材は，吸水紙と綿状パルプに包まれた高分子吸水材（高分子ポリマー）からできており，紙おむつの内部で尿を吸収し，ジェル状に固める力をもっている。防水材には肉眼では見えないミクロの穴があいているため，ムレない構造になっている。

b 紙おむつの種類

　紙おむつには，**表10-3**に示したようにさまざまな種類やサイズがある。選び方のポイントは，子どもの体重，便の形状，運動機能の発達，使用用途に合ったものを選ぶようにする。

②布おむつ

a 布おむつの形

　吸収がよく，素材の柔らかいもので，天然素材の綿100％のものを選ぶとよい。販売されているものは輪状になったものが多く，長さ70〜80cm，幅34cmの長方形のものが一般的である。布おむつの場合は，おむつカバーを併用する。

b 布おむつのセットの仕方

　布おむつのたたみ方は**図10-3**を参考に，男児の場合には前側を折り返して厚くし，女児の場合は，後ろ側を折り返して厚くしてたたむ。

　布おむつは，おむつカバーから布おむつがはみ出さないように，上部をおむつカバーより少し下げてセットする。

③おむつ交換の方法

a 使用物品をそろえる

　清潔なおむつ，汚れたおむつ入れ，使用後のタオル入れ，清拭用のお湯とタオル（ガーゼ）または使い捨てお尻拭き，ティッシュペーパーなど。

b おむつ交換の方法

　図10-3の手順で，おむつ交換を行う。

（4）排泄の自立の援助

　保育者による援助や工夫，心がけな

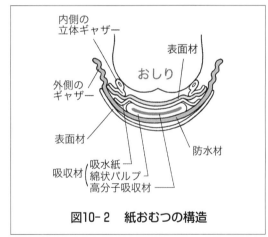

図10-2　紙おむつの構造

表10-3　紙おむつの種類

分　類	タイプ
形　状	テープタイプ，パンツタイプ
サイズ	新生児用，Ｓサイズ，ハイハイ用，Ｍサイズ，Ｌサイズ，ビッグサイズ，ビッグサイズより大きいサイズ
目　的	日常の排尿・排便用，トイレトレーニング（おむつはずれ）用，おねしょ用，水遊び用など

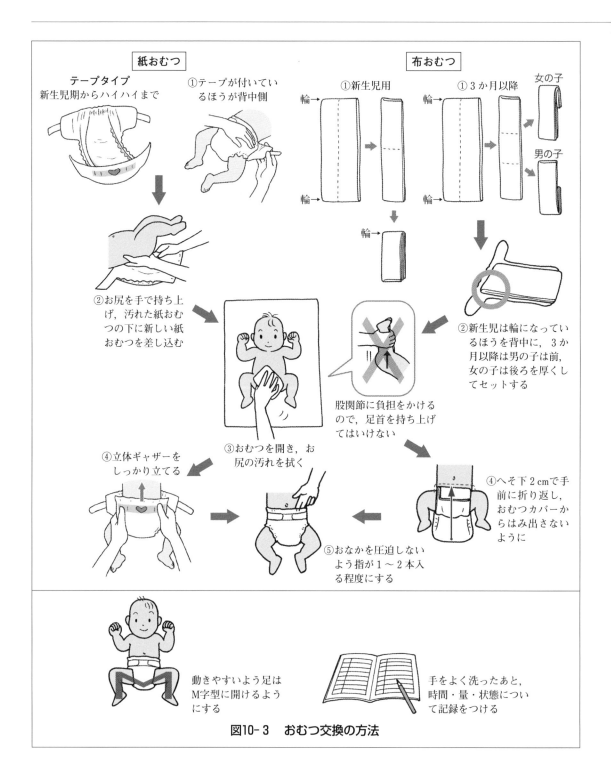

図10-3　おむつ交換の方法

どが，排泄の自立の支えとなる。

　おむつ交換を嫌がる場合，おむつ交換をする前に，歌など
を歌いながら足の曲げ伸ばし運動などを取り入れて，楽しみ
ながらおむつ交換を行う（**図10- 4**）。

　1歳を過ぎると，おしっこが出る感覚がわかりはじめ，足
を交差させたり，走り回ったりなど排尿のサインを見せるよ
うになる（**図10- 5**）。サインを出したときには「おしっこ出
る？」などと言葉をかけ，おまるやトイレに誘うようにする。

　排尿間隔が安定し，おまるに座らせると用が足せるように
なったり，自分から事前に知らせることができるようになる
と，いよいよトイレでの排泄へと進む。普段の保育の中でも，
トイレに興味がもてるようにトイレの絵本や絵カードを見せ
たり，便器や壁面，窓などにかわいい動物の絵やシールを貼
って明るく楽しい雰囲気づくりをしたり，トイレが成功した
ときに貼るシール表をつくるなどの環境づくりも大切である。

　パンツへ移行する際には，失敗しても責めず，気長に焦ら
ず見守る姿勢が大切である。トイレに行く習慣ができたら，
今度は自分で，紙で拭ける練習が必要になる。普段の保育の
中でも，細長い布を手に巻いたり，たたんだりする練習をす
る。トイレのペーパーホルダーの横に，ペーパーを切る長さ
分のテープを貼るなどの印をつけておくとよい。

図10- 4　楽しくおむつ交換

図10- 5　排尿のサイン

（5）排泄習慣のめやす

　排泄習慣は，①**無統制の段階**，②**事後通告（排泄後の通告）の段階**，③**予告（排
泄前の通告）の段階**，④**おむつの離脱**，⑤**完全自立**といった発達段階を経て確立
されていく。

　幼児の基本的生活習慣の調査によると，排泄後に保育者におしっこをしたこと
を知らせることができるようになる時期は，排尿も排便も1歳6か月を超えると
急激に増加し，2歳6か月で約9割の子どもが知らせることができるようになる
とされている[*]。男女差は，女児のほうが半年ほど早い。

　排泄の予告に関しては，事前に尿意を知らせることができるようになる時期は，
2歳から急激に増加し，3歳で約85％の子どもが知らせることができるようにな
る。そしておむつ離脱から完全自立（1人でトイレに行き排泄できるようになる）
は，3歳6か月から4歳で約9割が自立できる。

　排泄の自立にはさまざまな考えがあり，1人でトイレに行き排泄することを自
立とする場合と，そこからさらに紙を使用できるようになってはじめて自立とす

＊谷田貝公昭，高橋弥生
『データでみる 幼児の
基本的生活習慣－第3
版－』一藝社，2016

る場合がある。

　紙の使用に関しては男女差がみられ，排便後，女児は 3 歳〜 3 歳 6 か月，男児は 4 歳〜 4 歳 6 か月で約 8 割が紙を使用できるようになる。自立には男女で 1 年ほどの開きがみられる。これは女児が，排尿の際にも紙を使用しているからだと考えられる。

　排泄習慣は，個人差が生じやすいため，保護者の気持ちや，子ども自身の気持ちに留意しながら，援助をしていきたい。

2 睡眠

　子どもの睡眠不足や睡眠障害が持続すると，肥満や生活習慣病（糖尿病・高血圧），うつ病などの発症率を高めたり，イライラが増えるなどの情緒に影響を及ぼすことが明らかとされている。また睡眠は，正常な脳の活動のためにも重要であり，園と家庭との連携をとりながら，「早起き・早寝」という基本的な生活習慣を整えることが大切である。

（1）午睡の援助について

　長い時間を過ごす保育園や子ども園での睡眠は，乳児の健康を守るうえで重要な役割を担っている。そのために午睡の援助について，学ぶことが重要である。

　乳児は，同じ保育者がかかわることで安心して眠りにつくことができる。寝つくまでは，保育者が見守り，発汗，溢乳*のチェックをする。午睡中は，**乳幼児突然死症候群（SIDS）を防止**するため，乳児では 5 分ごと，1 〜 2 歳児は10分ごとに呼吸を確認し，脈の確認，うつぶせ寝，窒息がないかを確認するとよい。

　睡眠の環境としては，**室温と湿度を適度**に保ち，冬は室温が15℃以下にならないようにする**。クーラーや扇風機を使う場合には，直接，子どもに風が当たらないよう配慮する。子どもは，入眠直後に発汗しやすいため布団を薄くし，発汗後は体温が下がるため，布団を 1 枚かけるなど配慮する。

　子どもは，一人ひとり眠るときの癖（入眠儀式）がある。個々の子どもの眠りやすい癖を把握し，背中を軽くトントンしたり，さすったり，手を握ったりなど，安心して睡眠に入れるよう援助する。また眠る前に興奮しすぎたり，緊張しすぎたり，離乳食を始めたころは，離乳食で十分な栄養がとれずに空腹で眠れないことなど，眠れない要因を考えてみる。

　2 歳ごろになると，感覚や情緒の分化が急激に進むので，疲れやすく，活動エネルギーを回復するために，十分な睡眠が必要となる。午睡も習慣化されていく時期なので，午睡前は，着替える→トイレに行く→布団に横になるなど一連の流れを習慣化させ，入眠しやすくするとよい。

*一度飲んだ乳汁をだらりと口から出すこと。

**厚生労働省では保育室環境のめやすを以下としている。
室温：夏26〜28℃
　　　冬20〜23℃
湿度：60％。
「保育所における感染症対策ガイドライン（2018年改訂版）」p.27, 2018

Column　乳幼児突然死症候群（SIDS）

　乳幼児突然死症候群（SIDS: Sudden Infant Death Syndrome）は，乳児が睡眠中に何の予兆や既往歴もないまま死に至る原因のわからない病気である。2019（令和元）年には78名の乳幼児がSIDSで亡くなり，乳児期の死亡原因の第４位となっているため，注意が必要である。

　現在はSIDSの予防方法は確立していないが，以下の３つのポイントを守ることにより，発症率が低くなるというデータがある。

①できるだけ母乳で育てる。

②１歳になるまでは，寝かせる時はあおむけに寝かせる。

※医学上の理由でうつぶせ寝を勧められている場合以外は，睡眠中の窒息事故を防ぐうえでも，乳児の顔が見えるあおむけに寝かせる。

③禁煙

※たばこはSIDS発症の大きな危険因子である。妊娠中の喫煙はおなかの赤ちゃんの体重が増えにくくなり，呼吸中枢にも明らかによくない影響を及ぼすことが明らかとなっている。妊婦自身の喫煙はもちろんのこと，妊婦や赤ちゃんのそばでの喫煙はやめるよう保護者にも伝えるようにする。

3 鼻かみ

　ヒトは鼻に異物（花粉，ほこりなど）が侵入すると，異物を身体の外に排出しようとして鼻水が出る。さらにウイルスや細菌などの病原菌に感染すると，鼻水は膿の混じった黄色っぽい色になる。鼻水は，ためたままの状態にしておくと，鼻腔内の細菌が増殖し，副鼻腔炎や中耳炎をひきおこす原因となるので，特にまだ自分で上手に鼻をかめない乳幼児期は，保育者のケアが必要である*。

*おとなによる鼻拭きはp.199。

【鼻水のかみ方の注意点】

①片方の鼻を押さえて片方ずつかむ。両方いっぺんにかんだり，強くかみすぎると，耳が痛くなったり，鼻血が出るので注意する。

②鼻水が残らないように，鼻をかむときには，まず口から息を吸って，たくさんかめるように伝える。

③かみにくいときも，一度に力を入れないよう，ゆっくり小刻みに，少しずつかむよう伝える。

　子どもは鼻水を上手にかむことが難しいので，家庭でもお風呂上がりなどに，鼻をかむ練習をしてもらうよう，保育所と家庭が協力しあうと良い。

4 衣 服

（1）衣服選びの条件

　乳幼児期は，自分で衣服の調節・選択をすることができないため，保育者が環境温度に合わせて衣服を調節する必要がある。

　衣服を着る目的は，肌の保護と体温調節である。乳児期は，体温調節中枢および皮膚の構造が未熟であり，季節，気温，その日の体調などの影響を受けやすい。

　そのため衣服で肌を保護することや，衣服の枚数を調整することで，体温を調節することが大切である。また，乳幼児期は新陳代謝が活発で汗をかきやすいので，発達段階に合わせて衣服を選ぶことが重要である。以下に衣服選びの条件を示す。

【乳幼児の衣服選びのポイント】
①サイズや発達段階に合ったもの
②保温性，吸湿性，通気性のよい素材
③皮膚に刺激を与えず，丈夫な素材
④衣服の着脱がしやすいデザイン
⑤からだを圧迫せず，手足の動きを妨げないデザイン
⑥付属の装飾品や金具などがついていないシンプルなデザイン

（2）衣服の調節

①ねんねの時期

　乳児期は，上肢（腕）をW字型，下肢（足）をM字型に曲げているため，ドレス型のものが好ましい。新陳代謝が活発で汗をかきやすいので，肌着は木綿のメリヤス編みかガーゼ地のもので，縫い目やひもが直接あたらないものがよい。また，おむつ交換が多い時期であるから，前開きのものでシンプルなデザインのものが，安全性・機能性の面からも適している。

　この時期は，とくに低体温に気をつけたい時期であり，部屋では短肌着（寒いときは長肌着）＋ベビードレスが一般的な組み合わせである。体温調節は肌着の枚数で調整するが，さらに寒いときには，その上にベストやおくるみ，帽子や靴下をはかせる。目安として，おとなよりも1枚多く着せるようにする。

②寝返り～おすわりの時期

　からだを活発に動かすようになるので，運動を妨げない動きやすい衣服を選ぶことが大切である。部屋では，コンビ肌着＋カバーオールが一般的な組み合わせである。寒いときには，その上にカーディガンや上下つながったジャンプスーツなどを着せる。この時期にはおとなと同じ枚数となる。

③ハイハイ～つかまり立ちの時期

　動きがいちだんと活発になり，行動範囲が広がるため，手早く着せられるもの
を選ぶ。また，ハイハイをするときにひざをすりむかないよう，長めのズボンま
たはスパッツをはかせるとよい。部屋では，かぶり型または前開きの肌着＋上下
アイテムが一般的な組み合わせである。寒いときにはパーカーやジャンプスーツ，
ケープなどを着せてもよい。この時期はおとなより１枚少なめにする。

④立っち～あんよの時期

　からだが少し引き締まるため，動きやすいように大きすぎず，からだにフィッ
トしたものを選ぶ。また，１人で立つことができるようになれば，着脱がしやす
いように上下に分かれた服が着せやすくなる。その際，首まわりはゆったりとし
たもの，そでの太さにゆとりのあるもの，ズボンの丈は長すぎないものを選ぶ。
部屋ではトレーナーやカットソー＋ズボンやスカートとなる。寒いときにはカー
ディガンやセーター，ジャンパーなど，おとなと同じようにコーディネートが楽
しめるようになる。

（3）衣服着脱の自立過程

①１歳ごろから

　言葉を理解しはじめ，「バンザイ」「こっちから」などわかりやすい言葉で手順
を教えると，着脱に協力して手伝おうとする。

②１歳半ごろから

　帽子や靴下などは自分で脱げるようになり，ズボンやスカートなども足首くら
いまでは脱げるようになる。

③２歳ごろ

　自分で脱いだり着たりしたいという意欲が強くなる。自分でやりたいという気
持ちを大事にしながら，少しでもできたら褒めて意欲を高める工夫をする。しか
し，まだ自分１人では完全にはできないので，できないところを保育者が援助し
ていく。ボタンやスナップなどははずせるようになり，靴下や靴も自分ではける
ようになる。普段の保育の中でも，ボタンかけ，ひも結びなど，遊びの中で練習
する機会を増やしていくとよい。

④３歳ごろ

　ボタンかけができるようになり，ズボンを１人ではけるようになる。また，服
を脱ぐことはできるが，まだ自分でたたむという意識はないため，脱ぎっぱなし
になる。保育者がたたみ方を見せたり，遊びの中で人形の洋服を脱いだりたたん
だり，絵本でたたみ方を見せたりすることで，洋服をたたむという意識をもたせ
るようにするとよい（**図10-6**）。

⑤４歳ごろ

　衣服の前と後ろを間違えずに着ることができる。シャツのすそを入れたり，自

分から服をたたもうという意識も芽生える。端と端をきちんと合わせてたたむことや，洋服の裏返しを直すなど，きちんとできることの気持ちよさを伝えるチャンスでもある。

⑥５歳ごろ

身体機能が十分に発達し，衣服の着脱，片づけだけでなく，寒暖に合わせて自分で服の調節をしたり，靴の左右を間違えずにはくことができたり，脱いだ服をきちんとたためるようになる（衣服の着脱が自立する）。また，かた結びやリボン結び（図10-7），ファスナーの開閉などができるようになる。

（4）衣服の着せ方

①衣服の脱がせ方・着せ方

寝たままの脱がせ方（図10-8）・着せ方（図10-9），プルオーバー（頭からかぶる服）の脱がせ方（図10-10）・着せ方（図10-11）にも，それぞれコツと注意点がある。

②ズボンのはき方（図10-12）

ズボンは，まず座ってはく練習からはじめる。

立ってはく場合，自分でからだのバランスがとれるようになるまでは，支えやもたれかかる壁などが必要である。

③靴の選び方・はき方（図10-13）

靴のサイズは，つま先に0.5～1cmの余裕があるものを選ぶ。横幅や甲の高さが合っているかどうかも確認する。靴底は，衝撃吸収のため，ある程度厚みのあるもので，足にフィットする柔らかい素

上着のたたみ方

①前を上にして服を広げる

②身ごろの前でそでを交差させる

③服のすそを肩のところに合わせ，横半分に折る

④左肩と右肩を合わせて縦半分に折る

ズボンのたたみ方

①前を上にして広げ，両足を合わせて縦半分に折る

②ズボンのすその両足をまとめてウエストのところに合わせ，横半分に折る

図10-6　洋服のたたみ方を教える

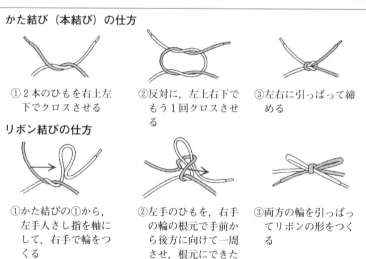

かた結び（本結び）の仕方

①2本のひもを右上左下でクロスさせる

②反対に，左上右下でもう1回クロスさせる

③左右に引っぱって締める

リボン結びの仕方

①かた結びの①から，左手人さし指を軸にして，右手で輪をつくる

②左手のひもを，右手の輪の根元で手前から後方に向けて一周させ，根元にできた輪の中に通す

③両方の輪を引っぱってリボンの形をつくる

図10-7　ひもの結び方を教える

前開きの上着の脱がせ方
脱臼を防ぐため，肩のまわりを軽く押さえ，もう片方の手でそでを引っぱる

フード付きの服の脱がせ方
両手を脱がせた後，首の後ろあたりを手で支え，もう片方の手でフードをめくる

図10-8　寝たままの脱がせ方

①服を広げた中に肌着を重ねて，肌着のそでを服のそでに通しておく

②①の上に子どもをあお向けに寝かせ，そで口から手を入れて子どもの手を握り，もう片方の手で服をたくしあげるようにしてそでのほうを引っぱる

③両手を順に通してから，前ボタンをとめる。肌着の前身ごろは，右下左上になるように合わせる

図10-9　寝たままの着せ方

①服のそで口を持って引っぱりながら，片方ずつ腕から抜く

②すそを肩までたくしあげる

③顔やあごに引っかからないように，服を頭から抜く

図10-10　プルオーバーの脱がせ方

①服のすそをたくしあげてまとめ，上から頭を入れる

②首まわりを少し広げるようにしながら頭を通す

③そで口を引っぱりながら，片方ずつ腕を通す

④バンザイをさせて，すそをきちんと下ろす

図10-11　プルオーバーの着せ方

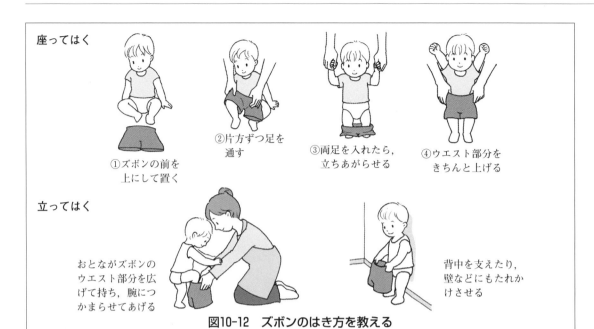

座ってはく

①ズボンの前を
上にして置く

②片方ずつ足を
通す

③両足を入れたら，
立ちあがらせる

④ウエスト部分を
きちんと上げる

立ってはく

おとながズボンの
ウエスト部分を広
げて持ち，腕につ
かまらせてあげる

背中を支えたり，
壁などにもたれかか
けさせる

図10-12　ズボンのはき方を教える

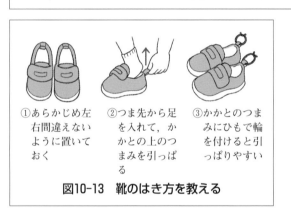

①あらかじめ左
右間違えない
ように置いて
おく

②つま先から足
を入れて，か
かとの上のつ
まみを引っぱ
る

③かかとのつま
みにひもで輪
を付けると引
っぱりやすい

図10-13　靴のはき方を教える

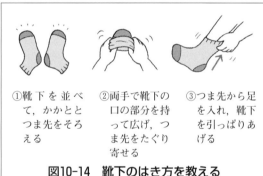

①靴下を並べ
て，かかとと
つま先をそろ
える

②両手で靴下の
口の部分を持
って広げ，つ
ま先をたぐり
寄せる

③つま先から足
を入れ，靴下
を引っぱりあ
げる

図10-14　靴下のはき方を教える

材がよい。

④**靴下の選び方・はき方（図10-14）**

　ゴムがきつすぎず，丈が長すぎないもの，足底に滑り止めが付いているものが
よい。子どもが自分で着脱しやすいように，つま先やかかとに目印の色が付いて
いるものもある。

5　清　潔

　清潔にする行動は，手を洗う，うがいをする，歯をみがく，顔を洗う，入浴す
る，つめを切るなどの身体や口腔の清浄と，身のまわりの整理整頓をしたり，衣
服を清潔なものに着替える行為など範囲が広い。清潔にすることの大切さや気持

ちよさを，子どもたちが自然に感じられるように援助していく。

（1）手洗い

手洗いについては，第7章図7‐1，p.139を参照。

（2）入　浴

①入浴の意義および留意点

入浴は，おもに皮膚を清潔に保つために行うが，そのほかにも温かいお湯の中で血液循環や新陳代謝を高め，疲れやストレスを軽減させるリラックス効果もある。ただし新生児は，抵抗力が低く感染しやすいため，おとなとは別に沐浴槽（家庭ではおもにベビーバス）を使って入浴する。とくに生後まもないうちは，寒さや細菌などからからだを守るため胎脂が全身に付着しているので，胎脂を取り除かないように入浴はせず，ドライテクニック（ガーゼやタオルで拭く）を行うこともある。

保育所では，夏など汗をたくさんかく時期に沐浴を行う。沐浴槽を使う場合もシャワーのみのときもある。

入浴時間は，乳児の場合，衣服の着脱を含めて10〜15分程度とし，生活リズムを整えるために，毎日，同一時刻に入れるのが望ましい。空腹時や授乳後1時間ぐらいは入浴を避ける。乳幼児の皮膚は薄いため，洗うときは，こすらずにやさしく拭くようにする。また入浴前には，発疹やあざがないか，機嫌が悪くないか，発熱や呼吸などに異常がないかなど，全身を観察することも大切である。

②沐　浴

a 必要物品をそろえる

沐浴槽，洗面器，湯温計，ベビー用石けんまたは沐浴剤，バスタオル，ガーゼハンカチ，沐浴布，綿棒，ベビー用ヘアブラシ，着替えをのせるバスタオル・マット，着替え，湯など（沐浴剤を使うときには石けんを使わず，からだを拭くだけでよいが，汚れが残るため，2〜3日おきに石けんを使って洗うようにする）。

b 環境を整える

(a)　室温は24〜26℃。

(b)　湯温は，湯温計で正確に測りながら，夏では38〜39℃，冬では39〜40℃にする。

(c)　かけ湯を用意しておく。

(d)　沐浴槽，洗面器に湯を入れておく。湯は3分の2くらいの量でよい。

(e)　着替えの衣服を重ねて置き，その上におむつを広げて用意しておく。着替えの上に，バスタオルをひし形に広げて置く（**図10-15**）。

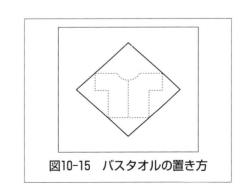

図10-15　バスタオルの置き方

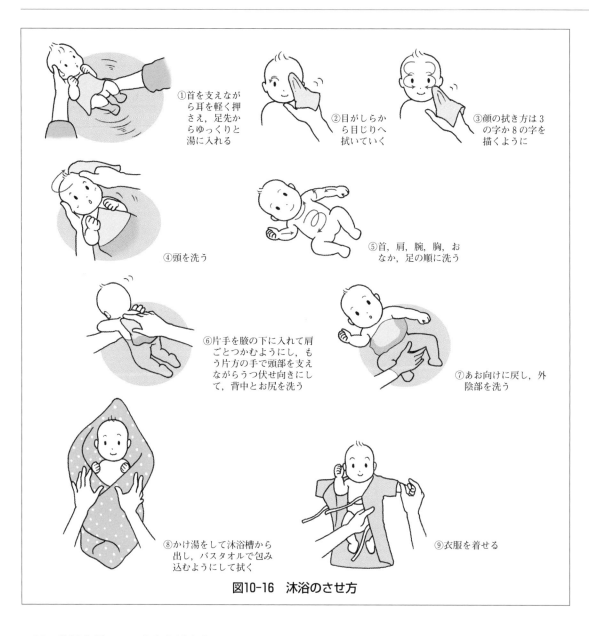

①首を支えなが
ら耳を軽く押
さえ，足先か
らゆっくりと
湯に入れる

②目がしらか
ら目じりへ
拭いていく

③顔の拭き方は3
の字か8の字を
描くように

④頭を洗う

⑤首，肩，腕，胸，お
なか，足の順に洗う

⑥片手を腋の下に入れて肩
ごとつかむようにし，も
う片方の手で頭部を支え
ながらうつ伏せ向きにし
て，背中とお尻を洗う

⑦あお向けに戻し，外
陰部を洗う

⑧かけ湯をして沐浴槽から
出し，バスタオルで包み
込むようにして拭く

⑨衣服を着せる

図10-16　沐浴のさせ方

〔f〕　乳児を裸にし，全身を観察する。

c 沐浴のさせ方

図10-16の手順に従って，沐浴を行う。

③清　拭

清拭とは，病気や体調不良で入浴できないときなどにからだを拭くことである。
バスタオルで子どものからだをおおい，ガーゼなどを少し熱めのお湯で浸して絞
り，拭く部分だけをバスタオルから出して拭く。全身を拭く場合は沐浴の手順と

同じでよい。お尻など必要な部位のみ拭くこともある。汚れが激しい場合や、何日も入浴できないときには、石けんを少量ガーゼなどにつけて拭き、そのあと石けん分を拭きとる。

（3）つめ切り （図10-17）

　乳児のつめは薄くて柔らかいが、少しでものびると皮膚を傷つけてしまったり、つめの間が汚れて不衛生になるため、入浴後や眠っている間に、定期的に切ることが必要である。とくにアトピー性皮膚炎や湿疹など、皮膚にトラブルがある場合には、のびたつめでかくことで悪化させることがあるので注意する。

　乳児期には、専用のつめ切りばさみを使うと安全である。乳児期は1週間に2回程度、幼児期はおとなと同様、1週間に1回程度切るようにする。

　原則として、つめ切りは家庭で行い、保育所では行わない。

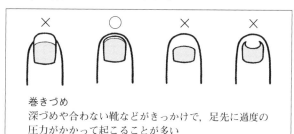

巻きづめ
深づめや合わない靴などがきっかけで、足先に過度の圧力がかかって起こることが多い

図10-17　つめ切りの仕方

（4）耳そうじ

　耳あかはからだの分泌物であり、自然に外に出てくるものである。入浴後に、耳の入り口や縁についたあかや水分を、綿棒でクルッと回すようにして拭きとる程度でよい。

　耳の奥にあるものを取ろうとすると、外耳道を傷つけてしまったり、かえって耳あかを奥に押し込んでしまうことがある。耳あかがたまった場合には、耳鼻科に行って取ってもらうとよい。

　つめ切りと同様、原則として家庭で行い、保育所では行わない。

（5）鼻を拭く

　鼻をかむという行動は、自分でできるようになるまでに時間がかかるため、とくに乳児期は、おとながガーゼやティッシュペーパーなどで拭きとったり、鼻水吸い取り器で吸いとったり、綿棒で軽くからめとるなどが必要である。

　2歳ごろになると、片方ずつ鼻を押さえて、「フンしようね」「チーンしようね」と声をかけると、鼻から自分で空気を出すことができるようになる。4歳ごろには、1人で鼻をかめるようになる。

（6）うがい （図10-18）

　うがいは、口腔を清潔にする目的の「ブクブクうがい」と、のどをきれいにする「ガラガラうがい」がある。離乳食を食べはじめると口に水をためられるようになり、2歳半ごろから「ブクブクうがい」、3歳ごろから「ガラガラうがい」ができるようになる。

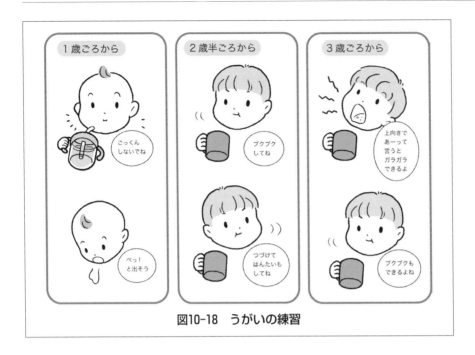

図10-18　うがいの練習

（7）歯みがき

　歯は，食べ物をかみ砕くだけでなく，言葉の発音や発達，あごや顔の形状にも
影響を与える。乳歯が虫歯になると，乳歯の下で準備されている永久歯の歯並び
などに影響するため，虫歯にならないように気をつけなければならない。

　虫歯予防には，毎日の歯みがき，バランスのとれた食事，定期的な歯科健診が
重要である。歯みがきは子どものころからの習慣づけが大切であり，乳歯が生え
はじめる時期から，歯みがきの習慣をつけるようにする。

　保育所では，集団生活を生かして，友だちと楽しく歯みがきの習慣が身につく
よう援助し，保護者には，家での就寝前の歯みがき，仕上げみがきの重要性を伝
え，保育所と家庭が共同して歯みがき指導に取り組むようにする。

①虫　歯

　口腔内にはさまざまな菌が常在しているが，その中のミュータンス菌が，食べ
かすの糖分を分解し，ネバネバとした歯垢（プラーク）をつくり，歯の表面に付
着する。歯垢がついたままにしておくと，酸を発生し，歯の表面を溶かしていく。
これが虫歯のはじまりである。

　虫歯の進行は，初期は歯の表面がザラザラし，白く濁る程度である。この段階
でフッ素を塗布したり，歯みがき指導を適切に行えば，虫歯の進行を抑えること
が可能である。

　甘いものを食べただけでは虫歯にならない。歯垢がつくられる食後8時間以内

200

に，正しい歯みがきをすることで防ぐことができる。例えば毎日，朝食後か昼食後に1回，夕食後か就寝前に1回の計2回，歯をみがく習慣をつけるとよい。

また，虫歯になりやすい食べ物や飲み物を摂取しすぎないことも大切である。おやつなどは，虫歯になりやすいものより，なりにくいものを食べさせるように配慮する。

②乳幼児の歯みがきの特徴

乳幼児期の歯みがきは，発達に合わせて行うことが大切である。1人で歯をみがけるようになるのは，だいたい5歳ごろであるため，それまでは基本的におとなが行う。2歳ごろから子どもは歯みがきに興味を示し，自分でみがいてみせるようになるが，みがき残しがあるため，おとなによる仕上げみがきが必要になる。

6〜8か月ごろ

離乳食後に白湯を飲ませ，ガーゼや綿棒で歯を拭いたり，乳児の口に合った歯ブラシで軽くみがくようにする。歯をみがくというより，歯ブラシに慣れることが大切であり，遊びの感覚で歯ブラシを口に持っていくだけでもよい。

2歳ごろ

ブクブクうがいができるようになり，自分で歯ブラシを持って口に入れ，動かしてみるようになる。保育者がいっしょに歯をみがいてみせたり，絵本やパネルシアターなどを使い，歯みがきの方法を目で見てわかるように指導する。

3歳ごろ

乳歯がだいたい生えそろうので，食後の歯みがきの習慣を身につけるようにする。

4〜5歳ごろ

1人で歯をみがけるようになるが，歯の付け根，歯と歯の間，奥歯などは汚れがたまりやすく，歯ブラシが届きにくい歯は虫歯になりやすいため，おとなが意識して仕上げみがきをする必要がある。

歯は一生使うものであるから，子どもたちが主体的に歯をみがくようになることが大切である。毎日，楽しんで歯をみがけるように，「歯みがきカレンダー」などを利用している園も多い。

③歯みがきの指導

歯ブラシの選び方

歯ブラシは口の大きさ（前歯2本分にあたる大きさ）に合わせ，柄と毛先がまっすぐなものを選ぶとよい。

乳児用の歯ブラシは小さくコンパクトで，乳児に対する安全性が図られている。仕上げみがき用歯ブラシも，母親がみがきやすいように持つところが太くしてあるなどの工夫がされている。子ども用歯ブラシは，6〜12歳を対象につくられているものが多く，乳歯から永久歯に生えかわる時期に，子どもがブラッシングし

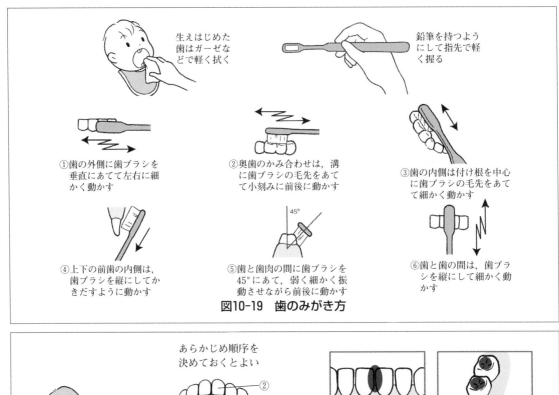

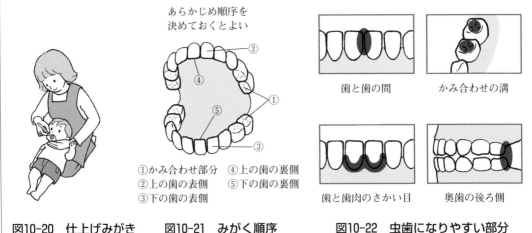

図10-19　歯のみがき方

①歯の外側に歯ブラシを垂直にあてて左右に細かく動かす

②奥歯のかみ合わせは，溝に歯ブラシの毛先をあてて小刻みに前後に動かす

③歯の内側は付け根を中心に歯ブラシの毛先をあてて細かく動かす

④上下の前歯の内側は，歯ブラシを縦にしてかきだすように動かす

⑤歯と歯肉の間に歯ブラシを45°にあて，弱く細かく振動させながら前後に動かす

⑥歯と歯の間は，歯ブラシを縦にして細かく動かす

生えはじめた歯はガーゼなどで軽く拭く

鉛筆を持つようにして指先で軽く握る

あらかじめ順序を決めておくとよい

①かみ合わせ部分　④上の歯の裏側
②上の歯の表側　　⑤下の歯の裏側
③下の歯の表側

歯と歯の間　　かみ合わせの溝

歯と歯肉のさかい目　奥歯の後ろ側

図10-20　仕上げみがき　　図10-21　みがく順序　　図10-22　虫歯になりやすい部分

やすいよう柄の部分が短くされている。

歯のみがき方 （図10-19）

　乳幼児期は「ブクブクうがい」ができるようになるまで歯みがき粉は使わないが，大切なのは汚れを落とすことである。強くみがきすぎると歯を削ることがあるため，軽くリズミカルなタッチで，上下左右に動かす。

仕上げみがき

　図10-20のように，保育者のひざに，子どもの頭をあお向けにのせてみがく。

歯ブラシは鉛筆を持つように握る。指で口唇を持ちあげながら，歯ブラシを小刻みに動かしてみがいていく。奥歯をみがくときは，指を歯ブラシと同じ方向に入れて，口をやや閉じ気味にさせると奥まで歯ブラシが届く。

みがく順序は**図10-21**に，虫歯になりやすいポイントはを**図10-22**に示した。

6 抱っこ，おんぶ，ベビーカー

抱っこをする理由は，「寝かせるため」「泣きやませるため」「スキンシップのため」「授乳するため」など，からだを密着させることで赤ちゃんの情緒の安定を図る意味と，移動手段としての意味など，さまざまな理由がある。移動手段としては他におんぶ，ベビーカーや車のチャイルドシートなどがある。

（1）抱っこ

抱っこは，大きく分類すると，①首がすわる前，②首がすわった後，の2種類ある。赤ちゃんの好みに差があるので，気分や状況によって抱っこのバリエーションを変え，いろいろ試してみるとよい。また抱っこのしすぎで，保育者が肩こり，腰痛にならないよう，クッションやソファを使って，負担を少しでも軽くする工夫も大切である。

①首がすわる前の抱っこ（図10-23）

生後3か月くらいで首がすわるまでは寝返りもハイハイもできないので，自分の意思で動くことができない。抱っこするときは，頭の後ろとからだを手や腕でしっかり支えながら抱くようにする。

横抱き

片腕のひじを軽く曲げて，ひじの内側に赤ちゃんの頭をのせ，腕を乳児のからだに添わす。もう片方の手は赤ちゃんの足の間に入れるなどして，お尻と背中をしっかり支えるようにする。

寝かせるときや授乳のときなど，クッションやソファのひじ掛けのところに腕をのせてその上に赤ちゃんの頭をのせたり，ひざの上にクッションを置いてその上に赤ちゃんをのせるようにすると，腕の負担が軽減される。また手首が痛いときには，両手丸まる抱きなどがよい。

縦抱き

片方の手で赤ちゃんのお尻を支え，もう片方の手で首と頭を支える。縦抱きは，首がすわってからのほう

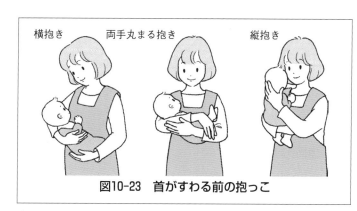

図10-23　首がすわる前の抱っこ

がよいが，授乳後に排気をさせるときなどは縦抱きにする。赤ちゃんを胸に密着させるようにして抱くと，首とからだが安定する。

抱きあげ方，抱きおろし方

　首がすわる前の抱きあげ方と抱きおろし方のポイントを**図10-24**および**図10-25**に示す。

②首がすわった後の抱っこ

　首がすわった後は縦抱きをする。立ちながらの抱っこは，赤ちゃんの足で保育者の腰骨をはさむようにして，お尻をしっかり支える。

　座っているときの抱き方は，ひざに赤ちゃんをまたがらせるように座らせる（ソファ抱き）。保育者は，赤ちゃんを両手で支えるようにする。

③抱っこひもの種類（図10-26，図10-27，図10-28）

　外出するときにはベビーカーを利用するが，人ごみや電車などでは抱っこひもを使うことが多い。抱っこひもは赤ちゃんとからだが密着するので安心感を与えることができ，スキンシップを図ることもできる。近年，いろいろな抱っこひもが開発され，新生児から3歳児まで使えるものや，何通りもの使い方ができるもの，男女兼用フリーサイズのものなどもある。

　一方で2009（平成21）年には生後2か月の赤ちゃんがスリングの中で窒息する事故が起きている。赤ちゃんの顔との密着のしすぎや，紐の締めすぎに注意し，赤ちゃんの様子に気を配る必要がある。さらに装着時に転落するなどの事故も起きている。使用にあたっては取扱説明書をよく読み，バックルの締め忘れやベルトの緩みなどに注意する。

（2）おんぶ

　おんぶは保育者の両手が空いているため，家事や作業をする際に便利であり，また災害時の避難の際，避難車が使えないときなど有効な手段となる。おんぶひもは子どもの首がすわってから，体重15kg未満の3歳ごろまで長く使用可能である。

　おんぶには一般的におんぶひもを使うが，留意点は，授乳直後や長時間の使用をしない，足や胸元をきつく締めすぎない，などである。長時間の使用や，きつく締めすぎると，呼吸の妨げや血液循環障害を起こすことがあるので気をつける。

　慣れない間は，鏡を見ながらおんぶしてみるとよい。肩ひものよじれや，腰ひもがきちんと赤ちゃんのももの下を通っているかなどを簡単に確認できる。赤ちゃんをできるだけ高い位置でキープするのが背負う人のからだへの負担を軽くするためのポイントである。

　おんぶひもを使ったおんぶの仕方については，**図10-29，図10-30**を参考にする。

（3）ベビーカー

　歩けない赤ちゃんの移動手段の1つにベビーカーがある。ベビーカーにはA型

①赤ちゃんの頭の後ろと足の間に手を差し入れる

②自分のからだを赤ちゃんに近づけ，頭を先に，あとからお尻を持ちあげる

③赤ちゃんのからだを密着させ，首と頭をしっかり支える

図10-24　首がすわる前の抱きあげ方

①抱っこの体勢でからだを密着させたまま，布団のそばへ行く

②赤ちゃんをお尻から，腰，背中，頭の順番で布団に下ろす

③頭と首を支えていた手をそっと静かに抜く

図10-25　首がすわる前の抱きおろし方

横抱き

前向き抱き

おんぶ

対面縦抱き

図10-26　多機能型抱っこひも*

図10-27　スリング型抱っこひも**

図10-28　バッテン型抱っこひも***

＊多機能型抱っこひも：価格は高めだが，使い方のバリエーションが多く，新生児期からその後の縦抱きやおんぶまで幅広く使える。

＊＊スリング型抱っこひも：赤ちゃんの足で保育者の腰骨をはさむようにする腰抱きができるので，安定感がある。

＊＊＊バッテン型抱っこひも：保育者の肩にかかる負担が小さい。フリーサイズで男女兼用ができる。

①おんぶひもを広
げ，赤ちゃんを
のせる

②赤ちゃんの脇の下に
ひもを通し，胸の前
でぎゅっと握る

③ひもを緩めないように注
意しながら，片ひざを立
てて赤ちゃんをのせる

④前傾姿勢をと
り，腕，ひじを
使って赤ちゃん
を背中へまわす

⑤空いている手で
赤ちゃんのお尻
を支え，前傾姿
勢のまま，ひも
を両肩にかける

⑥赤ちゃんをおぶい直し，
肩ひもをぐっと引いて胸
の前で２，３回交差させ
る

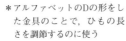

⑦腰ひもの左右のDカン＊
に，ひもの端をそれぞれ
通す

＊アルファベットのDの形をし
た金具のことで，ひもの長
さを調節するのに使う

⑧肩のひもを少し外側へ広
げるようにして，Dカン
に通したひもを前で結ぶ

図10-29　おんぶひもを使ったおんぶの仕方

とB型の2種類のタイプがあり，日本では㈶製品安全協会によって安全性につい
ての基準が定められている。基準に合格したベビーカーにはSGマークが付けら
れている。

　A型ベビーカーは，首がすわる前の生後1か月から使えるもの（背もたれ角度
150°以上）と首がすわる前の生後4か月から使えるもの（背もたれ角度130°以上）
があり，寝かせた姿勢で使用できるタイプである。背面式のものと，ハンドルの
切り替えで対面式にもなる両対面タイプがある。対面式で出かけるときには，赤ち
ゃんの様子がよく見える，目と目を合わせることができるなどのメリットがある。

　B型ベビーカーは，ひとり座りのできる生後7か月から使えるもの（背もたれ
角度100°以上）で，腰かけた姿勢で使用するタイプである。使用時間は，A型は

A型両対面タイプ

①片方の手で赤ちゃんのお尻を支え，もう片方の手でひもをほどく

②前傾姿勢のまま，両方のひもを胸の前でしっかりと握る

③空いたほうの腕を赤ちゃんのからだにまわし，自分のからだに添わせながらずらしていく

④ひもがからまないように注意して，ゆっくりと背中から下ろす

図10-30　おんぶひもを使ったおんぶの下ろし方

2時間以内，B型は1時間以内とされている。

　赤ちゃんはおとなよりも体温が高く，体温調節機能が未熟である。とくに暑い夏はアスファルトからの照り返しや放散熱により，ベビーカーの座面付近の温度が上昇するため，ハンドル位置の温度よりも高くなり，おとなが感じる温度と赤ちゃんが感じる温度にはかなりの違いが出てくる（約4℃も差が出る場合があるといわれる）。外出の時間帯に気をつけながら，つねに赤ちゃんの様子を確認することが大切である。

　また，歩けるようになったらベビーカーを降り，手をつないで歩く楽しさを体験させることも忘れてはならない。

（4）チャイルドシート

　2000（平成12）年4月1日より，6歳未満の幼児を乗車させて自動車を運転する際にチャイルドシートを装着することが義務付けられた*。交通事故総合分析センターによれば，チャイルドシートに座らせることで死者は約75％減少し，重傷者は57％減少するとのことである。

　チャイルドシートには，首のすわらない新生児から使用するタイプ，首がすわってから使用するタイプ，ジュニアシートなどがある。ジュニアシートは，お尻の位置を高くすることで，おとな用のシートベルトが正しい位置で装着できるようにつくられている。年齢やからだに合ったものを選び，後部座席にしっかり固

A型背面タイプ
（バギータイプ）

B型タイプ

*道路交通法第71条の3
第4項

定し，正しく装着することが重要である。

　なお，新生児にチャイルドシートを使用する時間は必要最小限にすること，保護者が新生児の状態を見守ることなどの配慮が必要である。また，低出生体重児（2,500g未満で出生）などの場合は，チャイルドシートを使用する前に医師と相談し，指示を受ける。

3. 個別的な配慮を要する子どもへの対応（慢性疾患，アレルギー疾患）

1 個別的な配慮を要する子ども

　保育所には，さまざまな疾患を持つ子どもも入所してくる。いわゆる身体障害のある子どもについては保護者との個別相談が必須となるが，内部障害と称される小児内科的疾患のある子どもにおいても個別的な配慮が必要となる例は多い。ここでは，頻度の高いアレルギー性疾患を代表として取り上げ，その他の慢性疾患については言及するにとどめる。

2 アレルギー性疾患

　個別のアレルギー性疾患については，第Ⅰ部第6章にて詳しく述べられているので，ここでは主として「**保育所におけるアレルギー対応ガイドライン（2019年改訂版）***」（以下，ガイドラインと略す）を根拠にアレルギー疾患生活管理指導表について，その意図や，各欄の記載内容について保育所でどのように利用・解釈すればよいかについて述べる。

＊厚生労働省，2019

（1）アレルギー疾患生活管理指導表

　保育所におけるアレルギー対応ガイドラインの初版は2011（平成23）年3月に厚生労働省により示された。これは保育所保育指針が告示された際に策定された「保育所における質の向上のためのアクションプログラム」により，保健・衛生面の対応の明確化の一つとして作成されたものである。その後保育所保育指針も改定され，アレルギー疾患対策に関する知見も新しくなっていることを踏まえて2019（平成31年）年に改訂版が出され，現在はこれが用いられている。ガイドラインに示されて現場で用いられている**アレルギー疾患生活管理指導表**（以後，管理指導表と略す）には，食物アレルギー，アナフィラキシーと気管支喘息について，裏にはアトピー性皮膚炎，アレルギー性結膜炎，アレルギー性鼻炎について記載するようになっている（**図10－31，図10－32**）。

①食物アレルギー・アナフィラキシー★

★食物アレルギーとアナフィラキシー
第Ⅰ部 子どもの保健／
第5章 子どもの食，p.82
第6章 子どもの病気と保育，p.114

　表の左側にはまず食物アレルギーの「あり・なし」，そしてアナフィラキシーの「あり・なし」について丸をつけるようになっている。2つの病態がまとめられる形でその有無を問うのは，子どもにおいてアナフィラキシーはしばしば食物アレルギーに伴ってみられることによる。

　管理指導表を提出した子どもにおいて，その有無の組み合わせで最も多いのは「食物アレルギーあり」と「アナフィラキシーなし」である。両方ともなしの場合は，他の疾患の記述を見れば良い。

　食物アレルギーなしでアナフィラキシーありの場合は珍しいが，その場合はBのアナフィラキシー病型の欄を見て，「2．その他」の内容をよく確認する。

　食物アレルギーがあるがアナフィラキシーはない，という記載が意味することは，これまでのところアナフィラキシーを示したことはないが今後もそれを保証するものではないということである。当該食物の完全除去をしているためにアナフィラキシーに至る経験をしていないだけかもしれない。誤食によって保育所においてアナフィラキシーを発症するという可能性が否定されるわけではない。

【病型・治療】欄

A．食物アレルギー病型

　「1.食物アレルギーの関与する乳児アトピー性皮膚炎」は乳児のアトピー性皮膚炎において，その症状が悪くなる場合になんらかの食物が関与している可能性がある場合に○をつけられることがある。しかし，乳児期にみられるアトピー性皮膚炎でも，その病態への理解が進むにつれて，近年はここのみに○をつける例は減っていると思われる。もともとアトピー性皮膚炎を持っている乳児で，なんらかの離乳食を食べるとかゆがるとか，皮膚が赤くなるというような反応を示す場合は，どちらかというと次の「2.即時型」である可能性が考えられる。

　「2.即時型」は回答が最も多い。即時型とは，ある食物を食べてからおおむね2時間以内に症状を示す場合をいう。多くは食べている最中から1時間程度で症状がみられる。

　「3.その他」は保育所においてはあまり問題にはならない。しかし，口腔アレルギー症候群は，花粉によるアレルギー性鼻炎，結膜炎を呈してくる年長児で見られる可能性はある。管理指導表の提出がない子どもでも，果物や野菜を食べると口唇や口の中が腫れるとか，かゆい，ヒリヒリする，あるいは表現できる子どもでは「イガイガする」などの訴えがあるときはこれを疑っても良い。保育者が発見できる症状であるが，保護者に確かめ家庭でも同様な症状を訴えることがあれば，小児科医の受診をすすめる。

B．アナフィラキシー病型

　原因として食物であるのか，それ以外であるのかの記載であるが，アナフィラ

（参考様式）※「保育所におけるアレルギー対応ガイドライン」（2019年改訂版）

保育所におけるアレルギー疾患生活管理指導表（食物アレルギー・アナフィラキシー・気管支ぜん息）

提出日　　年　月　日

名前＿＿＿＿＿＿　男・女　＿＿年＿＿月＿＿日生（＿＿歳＿＿ヶ月）　＿＿＿＿組

※この生活管理指導表は、保育所の生活において特別な配慮や管理が必要となった子どもに限って、医師が作成するものです。

緊急連絡先	
	★保護者 電話： ★連絡医療機関 医療機関名： 電話：

食物アレルギー（あり・なし）　アナフィラキシー（あり・なし）

病型・治療

A．食物アレルギー病型
1．食物アレルギーの関与する乳児アトピー性皮膚炎
2．即時型
3．その他　（新生児・乳児消化管アレルギー・口腔アレルギー症候群・食物依存性運動誘発アナフィラキシー・その他：　　　）

B．アナフィラキシー病型
1．食物　（原因：　　　）
2．その他（医薬品・食物依存性運動誘発アナフィラキシー・ラテックスアレルギー・昆虫・動物のフケや毛）

C．原因食品・除去根拠
該当する食品の番号に○をし、かつ《　》内に除去根拠を記載
1．鶏卵　《　》
2．牛乳・乳製品　《　》
3．小麦　《　》
4．ソバ　《　》
5．ピーナッツ　《　》
6．大豆　《　》
7．ゴマ　《　》
8．ナッツ類*　《　》（すべて・クルミ・カシューナッツ・アーモンド・　　）
9．甲殻類*　《　》（すべて・エビ・カニ・　　）
10．軟体類・貝類*　《　》（すべて・イカ・タコ・ホタテ・アサリ・　　）
11．魚卵*　《　》（すべて・イクラ・タラコ・　　）
12．魚類*　《　》（すべて・サバ・サケ・　　）
13．肉類*　《　》（鶏肉・牛肉・豚肉・　　）
14．果物類*　《　》（キウイ・バナナ・　　）
15．その他　（　　）

［除去根拠］
該当するもの全てを《　》内に番号を記載
①明らかな症状の既往
②食物負荷試験陽性
③IgE抗体等検査結果陽性
④未摂取

「＊は（　）の中の該当する項目に○をするか具体的に記載すること」

D．緊急時に備えた処方薬
1．内服薬（抗ヒスタミン薬、ステロイド薬）
2．アドレナリン自己注射薬「エピペン®」
3．その他（　　）

保育所での生活上の留意点

A．給食・離乳食
1．管理不要
2．管理必要（管理内容については、病型・治療のC．欄及び下記C．E欄を参照）

B．アレルギー用調整粉乳
1．不要
2．必要　下記該当ミルクに○、又は（　）内に記入
ミルフィーHP・ニューMA-1・MA-mi・ペプディエット・エレメンタルフォーミュラ
その他（　　）

C．除去食品においてより厳しい除去が必要なもの
病型・治療のC．欄で除去の際に、より厳しい除去が必要となるもののみに○をつける
※本欄に○がついた場合、該当する食品を使用した料理については、給食対応が困難となる場合があります。
1．鶏卵：　卵殻カルシウム
2．牛乳・乳製品：　乳糖
3．小麦：　醤油・酢・麦茶
6．大豆：　大豆油・醤油・味噌
7．ゴマ：　ゴマ油
12．魚類：　かつおだし・いりこだし
13．肉類：　エキス

D．食物・食材を扱う活動
1．管理不要
2．原因食材を教材とする活動の制限（　）
3．調理活動時の制限　（　）
4．その他　（　）

E．特記事項
（その他に特別な配慮や管理が必要な事項がある場合には、医師が保護者と相談のうえ記載。対応内容は保育所が保護者と相談のうえ決定）

記載日　　年　月　日
医師名
医療機関名
電話

気管支ぜん息（あり・なし）

病型・治療

A．症状のコントロール状態
1．良好
2．比較的良好
3．不良

B．長期管理薬
（短期追加治療薬を含む）
1．ステロイド吸入薬
剤形：
投与量（日）：
2．ロイコトリエン受容体拮抗薬
3．DSCG吸入薬
4．ベータ刺激薬（内服・貼付薬）
5．その他（　　）

C．急性増悪（発作）治療薬
1．ベータ刺激薬吸入
2．ベータ刺激薬内服
3．その他

D．急性増悪（発作）時の対応
（自由記載）

保育所での生活上の留意点

A．寝具に関して
1．管理不要
2．防ダニシーツ等の使用
3．その他の管理が必要（　）

B．動物との接触
1．管理不要
2．動物への反応が強いため不可
動物名（　）
3．飼育活動等の制限（　）

C．外遊び、運動に対する配慮
1．管理不要
2．管理必要
（管理内容：　）

D．特記事項
（その他に特別な配慮や管理が必要な事項がある場合には、医師が保護者と相談のうえ記載。対応内容は保育所が保護者と相談のうえ決定）

記載日　　年　月　日
医師名
医療機関名
電話

●保育所における日常の取り組み及び緊急時の対応に活用するため、本表に記載された内容を保育所の職員及び消防機関・医療機関等と共有することに同意しますか。
・同意する
・同意しない
保護者氏名＿＿＿＿＿＿

図10-31　保育所におけるアレルギー疾患生活管理指導表（表面）

（参考様式）※「保育所におけるアレルギー対応ガイドライン」（2019年改訂版）

保育所におけるアレルギー疾患生活管理指導表　（アトピー性皮膚炎・アレルギー性結膜炎・アレルギー性鼻炎）

提出日　　　　　　　　年　　月　　日

名前　　　　　　　　男・女　　　　年　　月　　日生（　　歳　　ヶ月）　　　　　組

※この生活管理指導表は、保育所の生活において特別な配慮や管理が必要となった子どもに限って、医師が作成するものです。

アトピー性皮膚炎（あり・なし）

病型・治療

A. 重症度のめやす（厚生労働科学研究班）
1. 軽症：面積に関わらず、軽度の皮疹のみみられる。
2. 中等症：強い炎症を伴う皮疹が体表面積の10%未満にみられる。
3. 重症：強い炎症を伴う皮疹が体表面積の10%以上、30%未満にみられる。
4. 最重症：強い炎症を伴う皮疹が体表面積の30%以上にみられる。
※軽度の皮疹：軽度の紅斑、乾燥、落屑主体の病変
※強い炎症を伴う皮疹：紅斑、丘疹、びらん、浸潤、苔癬化などを伴う病変

B-1. 常用する外用薬
1. ステロイド軟膏
2. タクロリムス軟膏（「プロトピック®」）
3. 保湿剤
4. その他（　　）

B-2. 常用する内服薬
1. 抗ヒスタミン薬
2. その他（　　）

C. 食物アレルギーの合併
1. あり　2. なし

保育所での生活上の留意点

A. プール・水遊び及び長時間の紫外線下での活動
1. 管理不要
2. 管理必要（　　）

B. 動物との接触
1. 管理不要
2. 管理必要（　　）
　動物への反応が強いため不可
　動物名（　　）
3. 飼育活動等の制限（　　）
4. その他（　　）

C. 発汗後
1. 管理不要
2. 管理必要（管理内容：　　）
3. 夏季シャワー浴
（施設で可能な場合）

D.特記事項
（その他に特別な配慮や管理が必要な事項がある場合には、医師が保護者と相談のうえ記載。対応内容は保育所が保護者と相談のうえ決定）

記載日　　　年　　月　　日
医師名
医療機関名
電話

アレルギー性結膜炎（あり・なし）

病型・治療

A. 病型
1. 通年性アレルギー性結膜炎
2. 季節性アレルギー性結膜炎（花粉症）
3. 春季カタル
4. アトピー性角結膜炎
5. その他（　　）

B. 治療
1. 抗アレルギー点眼薬
2. ステロイド点眼薬
3. 免疫抑制点眼薬
4. その他（　　）

保育所での生活上の留意点

A. プール指導
1. 管理不要
2. 管理必要（管理内容：　　）
3. プールへの入水不可

B. 屋外活動
1. 管理不要
2. 管理必要（管理内容：　　）

C.特記事項
（その他に特別な配慮や管理が必要な事項がある場合には、医師が保護者と相談のうえ記載。対応内容は保育所が保護者と相談のうえ決定）

記載日　　　年　　月　　日
医師名
医療機関名
電話

アレルギー性鼻炎（あり・なし）

病型・治療

A. 病型
1. 通年性アレルギー性鼻炎
2. 季節性アレルギー性鼻炎（花粉症）　主な症状の時期：春　夏　秋　冬

B. 治療
1. 抗ヒスタミン薬・抗アレルギー薬（内服）
2. 鼻噴霧用ステロイド薬
3. 舌下免疫療法
4. その他

保育所での生活上の留意点

A. 屋外活動
1. 管理不要
2. 管理必要（管理内容：　　）

B. 特記事項
（その他に特別な配慮や管理が必要な事項がある場合には、医師が保護者と相談のうえ記載。対応内容は保育所が保護者と相談のうえ決定）

記載日　　　年　　月　　日
医師名
医療機関名
電話

●保育所における日常の取り組み及び緊急時の対応に活用するため、本表に記載された内容を保育所の職員及び消防機関・医療機関等と共有することに同意しますか。
・同意する
・同意しない

保護者氏名

図10-32　保育所におけるアレルギー疾患生活管理指導表（裏面）

キシーありの場合，いつそれを体験したのかは尋ねて記録をしておくのが良い。乳児で入所時に提出された管理指導表の記載であれば，最近の出来事として要注意である。食物であれその他であれ，原因となる抗原の除去が必須である。また後述のエピペン®が処方されている可能性も大きい。

C．原因食品・除去根拠

　この記載について説明する。1から15まで食物名が並んでいるが1.鶏卵，2.牛乳・乳製品，3.小麦は乳幼児期における食物アレルギーの3大原因食物である。4以降は必ずしも順位を示すものではない。

　食品の右の《　》の中には次の除去根拠を示すことになっている。

①明らかな症状の既往	②食物負荷試験陽性
③IgE抗体等検査結果陽性	④未摂取

　このうち③や④のみでは医学的な診断根拠とはならないが，実際にはそれをもって除去を実施している，あるいは保育所での除去を申告する例もあるため，ここは診断根拠ではなく除去根拠という言葉を用いている。一方，医学的に信頼できる診断根拠として通用するものは，①と②が並記されている場合である。多くは，食物負荷試験の実施が困難なこともあるため，①と③が並記されている。

　①が記載されている場合は，いつごろ，どのような症状であったかを尋ねておくのが良い。実際には同一の食物で同じ症状のみが誘発されるものではないが，保育所としては誤食の早期発見をするためにも，どのような症状であったかを尋ね記録しておくのが良い。

　③が除去根拠として記載されている場合は，実際には④も並記されるべきであろう。明らかな症状の既往がないが，血液検査をしたところ，ある食物に対するIgE抗体が陽性であるという結果を得て，その食物をまだ食べたことがない場合に，しばらくそれを除去することは，離乳食を進める途中にある乳児においてはしばしばある。一方，幼児で，③を除去根拠とする食物が多い場合や，いつも同じ内容の管理指導表を提出するような場合には，家庭での食経験や食物アレルギーの治療方針など，できれば栄養士を交えて保護者と相談するのが良いであろう。必要があれば，主治医に話を聞くこともあろう。

D．緊急時に備えた処方薬

　保育所の与薬方針にもよるが，もしも症状を示した場合に対処する薬物として，内服薬を預かる場合は，内服のタイミングを保護者とよく打ち合わせをしておく★。抗ヒスタミン薬が処方されていることが大部分であろうが，かゆがったら，あるいは赤くなったら飲ませるなど，具体的に設定しておく。ステロイド薬単独の処方はおそらくないであろう。

★与薬に関する留意点
（保育所保育指針解説）
第8章 子どもの体調不良への対応と救急処置，
p.162

　アドレナリン自己注射薬（エピペン®）はアナフィラキシーショックの時に用いる。体重15kg以上の子どもから適応のある自己注射薬であるが，アナフィラキシーショックという生命に関わる緊急時には，医師以外のものも注射できるようになっている。保育所では，エピペン®を預かる場合には，実際の場面で誰がそれを打つのか，役割分担を決めておく。

　症状が出現した場合にどのような手順で処置をどのようにすべきか，参考までに症状チェックシートを**図10－33**に示す。

【保育所での生活上の留意点】欄

A．給食・離乳食

　この項目では食物アレルギーありとされているのであれば，1の管理不要に○をつけることは想定しづらい。ほぼ2に○がついているであろう。管理必要であるということは，アレルギー反応の抗原となることが（できれば）証明されている食物を完全除去することを意味する。

　誤食によりアナフィラキシーショックを起こして最悪不幸な結果を迎えるという出来事を防ぐために，保育所における対応としてなし得ることは，完全除去である。なんとか食べさせてあげたいという「親心」から，量的な制限を試みたり保護者からそれを要求されることもあろう。しかし量的な制限の中に含まれる，少量食べさせるということは，治療行為でもあるということを忘れてはならない。

　一方で，多種類の食物の除去が必要であると要求されたり，保護者が食べることに消極的な姿勢が目立ったりする場合は，栄養的な部分も含めてより専門的な治療的介入が必要かもしれない。その場合は，個別面談で，詳しい状況を把握する必要があるが，嘱託医を交えて保護者と相談し，適切な治療環境へ誘導できれば良い。主治医との連携は必要である。

　なお，給食・離乳食に関しては，ガイドラインの38～43ページに詳しく書かれているので参考にしていただきたい。

B．アレルギー用調製粉乳

　哺乳中の乳児で，冷凍母乳持参でない調製粉乳を飲む必要のある乳児が診断された牛乳アレルギーである場合には，牛乳中の抗原タンパク質を軽減した（加水分解して抗原性を弱めた）調製粉乳を用いることがある。抗原性低減の程度により複数のものがある。ちなみにエレメンタルフォーミュラはアミノ酸と脂質，炭水化物，ビタミン，ミネラルからなる調製飲料で，牛乳成分は含まない。

C．除去食品においてより厳しい除去が必要なもの

　管理指導表の記載の通り，この欄で○がつく場合は，当該食物によるアレルギー反応が微量摂取によって生じるということを示す。実際問題として，そこまでの微量な抗原で反応する例は少ない。しかし保育所としては異を挟むことはでき

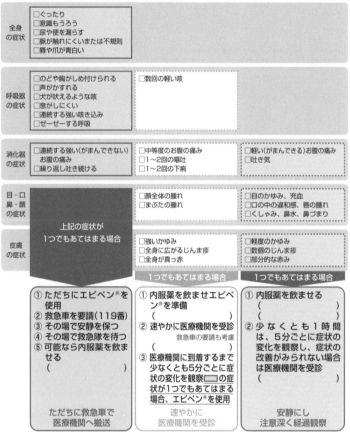

症状チェックシート

◆迷ったらエピペン®を使用する
◆症状は急激に変化する可能性がある
◆少なくとも5分ごとに症状を注意深く観察する
◆□の症状が1つでもあてはまる場合、エピペン®を使用する
（内服薬を飲んだ後にエピペン®を使用しても問題ない）

全身の症状
□ぐったり
□意識もうろう
□尿や便を漏らす
□脈が触れにくいまたは不規則
□唇や爪が青白い

呼吸器の症状
□のどや胸がしめ付けられる
□声がかすれる
□犬が吠えるような咳
□息がしにくい
□連続する強い咳き込み
□ゼーゼーする呼吸
　□数回の軽い咳

消化器の症状
□連続する強い（がまんできない）お腹の痛み
□繰り返し吐き続ける
　□中等度のお腹の痛み
　□1〜2回の嘔吐
　□1〜2回の下痢
　□軽い（がまんできる）お腹の痛み
　□吐き気

目・口・鼻・顔の症状
□顔全体の腫れ
□まぶたの腫れ
　□目のかゆみ、充血
　□口の中の違和感、唇の腫れ
　□くしゃみ、鼻水、鼻づまり

皮膚の症状
上記の症状が1つでもあてはまる場合
□強いかゆみ
□全身に広がるじんま疹
□全身が真っ赤
　□軽度のかゆみ
　□数個のじんま疹
　□部分的な赤み

1つでもあてはまる場合 / 1つでもあてはまる場合

①ただちにエピペン®を使用
②救急車を要請（119番）
③その場で安静を保つ
④その場で救急隊を待つ
⑤可能なら内服薬を飲ませる
（　　　　　）

ただちに救急車で医療機関へ搬送

①内服薬を飲ませエピペン®を準備
（　　　　　）
②速やかに医療機関を受診
救急車の要請も考慮
（　　　　　）
③医療機関に到着するまで少なくとも5分ごとに症状の変化を観察□の症状が1つでもあてはまる場合、エピペン®を使用

速やかに医療機関を受診

①内服薬を飲ませる
（　　　　　）
（　　　　　）
②少なくとも1時間は、5分ごとに症状の変化を観察し、症状の改善がみられない場合は医療機関を受診
（　　　　　）

安静にし注意深く経過観察

出典）環境再生保全機構ERCA（エルカ）「ぜん息予防のためのよくわかる食物アレルギー対応ガイドブック2014」2018（第2版第3刷）
https://www.erca.go.jp/yobou/pamphlet/form/00/pdf/archives_24514.pdf

図10-33　症状出現時のチェックシート

ないので，給食対応ができるかどうか個別面談をしっかりとしていく必要がある。

D．食物・食材を扱う活動

食物アレルギーのために除去をしていたが，食べられるようになって除去食の解除に至った場合でも，特異IgE抗体はまだあるために，その食物に触れることでなんらかのアレルギー反応を引き起こす可能性はある。例えば小麦粘土を用いた遊びやさまざまな食材を用いるおやつ作りなどについては一定の注意が必要である。管理指導表に記載がある場合は保護者に確認しながら活動の設定を行う。

E．特記事項

空欄も多いと考えられるが，主治医が保護者との相談の結果記載するので，保育所もその内容をよく理解しておく必要がある。保護者との個別面談が重要である。

②気管支喘息★

東京都の3歳児調査（令和元年度）では，ぜん息と診断されたものは7.9%であり，ガイドラインに引用されている平成26年度調査よりは若干の減少がみられる*。

【病型・治療】欄

ここで重要な部分は，「A．症状のコントロール状態」で，「3.不良」と記載されている場合である。この場合は，「D．急性増悪（発作）時の対応」で，なんらかの対応が求められる可能性が多く，あらためてぜん息の症状について見直しをしておく必要がある。気管支を広げるベータ刺激薬の内服や，吸入を保育所で行うことが求められる可能性があるため，保護者とよく相談をしておく必要があろう。

【保育所での生活上の留意点】欄

ぜん息を持つ子どもの多くは吸入性抗原に反応する。その抗原はほぼ室内塵中のチリダニ（コナヒョウヒダニとヤケヒョウヒダニ）であり，時に動物の毛垢のことがある。そのため「A．寝具に関して」，あるいは「B．動物との接触」についての管理を求められることがある。防ダニシーツは，繊維や織り方の工夫で，ダニおよびその排泄物などの抗原を通しにくくしたものがよく用いられている。

「C．外遊び，運動に対する配慮」について，ぜん息の場合，運動負荷によって発作状態になることがあるためこの項目が作られている。従って，コントロールが不良で不安定な場合に，一定程度外遊びや運動を規制する必要が生じることがある。外遊びの運動強度というものはその種類によって定量化されているものではない。管理が必要とされた場合には，その内容についてやはり保護者とよく話をして具体的なやり方を検討するのが良い。

③アトピー性皮膚炎★

乳幼児のアトピー性皮膚炎は，保湿の重要性の認識とステロイド局所療法への理解の広まりによる早期治療の効果で，有病率は近年減少傾向にある。また，多

★気管支喘息
第Ⅰ部 子どもの保健／
第6章 子どもの病気と
保育，p.96
- - - - - - - - - - - - - -
*東京都健康安全研究センター「アレルギー疾患に関する3歳児全都調査（令和元年度）報告書」2020
- - - - - - - - - - - - - -

★アトピー性皮膚炎
第Ⅰ部 子どもの保健／
第6章 子どもの病気と
保育，p.110，113

くの保育所でも保湿薬を塗布することに協力的で，それも症状の軽減には役立っているものと考える。しかし，症状のコントロールはあくまでも医師の指示に家庭がどのように従って実践しているのかによる。重症のアトピー性皮膚炎の場合，時に家庭状況にも目を配る必要がある。

　管理指導表の内容についてはガイドラインを参照する。

　またアレルギー性結膜炎，アレルギー性鼻炎については，ガイドラインを参照することとし，本項では省略する。

３ そのほかの疾患

　肢体不自由や先天性疾患については，個別対応をどのようにするか，保護者との連携が重要である。ほかの慢性疾患は，心疾患（先天性心疾患や川崎病の心後遺症を含む），腎疾患，血液疾患，感染症に注意が必要な原発性免疫不全症候群など多岐にわたる。

　またトイレトレーニングの際に気付くこともある慢性便秘症や，健診での見逃し例としての軽度二分脊椎症による膀胱直腸障害，さらには歩容障害などさまざまな個別的な配慮を要する子どもに出会う。頻度は少ないが，逆にそれゆえ，保育所としては保護者との面談を重ねることで，その子どもに適切な，発育と発達への手助けとなるような配慮をしていくことが望まれる。保育者の専門性を発揮する機会でもある。

4. 障害のある子どもへの対応

１ 障害の種類と保育における対応

　第Ⅰ部第6章の「6. 障害のある子どもたち（p.121）」に示した通り，障害児とは児童福祉法の規定によると次の児童のこととなる。

①身体に障害のある児童

②知的障害のある児童

③精神に障害のある児童（発達障害児を含む）

④治療方法が確立していない疾病その他の特殊な疾病で一定の障害を認める児童

　　なお③の発達障害の対象は，発達障害者支援法第2条で以下と規定される。

・自閉症　　・アスペルガー症候群

・広汎性発達障害（DSM-5*では以上を総称して自閉スペクトラム症：ASD）

・学習障害（DSM-5では限局性学習症：SLD）

・注意欠陥・多動性障害（DSM-5では注意欠如・多動症：ADHD）

*DSM-5：アメリカ精神医学会が精神疾患の診断基準と分類を定めた資料。DSM-5は2013年に公表された第5版。
第4章 精神保健，p.59参照。

・その他これに類する脳機能の障害であってその症状が通常低年齢において発現
　するものとして政令で定めるもの
　保育現場においては，それぞれの障害に応じて適切な対応が必要だが，医療面
では発達相談機関や専門の医療機関と連携すること，そして保護者に対して適切
な情報提供をすることが求められる。障害を要因とする主だった課題や行動と，
保育における対応を以下に記す。

（1）言葉が遅い

　言葉の発達が遅いと感じたときに，まず注意すべきは音の聞こえ方に問題がな
いかの確認である。耳鼻科での聴力検査とは別に，生活の場での確認方法として，
その子が興味を示すアニメのテーマ曲などを，背後など視野に入らない場所から
小さな音で流したときに子どもが振り向くかどうかで，ある程度は鑑別できる。
　次に大事なのは言葉が出ないだけなのか，（言葉を）理解することも遅いのか
どうかである。
①子どもの話しているレベルに応じて，同じような言葉を繰り返して，その言葉
　に反応するかを観察する。
②言葉をたくさん聞かせるときは，子どもの理解できる言葉を積み上げていく。
③子どもが言葉のもつ意味を理解するうえでも絵本の読み聞かせは有用である。
　家庭でも寝る前に子どもが興味を持つ内容を選び，保護者がページをめくって
　読み，毎晩続けることでの楽しい習慣づけは「落ち着き」「約束を守る」うえ
　でも重要と考えられる。

（2）人見知りが激しい，場慣れしない

　通常9か月くらいから1歳半ごろは人見知りがあって当然であり，親子の愛着
形成の発露と考えてよい。見知らぬ人を見て激しく泣く場合でも，しっかりと養
育者に抱きつき（愛着形成）が認められ，抱かれている間に子どもが安心してい
くようであれば問題とはならない。その回数を重ね，次第に落ち着いていく子ど
もの姿によって保護者の不安は解消され，親子ともに成長していくことにつなが
る。しかし，激しく泣き叫び，横にいる保護者にすがりつくこともなく泣き続け
る場合は，他に感覚過敏やこだわりなどの有無を含め，コミュニケーションや情
緒的な問題を視野に入れて，相談機関や発達専門医療機関の受診を検討する必要
がある。

（3）咬みつき行為

　咬みつき行為は，毅然とした態度で速やかにやめさせることである。「咬みつき」
はまさにしてはいけない行動であるが，やめさせる場合は叩いたり，強い口調で
叱ったりするのは逆効果となる。「自分がやられたら嫌な行為は，相手にもしない」
という原則に立つことが養育者に求められる。

子どもが咬みつき行為をするときは，思い通りにいかない苛立ちや，要求が通らず興奮し，パニックになっている状態と捉えて，後ろからハグして咬んでいる状態を止めて，興奮が鎮まり冷静になるまで待つ。子どもの気持ちが落ち着いたことを確認してから，やってよいことを具体的に示し，望ましい行動ができるように働きかける。

（4）自傷行為

幼小児期の自傷行為は，思い通りに行かないことに対する自分への苛立ちと捉える。掻破跡が手の届く範囲であったり，手など咬みやすい一定の部位に跡が残っていたりする。自分の体を「いつも」傷つけようとする行為はこだわりの強い子どもに認められることが多く，強迫性同一性保持行動に由来すると考えられる。

自傷行為をするときは，落ち着かず不安や緊張が強い場面であることが多く，養育者はそのような状況に児を追い込まないように配慮することが必要である。

一方，乳児期の頭打ち付け行動（head banging）という習癖は子どもの約7％に認められ，傷になることはなく自傷行為には該当しない。2〜3歳には自然消失することを理解し，あせらず待つことで十分である。

（5）多動（落ち着きがない）

多動を子どもの「問題行動」として疑うには，年齢，性別，家族環境などから考慮する。例えば3歳の男児であれば，サイレンを鳴らして救急車が走っていれば見に行くのは当然の行動であり，好奇心旺盛な子どもとしてむしろほほえましく捉えられる。しかし9歳ごろになって授業中に同様のことをすれば「落ち着きのない子ども」として問題となる。その代表的疾患・病態として注目されているのが注意欠如・多動症（ADHD），自閉スペクトラム症（ASD）や知的能力症などの関連領域である。また，多動を「周囲に適応しない行動」という観点から見ることも必要な場合がある。例えば初めての部屋に入って初対面のおとながいても気にせず，チラッと垣間見ることはあっても「観察するような」視線を合わせない。また，あちこち動き回り，行動を抑制しようとすると，嫌がったりもがいたりする場合は，ASDを含めたコミュニケーションの苦手な子として注意深い経過観察，および専門機関への紹介を考慮する必要がある。

（6）集団行動ができない，行事に参加できない

運動会や発表会など大勢の人が集まる場面を嫌がり，参加できない子の場合，無理に参加させようとするとパニックを起こし，脱走してしまうことも少なくない。これらの行動はこだわりのある子によく認められることを念頭に置き，1日の行動パターンが決まっていたり，それを子ども本人が前もって理解し，次に何をしたらよいか予測できると安心することを保育者は理解しておく必要がある。

また，このような子どもは感覚過敏があり，大きな音や声などを不快に感じ，

その場にいることができなくなる場合もある。無理強いすることで，子どもの不安や緊張はますます強まり，拒絶反応も強くなる。さらには嫌な記憶が蓄積して逆効果となることが少なくない。

　保育における対応として，子どもにはさまざまな背景があることを理解し，部分的にでも参加できるだけで良しとして，少し離れたところで参加させるなど，子どもの居場所を確保する。このような子どもの場合，その保護者にも前もって状況を理解してもらい，必要に応じては練習の段階から頑張っている子どもの行動特徴を観察してもらい，さらに「今日はうまくできても，本番ではできないかもしれません。でも無理にやらせることはしないようにサポートしていきますので安心してください」などと保護者の不安を取り除き，理解をしてもらうような配慮も必要となる。

（7）感覚過敏，かんしゃく

　乳幼児期からかんしゃくが強かったり，食べ物や着る物にこだわりがあったり，匂いのほか多様な感覚の過敏さを示し，耳ふさぎやわめくなどの行動を理解するうえでは，感覚過敏を「問題」と捉えるのではなく，感覚過敏やこだわりがあるからこそ，一度記憶したら忘れないといった才能をもち得ると認識することが不可欠である。子どもにとって，自分の特性を理解してもらえる環境は「居やすい場所」となり，集団への適応性の向上，さらには自己肯定感につながる。

　保育における対応では，まず落ち着きを取り戻させることである。泣いたり怒ったりしていてもそれが他児や周囲へ不安を与える行動でなければ，同じ部屋の一角で無地の壁など余分な刺激が視野に入らない場所を確保し，介助者は後ろからハグあるいは寄り添うだけにする。興奮しているときの声かけは，はやし立てる音と同じく，意味のある言葉として受け取れない状況であると理解し，不必要な声かけはしない。他児に乱暴したり，ものを投げるなど危険な行為をしそうな場合は，別室に連れて行き，クールダウンの環境を整える。いずれの方法も，冷静なときに，場所や対応の仕方をその子どもが理解できるように前もって伝えておくことで，本人の落ち着きが増す。

（8）肢体不自由児

　肢体不自由とは，肢体（四肢と体幹）の運動機能の障害，運動機能の障害が治療・訓練によって改善はされても，永続的に残され，日常生活に不自由をきたす状態とされる。原因の部位により，①脳原性，②脊髄性，③末梢神経原性，④筋原性に分類される。

　①の脳原性で乳幼児期に留意すべき脳性麻痺の子どもの特徴として，脳の障害部位にもよるが，知的障害をあわせ持つ（75％程度）こと，発声の異常や構音器官の障害など言語障害や知覚障害が併存しやすく，成長期には学習や経験の不足，

意欲の低下，さらには社会性の未熟さなどが生じやすいこと，社会・家庭環境の状況によってはパーソナリティの未成熟さが認められることが少なくない。

これらの諸問題を改善していくためにも，乳幼児期早期からのノーマライゼーション*の普及，インクルーシブ教育の理解と支持拡大，バリアフリー社会の促進を図ることが望まれる。

（9）視覚障害児

視覚障害とは視力や視野に障害があり，日常生活を送るうえで困難さを感じている状態をいう。ヒトは外界からの情報の約8割を視覚に頼っているといわれている。視覚障害児は運動全般の発達が遅れることは否めず，元気よく運動したり，思い切り走り回るといった機会がないため，運動することに対して苦手意識や恐怖心を持つ傾向があり，運動能力の発達が遅れることが多い。また言語発達は比較的良好であっても，周囲の世界と言葉の意味を結びつける視覚情報がないため，言葉の意味を間違えて覚えることが少なくない。

視覚障害児の早期療育においては，両手で触ったり，触圧をコントロールするなどの触察の指導からはじまり点字の初期指導が行われ，また日常的移動行動促進のための歩行指導や日常生活動作（ADL）**の指導が行われる。成長とともにパソコン，その他の支援機器類を用いた情報処理の指導なども視覚特別支援学校では積極的に行われている。

（10）聴覚障害児

聴覚障害とは身の周りの音や話し言葉が聞こえにくかったり，ほとんど聞こえなかったりする状態をいう。

聴覚の障害が子どもに及ぼす影響は，障害発生の原因や発症時期，障害の程度，発見時期，教育開始時期などにより一人ひとり異なる。以下のような2次的3次的障害を起こさないために，聴覚障害を正しく理解し適切な教育を早期に行うことや周囲の人たちが望ましいかかわり方をすることが必要である。

①音や言葉を聞き取る力が育ちにくい。

②言葉を理解することが難しく，言語を獲得する力が遅れる。

③聞こえのフィードバッグが難しいため，発声が途絶え，発語器官の運動能力が育ちにくい。

④人とのコミュニケーション経験が不足しがちになり，学習の理解が困難となる。

⑤コミュニケーションがうまくいかないため，人とのかかわりや社会性が育ちにくくなる。

⑥社会的孤立感を感じたり，自分についてマイナスイメージを抱く場合もある。

（11）医療的ケア児

医療的ケア児とは，痰の吸引や経管栄養などの生きていくために日常的な医療

*ノーマライゼーション：障害のある人が障害のない人と共に生活し，活動できる社会を目指すという思想や運動で，1950年代にデンマークのバンク＝ミケルセンが提唱。現代の日本ではバリアフリーや障害者雇用などが具体的施策として進められている。

**ADL（Activities of Daily Living）：「日常動作がどの程度自分の力で遂行できるか」を計るための個人の能力障害の指標で，障害者や老人の生活の自立度の判定に用いられる。

的ケアと医療機器が必要な次のような児童のことである。

①そしゃく・嚥下（飲み込む）機能の障害があるため，食物を口から食べることができない場合に，鼻からのチューブ（経鼻チューブ）を通したり，腹壁から胃や腸に穴（胃瘻・腸瘻）の造設などして，胃や腸に直接食事（栄養剤等）を入れる処置が必要な児。

②栄養を消化管からでなく中心静脈に直接注入する（中心静脈栄養）処置が必要な児。

③口・鼻から肺にかけて障害があり呼吸が困難な場合，喉に穴（気管切開）を開け，気管カニューレを通して空気の通り道を確保する処置が必要な児。

　全国の医療的ケア児（在宅）は2020（令和2）年度で約2万人と推計される。医療的ケアが必要であっても，ADLでは歩ける児から寝たきりの重症心身障害児までさまざまであるが，2016（平成28）年に改正された児童福祉法*にて，保育所等の設置者は利用している医療的ケア児に対し，適切な支援を行う責務を有すると明記されている。また，従事する者に対し医療的ケアについての情報の提供および研修を行うことも定められており，医療的ケアを的確で安全に行える体制作りが必須となっている。

②発達障害その他の障害がある子どもと保護者に対する基本的対応

　障害名にとらわれるのではなく，一人ひとり違うことを基本とする。

（1）共感と受容

　子どもがどのようなことでつまずいているのかを観察し，その子どもの困り感に気づき，寄り添う。

（2）スモールステップ

　子どもの能力を超えて早く解決させようとすると，いつまでもできるようにならず，本人も叱られたり注意されて自信が持てなくなり，逃げ出したり，パニックになることもある。目標となる課題に対して，細かい段階に分けて階段を上っていくように，一段できたごとに「できた」「やった」と達成感を持てるようにすると，子どもの自信につながる。

（3）前もっての約束

　かんしゃくを起こして相手を叩いたり，不快な行動をとる子どもに対しては，体罰を伴わない毅然とした態度で抑制することが必須である。前もってそのような行動が推定されるなら，子どもの状態が落ち着いているときに，子どもが理解できる方法，例えば絵カードや動作（マカトン法*）など具体的で視覚的にわかる方法を用いて子どもと約束をする。その際，言って聞かせる約束ではなく，子ども自身の言葉で表現できるような約束とする。

*児童福祉法第56条の6
第2項　地方公共団体は，人工呼吸器を装着している障害児その他の日常生活を営むために医療を要する状態にある障害児が，その心身の状況に応じた適切な保健，医療，福祉その他の各関連分野の支援を受けられるよう，保健，医療，福祉その他の各関連分野の支援を行う機関との連絡調整を行うための体制の整備に関し，必要な措置を講ずるように努めなければならない。

*マカトン法：手話を元にしたコミュニケーション法で，話し言葉とともに，手の動きによるサイン，線画シンボル（絵）を組み合わせて理解を促す。イギリスで考案された。

（4）ほめて伸ばす

　正しい行為をしたときや，できたことを「ほめること」は発達障害児だけでなく，幼児期の子どもたちには効果的であり，やればできる気持ちにつながる。良いところを見つけようとする保育者の目線や姿も温かいものとなり，それをみている子どもたちが互いに相手の良いところを見つけ，尊重し合うようになることが期待できる。

（5）家族への対応

　家族に対しては，特に幼児期では母親の精神的安定を図り，子どもの発達を前向きに捉えられるように支えることが必要である。そのためにも地域の発達療育センターなど発達相談専門機関との連携は極めて重要である。

【参考文献・資料】

『南山堂医学大辞典』第18版，南山堂，2001

㈳日本衛生材料工業連合会「衛生関連製品　幼児用紙おむつ編」

　http://www.jhpia.or.jp/product/diaper/baby/index.html

American Psychiatric Association: Diagnostic and Statistical Manual of Mentai

　Disorders 5. American Psychiatric Association, Washington DC, 2013

邦訳：日本精神神経学会監修，高橋三郎，大野裕監訳『DSM-5　精神疾患の分類と診

　断の手引』医学書院，2014

齊藤万比古編著『注意欠如／多動症（ADHD）の診断・治療ガイドライン第4版』じほ

　う，2016

宮島祐，田中英高，林北見編著『小児科医のための注意欠陥／多動性障害の診断・治療

　ガイドライン』中央法規，2007

宮島祐，田中哲郎編著『子育て支援における保健相談マニュアル改訂第3版』日本小児

　医事出版社，2013

岩坂英巳編著『困っている子をほめて育てるペアレント・トレーニングガイドブックー

　活用のポイントと実践例ー』じほう，2012

厚生労働省ホームページ「医療的ケア児等とその家族に対する支援施策」

https://www.mhlw.go.jp/stf/seisakunitsuite/bunya/hukushi_kaigo/shougaishahukushi/

　service/index_00004.html

第11章

健康および安全管理の実施体制

〈学習のポイント〉 ①保育園・幼稚園等と家庭との連携の重要性を理解し，その方法を学ぶ。
②子どもの生活リズムを整えるうえで，食事や睡眠について保育者として支援するための基礎知識を習得する。
③子どもの「健康と安全」を守るための地域のネットワークと連携について学ぶ。

2017年（平成29年）3月31日に告示された保育所保育指針では，子育て支援と保護者との連携について次のように示されている。

（子育て支援）

第1章　総則　1．保育所保育に関する基本原則　（1）保育所の役割

イ　保育所は，その目的を達成するために，保育に関する専門性を有する職員が，家庭との緊密な連携の下に，子どもの状況や発達過程を踏まえ，保育所における環境を通して，養護及び教育を一体的に行うことを特性としている。

（保護者との連携）

同（2）保育の目標

イ　保育所は，入所する子どもの保護者に対し，その意向を受け止め，子どもと保護者の安定した関係に配慮し，保育所の特性や保育士等の専門性を生かして，その援助に当たらなければならない。

養護と教育を一体的に行うためには，まず家庭との緊密な連携が必須である。連携に向けては，一人ひとりの保護者の状況や意向を理解し，受容するとともに，それぞれの親子関係や家庭生活に配慮しながら援助するためには保育所と家庭の連携，丁寧な情報交換を欠かすことができない。

1．職員間の連携・協働と組織的取り組み

保育の現場は，保育者以外に，看護師，栄養士，管理栄養士，嘱託医等，専門性を持った多様な職員によって構成されている。子どもの健康と安全を守り，健やかな成長を保障していくためには，保育者だけではなく，子どもにかかわる職員全員の連携や情報の共有が大切である。多くの保育現場は保育時間の長時間化により，シフト制の勤務がほとんどであり，職員が一同に会して話をする機会を持つことが難しいため，連携や情報の共有の方法についてはそれぞれの園に合っ

た工夫をしていく必要がある。

　職員一人ひとりが連携や情報を共有することの重要性を認識し実践することが，子どもをケガや大きな事故から守ることになり，また虐待などの問題の早期発見・早期対応にもつながる。

■1 保育の長時間化に対応した職員間の連携

　保育現場は昨今，保育時間が長時間化する傾向にある。そのため，子どもを受け入れる保育者と日中子どもと過ごす保育者，そして子どもを送り出す保育者が異なる場合が多々ある。一人ひとりの子どもの様子を途切れることなく引き継いでいけるよう，保育者間の連携と情報の共有を工夫していく必要がある。また，保護者からの連絡事項や質問等も確実に引き継いで，もれなく対応し，タイムリーに回答していけるようにする。

　引き継ぎ内容については，事務的な内容や子どもの体調やケガについてはもちろん，成長に関すること（トイレでおしっこが出た，靴を自分ではこうと頑張っていたことなど）や日中のエピソードなどについても引き継いで保育者間で共有するなど，職員が入れ替わることで子どもの生活が途切れてしまうことなく連続性を持つことができるような引き継ぎを心がける（**表11-1**）。

　他の職員の記録に触れることは，保育者の自分以外の視点からの気づきにもなり，さらなる子ども理解にもつながる。また，保護者とのやり取りをするときに話題として取り上げることができる。担任以外にも，職員皆がわが子を見守って

表11-1　保育者間の引き継ぎ記録（例）

氏名	体温		朝の引き継ぎ事項		夕方の引き継ぎ事項	備考
どんぐり組		確認		確認		
A児	36.2	山田	昨日の夜は鼻がつまって夜中に何度も目を覚ましましたのでいつもより早く眠くなるかもしれないとのことでした。	内山	午睡はいつもより30分ほど早く眠りにつき，午睡中は苦しそうではありませんでした。熱もなく大丈夫そうです。	お母さん，安心されていました。
B児	36.7	山田	変わりなく元気とのこと。	森下	散歩でテントウムシに会うと大興奮でした。連絡帳に詳細を書きましたが口頭でもお伝えください。（写真あり）	お母さんは虫が苦手なそうです。写真を見て大笑いしていました。今度は一緒に探そうとのこと。
たんぽぽ組						
つくし組						

出典）東京家政大学ナースリールーム

くれているという雰囲気は，保護者の安心感や保育者や園に対する信頼につながり，大切な子育て支援になるといえる。

② 子ども理解のための連携と情報共有

　保育者の仕事は子どもと直接かかわること以外にも，教材の準備，環境整備，保護者対応，保育記録等多岐にわたる。そのために個々で仕事を抱え込んでしまいがちだが，保育や個々の子どもや保護者の状況，その他知りえた情報などは職員間で共有するようにする。保育日誌・保育記録・個人面談記録・家庭訪問記録などは回覧して職員間で共有する。また，早急に対応・情報の共有をしたほうがよいと思われる内容については施設長や主任などを通じて速やかに行うようにする。

③ 情報共有の方法

　保育時間が長時間化している昨今の保育現場では，職員間で情報を共有する手段を工夫していく必要がある。連携，情報の共有方法には，記録の回覧や連絡事項が記載された書類の確認，口頭での確認，ITシステムの活用などさまざまな方法がある。保育に関する情報は，多くの場合守秘義務が求められ，情報の漏洩には細心の注意を払う必要がある。そのことに十分配慮しながら，職員一人ひとりがタイムリーに情報を共有できるような方法を取り入れていくようにする。

④ 危機管理のための連携と情報共有

　成長過程にある子どもたちの日常にはさまざまな危険が潜んでいる。子どもたちの生活する場である保育の場は，どこよりもそこで生活する子どもたちにとって安全な場所であるよう環境を整えていく必要がある。しかしながら，体の成長・運動機能の発達，遊び，関係性が常に変化している子どもたちにとって，昨日まで安全だった環境が今日も安全な場所とは限らない。一人ひとりの子どもの成長・発達・遊び・興味などを把握する，保育室や園庭の環境のチェックリストをつくり定期的に確認する，散歩の経路や近隣の公園のヒヤリハットマップを作成する，ヒヤリハット・事故記録（**表11－2**）を作成するなどして職員間で危険について情報の共有をし，けがや大きな事故から子どもたちを守っていく努力を怠らないようにする。

⑤ 研修内容の共有

　感染症，応急処置の方法，救急救命法，アレルギー，予防接種等については，常に最新の情報を取り入れていくようにする。職員の中で役割分担をし，積極的

表11－2　ヒヤリハット記録（例）

発生日時	●年●月●日（　火　）　12時30分頃
対象児	A児　　2歳2か月
発生場所	1歳児室前の廊下
記録者・対応者	保育者　C

経　　　　過	
【保育者の位置】 C：トイレ付き添い D：1歳児保育室内 E：休憩	保育者Cは食後A児が一人，1歳児室前の廊下でコルク積み木（丸型）を手に転がして遊んでいるところを確認。 その後，保育者CはB児のトイレに付き添う。調理室のカウンターの窓から調理員Fの「Aちゃん大丈夫？」という声が聞こえ，保育者Cが駆けつける。状況を調理員Fに確認する。「咳をして苦しそうに顔を赤らめていた」との報告を受ける。コルク積み木を確認すると，数か所かじり取られている場所があり，飲み込んだ可能性があると考え口の中を確認する。その頃には咳はおさまっている。口のなかに破片は見つからない。調理室よりお茶をもらいA児に飲ませる。

要因の分析と今後への対策・職員間の共有
コルク積み木をかじり取る場面，また飲み込む場面を確認できていないため，実際飲み込んだかどうかはわからないが，調理員Fが見ていたときには苦しそうにしていたとのことなので，飲み込んだ可能性が高いと考える。一人で転がして遊んでいる様子は確認していたが，コルク積み木を食べてしまうということは予測していなかった。コルク積み木は柔らかい素材で，歯でかじり取れる物であるということで，誰にでも起こりうる可能性があると思って観ていかなくてはならない。

保　護　者　対　応
保護者へはお迎えの時に保育者Cより状況を説明し，午睡，午睡後のおやつの様子について，変わりなかったことをお伝えし，しっかり確認できていないことをお詫びする。保護者より，「口に入れることはめったにないので，食べていない気がしますが，様子をみてみます」とのことでした。
⇒翌日の朝，早番保育者より保護者に確認する。特に変わった様子は見られなかったとのこと。便も通常通り。

出典）東京家政大学ナースリールーム

に研修等に参加したり，専門書，情報誌を読むなど，さまざまなツールを利用し，常に知識や技術を更新していくようにする。知りえた情報については，研修記録等を通じて，職員全員で共有したり，園内のマニュアルを更新したりして保育の中で生かしていく。

⑥ 職員間の連携・協働の実践

　常に「子どもにとってどうなのか」「この子にとってどうなのか」という視点で，さまざまな専門性を持った職員間が連携することは，一人ひとりの子どもの育ちを保障することになり，またその姿勢は保護者にとっても大きな安心になる。

2. 保育における保健活動の計画および評価

　保育所保育指針では子どもの健康と安全の確保について，次のように示している。

> **第3章　健康及び安全**
> 　保育所保育において，子どもの健康及び安全の確保は，子どもの生命の保持と健やかな生活の基本であり，一人一人の子どもの健康の保持及び増進並びに安全の確保とともに，保育所全体における健康及び安全の確保に努めることが重要となる。

　また保育所における子どもの健康支援について，同章の1　子どもの健康支援において，（1）子どもの健康状態並びに発育及び発達状態の把握，（2）健康増進，（3）疾病等への対応で詳細に記載されている★。

★資料編，p.251

　著しい発達過程にある多くの子どもたちが長時間過ごす，生活と教育の場である保育の現場では，一人ひとりの子どもが，個々の発達や成長を尊重されながら安心して健康に過ごせることを大切にしなければならない。そのためには，それぞれの年齢，家庭の状況，季節，社会状況を加味しながら，保健的視点から，子どもの命を守り，健全な育ちを保障するための年間計画を立案することが求められる。

■1 定期的な身体測定

（1）定期的な身体測定の実施

　定期的に身体測定を行う★。計測後は数値を記録し，乳幼児身体発達曲線★（身長・体重）にプロットをする。

★**身体測定の方法**
第Ⅰ部 子どもの保健／
第3章 子どもの成長と
発達，p.39
★**乳幼児身体発育曲線**
第Ⅰ部 子どもの保健／
第3章 子どもの成長と
発達，p.39

（2）計測結果の保護者への伝達

　身体計測を行ったら，その都度保護者に結果を伝える。子どもの健やかな成長を客観的な数値で確認することは，保護者にとっても喜びや安心につながるからである。体の小さいことなど，不安を抱いている保護者に対しては，その子なりに成長していることを客観的な視点をもって伝えたり，長期的な視点で共に見守ったりしていく。また，記録をもとに嘱託医に相談するなどして対応する。

2 健康診断

保育所保育指針では健康診断について以下のように記される。

> **第3章　健康及び安全　（2）健康増進**
>
> **イ**　子どもの心身の健康状態や疾病等の把握のために，嘱託医等により定期的に健康診断を行い，その結果を記録し，保育に活用するとともに，保護者が子どもの状態を理解し，日常生活に活用できるようにすること。

　保育者は，健康診断を有効かつ円滑に行うための準備をする必要がある。健康診断日を保護者へ連絡し，直接健康診断に立ち会う機会を設けたり，また事前に嘱託医への質問票を保護者へ配布するなどして，健康診断が有効に行われるよう配慮していく。保護者からの質問があった場合は，嘱託医からの回答を，記録，あるいは口頭で正確に伝えるようにする（**図11-1**に質問票の例を示す）。また一人ひとりの子どもについて，プロットしてある乳幼児身体発達曲線を用意したり，普段の様子，健康状態などの情報を嘱託医へ提供できるようにしておく。保護者からの質問等がない場合でも，園側で不安，質問等がある場合にも嘱託医に尋ねるなどして，子どもの成長や健康について客観的に把握していく。

保護者の皆様へ

　●月●日の健康診断の際，お子さんについて気になることなどご質問があれば，ご記入の上，担当保育者に提出してください。また，健診に立ち会って直接伺うことも可能ですのでご希望の際はお知らせください。

乳幼児名　○○　○○　　（2歳11ヵ月）

> **（質問）**
> 朝起きたときに「目が痛い」といいます。見た感じは何でもないのですが，目をぱちぱちさせていることやこすっていることがあります。少しするとおさまるようで，きっと眼科に行ってもその時には何でもないんだろうなと思い，受診を迷っています。

> **（回答）**
> 様子を見ていても大丈夫かなとも思いますが，もしかしたら逆さまつげかもしれません。続くようなら，眼科を受診して朝の様子などを伝えてみてください。

図11-1　健診の質問票（例）

❸ 保健活動計画の作成と評価

保育所保育指針では保健活動計画について，次のように記される。

第1章　総則　3 保育の計画及び評価　（1）全体的な計画の作成

ウ　全体的な計画は，保育所保育の全体像を包括的に示すものとし，これに基づく指導計画，保健計画，食育計画等を通じて，各保育所が創意工夫して保育できるよう，作成されなければならない。

園の全体的な計画をもとに，保育の現場に生かしていける具体性のある保健活動計画の作成が求められる。看護師がいる園は看護師を中心に作成し，また内容によっては嘱託医からの助言を仰ぎながら作成する。作成した保健活動計画については，園の職員全員で内容を把握，熟知し，実践していく。年間保健計画の例を**表11－3**に示す。

（1）保育所での保健活動

保育所における保健活動は，生活リズム，睡眠，衣類，皮膚の清潔，水分補給，予防接種，健康診断，感染症対策，事故の予防等多岐，広範囲におよぶ。保育者は，それぞれの項目について年齢に応じた活動内容になるよう工夫していく。年齢が大きくなるにつれ，子どもとともに保健活動を行っていくことで，子ども自らが体や病気，事故や生活リズムなどに関心を持つようになり，そのことは健康・安全教育へとつながっていく。

（2）保護者への発信

保護者支援の一環として，園のさまざまなおたよりと同じように保健的視点からの「**保健だより**」を発行している園も多い（**図11－2**）。保健だよりは年間保健計画に基づいて作成し，その時々の年齢，季節，社会の状況，保護者の気持ちに寄り添った内容を発信するよう心掛ける。昨今，保護者は不安や疑問についてネットで『検索』をすることが多くなっているが，検索では目の前の子どもに適した回答が得られるわけではなく，かえって不安になるケースも少なくない。保育の現場からの発信は子どもや保護者にとってタイムリーであり，またそのことをきっかけに保護者と保育者で話題に取り上げたり，看護師，嘱託医とつながっていくこともできる。保育の現場には，保育の中で生かされる発信にしていくための知識や情報の習得，内容の工夫が求められる。

（3）評価

年度の終わりには，保健活動計画に沿って各年齢，園全体の保健活動について，また「保健だより」等の発信の内容・方法についての振り返りを行う。それをもとに次年度の保育活動計画の作成を行う。

表11-3　年間保健計画（例）

月	保育目標	年齢別配慮 0歳児	年齢別配慮 1〜2歳児	保健だよりで家庭に伝えたいこと	その他
1期（4・5・6月）	・個々、年齢に応じた生活リズムを整える。 ・新しい環境に無理なく馴染めるようにする。 ・梅雨を気持ちよく過ごす工夫をする。	・新しい環境での生活についての配慮点について保護者に伝える。 ・毎日の検温で、個々の平熱と体温調節のタイプについて把握する。 ・体調の変化に対しての早期発見・早期対応のため通常時の状態を把握する。（体温・機嫌、食欲・便の様子・皮膚の状態・表情など） ・爪の清潔を気を付ける。 ・体調の小さな変化を保護者と共有する習慣をもつ。	・新しい環境での生活についての配慮点について保護者に伝える。 ・新しい環境での怪我や事故、トラブルに十分配慮する。 ・家庭、園で毎日の検温を行い、体調の変化のため早期発見・早期対応をし、体調変化のため通常時の状態を把握する。 ・爪の清潔について気を付ける。 ・体調や気温、天候によって衣類を調節できるように用意してもらう。 ・肌着の着用を勧める。	・家庭での検温のお願い ・園での薬の取り扱いについて ・登園における配慮（車…チャイルドシートの着用、自転車、ベビーカー…シートベルト・肩ベルトの着用） ・生活リズム（睡眠時間・朝食の大切さ）について ・梅雨の時期の食中毒についての注意	・健康診断（1回／4月） ・身体計測（1回／月） ※1歳未満は2回／月以上
2期（7・8・9月）	・夏の暑さを感じながら健康に過ごせるように心掛ける。 ・水分補給をこまめに行う。 ・防災訓練の職員の体制・非常時の備えについて確認する。 ・風邪の予防に努める。	・紫外線対策をする。 ・園と家庭で防虫対策をする。 ・高熱や、熱性痙攣のときの対応について伝えていく。 ・個々の生活リズム・食事の状況について担任・管理栄養士、調理員と共有する。 ・水分補給に配慮し、熱中症について家庭と共有する。 ・夏の過ごし方に配慮し、夏の室温に調節する。	・水遊びでの事故防止の観点から保育者の配置や環境について確認を行う。 ・子どもの様子を見ながら、個々に応じた水分補給を行う。 ・防災訓練は年齢に応じて関わりをし、不安を感じさせないよう配慮する。 ・個々の様子・家庭での過ごし方を考慮し、十分休養をとり、暑さによる疲れを貯めないようにする。	・夏のスキンケア（虫よけ、虫刺され、皮膚の清潔）について ・熱中症、水分補給について ・夏によくみられる感染症状について ・夏の外出時に気をつけたいことについて ・夏の室内環境について（室温・湿度） ・防災について園での取り組み、家庭での備えについて	・学園（地域）の合同防災訓練（1回／月） ・身体計測（1回／月） ※1歳未満は2回／月以上
3期（10・11・12月）	・戸外で体を大きく使って気持ちよく遊べるようにする。 ・室内外での誤飲に十分気を付ける。 ・予防接種の接種状況を確認する。 ・風邪の予防に努める。	・動きが活発になってくる時期なので、けがをしないよう環境を見直す。 ・室内外での誤飲に十分気を付ける。 ・予防接種の接種状況を確認する。 ・家庭と連携して皮膚の乾燥に保湿に努める。 ・気温差の大きい時期、状況によって衣類をこまめに調節する。 ・鼻水の取り方、鼻の周りの皮膚のケアを丁寧に行う。	・動きが活発になり行動範囲が広がってくるので、事故、けが防止の観点から環境を見直す。 ・保育者と連携し、正しい手洗いを行う。 ・靴のサイズが合っているかを定期的に確認していく。 ・体調の変化についてこまめに確認し、早期発見・早期対応に努める。 ・気温差のある場所、状況によって衣類をこまめに調節する。	・動きやすさ、保温、調節のしやすい衣類について伝える。 ・予防接種状況の確認 ・インフルエンザの予防接種の奨励 ・冬によくみられる感染症について ・家庭での事故防止・環境の見直しについて ・咳や鼻水への対応について ・冬の室内環境について（室温・湿度）	・健康診断（2回／10月） ・手洗いうがいの話 ・身体計測（1回／月） ※1歳未満は2回／月以上
4期（1・2・3月）	・個々、年齢に応じた生活リズムを見直し整える。 ・冬の寒さを感じながら健康に過ごせるように心掛ける。 ・感染症の流行に注意する。	・食事や睡眠（入眠時間・起床時間）など生活リズムを見直し整えていく。 ・室内の温度と湿度を確認し、加湿と換気を行う。 ・鼻水や咳、呼吸音などの症状を丁寧に観察する。	・食事や睡眠（入眠時間・起床時間）など生活リズムを見直し整えていく。 ・担当と連携しながら個々の発達に応じて排便の自立さをうながしていく。 ・保育室間で連携しながら、進級後安心して安全に過ごせるよう、進級後の保育室で過ごす機会をつくる。	・冬のスキンケアについて ・嘔吐・下痢の処理の仕方について ・暖房器具の使い方・注意点について ・生活リズム（早寝・早起きの勧め）について ・花粉症などのアレルギーについて ・1年間の成長の振り返り	・健康診断（3回／10月） ・新入所児健診 ・1年間の振り返り（職員）

出典）東京家政大学ナースリールーム

❄❄❄❄❄❄❄❄❄❄❄ **保健だより** ❄❄❄❄❄❄❄❄❄❄❄❄

動きが活発な子どもたちは、日常のちょっとした場面で転んだりぶつけたりすることがあります。そんなときのための対応や応急処置をご紹介します。

頭を打ったときの確認ポイント

① **頭を打った場所や状況**
　どんな状況で、どんな場所で打ったのか、自分だけの力や体重がかかったのか、誰かと一緒に倒れたり押されたりして自分以外の力が加わったのか、また、打った場所がコンクリートなどの固いものなのか、絨毯のような柔らかいものなのか、高いところから落ちて打った場合にはその高さについても確認するといいでしょう。

② **顔の表情・顔色**
　まずは顔を見ます。ぼーっとした表情をしていたり、いつもと受け答えが違ったりする場合は、意識に支障が出ているのかもしれません。顔色が悪いときにも注意しましょう。

③ **いつもの様子と比べてどうか**
　機嫌や動きなどいつもと様子が違うときにも要注意です。

④ **おう吐を繰り返すか**
　子どもは、何でもないことで1～2回はおう吐することがあります。熱が出ていたり、下痢をしていたりするなど、おう吐の原因が他に見当たらないのに何度も繰り返すときは要注意です。

⑤ **頭痛が続くか**
　子どもが大きくなってくると、痛みを我慢してしまうこともあります。頭痛が続くかどうかもポイントなので、注意してみてあげてください。

⑥ **時間を追って観察**
　頭を打ってからの6時間はしっかりと様子を観察しましょう。24時間、48時間と時間を追って様子を観察し、48時間経過して何もなければおおむね安心でしょう。

擦り傷ができたとき

● **傷口を清潔にする**
　水道水で砂や泥などの汚れを洗い流しましょう。

● **止血**
　出血がある場合は傷口を心臓より高くして、清潔なもので抑えて止血をしましょう。

● **湿潤効果のあるもので傷口を覆う**
①傷口から出ているさらさらした浸出液には傷口を治す成分が含まれていて、傷口を乾燥させるよりも保湿されている状態を保つことが効果的です。
②ラップら市販の傷用絆創膏で傷口を覆いましょう。
③絆創膏内で悪化させないように、絆創膏は定期的に清潔なものに変え、変える際は傷口を水道水で流してきれいにしましょう。
　※絆創膏ははがれたときに誤飲する危険がありますので十分お気を付けください。

とげが刺さったとき

● **浅く刺さったトゲは自然と抜ける**
　皮膚の比較的浅いところに刺さったトゲは、自然と抜けることがあります。皮膚は新陳代謝をしているので、新しい皮膚が盛り上がり、トゲが自然と外へ押し出され抜けることがあります。

● **刺さったままで痛がるとき、深く刺さっているときの抜きかた**
①トゲを抜く人は、手をしっかりと洗う
②刺さった部位を清潔にする。
③殺菌消毒をしたピンセットやトゲ抜きを使う
　トゲが刺さったときと同じ角度で、慎重に引き抜く
④抜いた後の皮膚を清潔にする。
　※ちょっとした裏技・・・50円玉や5円玉等の穴の開いた硬貨を使用します。穴の中心にトゲの刺さった場所を合わせて、そのまま硬貨を押し当てるとお肉が盛り上がり、トゲがスッと出てきて抜けやすくなることがあります。

出典）東京家政大学ナースリールーム

図11-2　保健だより（例）

3. 母子保健・地域保健における自治体との連携

　保育所は，保育の実施にあたり，子どもの状態に応じて，保健，医療，療育などの専門機関，地域の自治体および関係機関と連携をとる必要がある。地域の自治体とは，市町村（特別区を含む），都道府県の各部署である。自治体の保健部門については，保健所，市町村の保健センターなどがある。

　保育所保育指針では，自治体との連携について各所に記されている。

> **例）第3章　健康及び安全　1　子どもの健康支援（3）疾病等への対応**
> イ　感染症やその他の疾病の発生予防に努め，その発生や疑いがある場合には，必要に応じて嘱託医，市町村，保健所等に連絡し，その指示に従うとともに，保護者や全職員に連絡し，予防等について協力を求めること。

　自治体と定期的に情報交換の場を持つなど連携の体制を作り，子どもの状態に応じて個別に連携し，非常時には迅速に連携をとる必要がある。

　個別事例の検討に当たっては，個人情報の扱いには注意が必要である。あらかじめ自治体との間で情報の共有のしかたを協議し，緊急性に応じて活用できるよう体制を整える必要がある。

　以前より，保育所，または保育所でつくる団体と，自治体との間で連絡会や研修会などが開催されているところが多い。また，ほぼ全市町村において組織されている要保護児童対策地域協議会（子どもを守る地域ネットワーク）は，情報共有の基盤となっている。

■1 連携のありかたについて

（1）感染症やその他の疾病の発生予防と，発生時の対応

　定期的に健康診断を行い，常に子どもの健康状態を把握し，感染症やその他の疾病の発生予防に努める。入所時および適宜，予防接種歴，接種状況を確認する。

　保育中に体調不良や傷害が発生した場合には，その子どもの状態等に応じて，保護者に連絡するとともに，嘱託医や子どものかかりつけ医等と相談し，適切な処置を行う。

　感染症の発生や疑いがある場合は，嘱託医，市町村，保健所等に連絡し，予防や感染拡大防止等について，その指示に従う。

　嘱託医が，感染症の予防上，臨時に保育所の全部又は一部の休業が望ましいと判断した場合は，市町村，保健所等に連絡し，情報を共有し，連携して対応する。

（2）障害や慢性疾患，発達上の課題のある子どもの保育に関する自治体との連

携

　子どもに障害や慢性疾患，発達上の課題がある場合，家庭や市町村，かかりつけ医，専門医療機関，療育機関など関係機関から情報を得て，個別の指導計画を作成し，子どもの状況に応じた保育を実施し，家庭や各関係機関と連携して支援する。

　情報を把握するためには，家族からの情報，現在通院している医療機関や療育機関からの情報だけでなく，出生からこれまでの経過を把握している市町村の保健部門の情報が重要である。

（3）乳幼児健康診査（乳幼児健診）に関する保育所と市町村との連携

　保育所では，入所時の面接の際に，母子健康手帳の持参を求め，それまでに受けるべき乳幼児健康診査と予防接種の受診歴を必ず確認する。入所後は，月齢・年齢に応じて予防接種と乳幼児健診を受けるよう，保護者に受診を勧奨する。

　市町村が実施する乳幼児健診は，保健センターなどで実施する集団健診の場合と，医療機関に委託する個別健診の場合がある。施設がある自治体の広報や自治体のホームページなどで，集団健診の日程を確認しておく。

①乳幼児健診における検討を依頼

　保育所で，子どもの発育・発達や健康状態，保護者の養育状態などについて，何らかの気がかりなことがある場合，集団で行われる乳幼児健診の前に市町村の乳幼児健診担当の保健師に連絡し，検討を依頼する場合がある。

　例えば，ふだんの保育の中で，落ち着きがなく，遊びの輪に入らないなど，気になる点がある場合，嘱託医に相談する，医療機関の受診を勧めるなど，状況により，いくつかの対応が考えられる。乳幼児健診の受診日が近い場合は，保護者の同意を得たうえで，事前に市町村の健診担当の保健師に，保育所での様子を伝えておくことができる。乳幼児健診には多職種がかかわることから，さまざまな視点から助言を得ることができる。

　乳幼児健診が個別健診の場合には，保護者に受診する医療機関を確認し，市町村の保健師を通じて情報提供することが考えられる。

②乳幼児健診の事後の情報共有

　乳幼児健診の際には，保育所等の利用状況をたずねることになっている。健診結果により保育の場における配慮が必要であれば，保育所に支援を依頼する。保健部門と保育所で情報を共有しながら親子を支援する。

③未受診者対策

　乳幼児健診の未受診者の中には，虐待を受けている子どもが含まれている割合が高く，虐待をしている親は健診を受けないことが少なくない。

　保育者は，入所児の健診予定を確認し，体調を整えて受診できるよう配慮する。

未受診となった場合は，必要に応じて市町村の担当者と連絡を取り，保護者に受診を促す。市町村の担当者から未受診者として連絡を受けた場合は，子どもと保護者の様子を伝える。

　保護者によっては，保育所で健康診断を受けているため，自治体が実施する乳幼児健診を受ける必要はないと考えることもある。あらかじめ，保育所の健康診断と，自治体が実施する乳幼児健診の意義を保護者に説明しておく。

（4）食中毒発生時の対応

　食中毒が疑われる場合は，関係機関と連携して，迅速に対応する。対象となる症状が認められる子どもを別室に隔離するとともに，嘱託医の指示を仰ぎ，保健所に連絡する。

（5）災害への備えにおける地域の関係機関との連携

　災害発生時に連携や協力が必要となる関係機関等としては，消防，警察，医療機関，自治会，近隣の商店街や企業，集合住宅管理者などがある。各関係機関等とは，定期的に行う避難訓練への協力など，市町村の支援の下に，必要な連携や協力を得ておく。

（6）保育所で不適切な養育が発見された場合の自治体との連携★

（7）保育所で子ども虐待が発見された場合の自治体との連携★

★不適切な養育，子ども虐待への対応
第Ⅰ部 子どもの保健／第2章 親と子どもの保健, p.29

（8）子育て支援にかかる連携

　保育所は，入所する子どもを保育するとともに，家庭や地域のさまざまな社会資源との連携を図りながら，入所する子どもの保護者に対する支援とともに，地域の子育て家庭に対する支援等を行う。

①保育所を利用している保護者に対する子育て支援

　保護者の状況に配慮した個別の支援を行う。

　・子どもに障害や発達上の課題が見られる場合には，市町村や関係機関と連携及び協力を図りながら，保護者に対する個別の支援を行う。

　・外国籍家庭など，特別な配慮を必要とする家庭の場合には，状況等に応じて市町村等の関係機関やかかりつけ医と連携するなど支援を行う。

②地域の保護者等に対する子育て支援

　地域に開かれた子育て支援を行うため，地域の関係機関，特に市町村との連携が重要である。

・市町村の支援を得て，地域の関係機関等との積極的な連携及び協働を図るとともに，子育て支援に関する地域の人材と積極的に連携を図る。

・地域の要保護児童への対応など，地域の子どもを巡る諸課題に対し，市町村，要保護児童対策地域協議会など関係機関等と連携及び協力して取り組む。

❷保育所に看護職が配置されている場合について

　保育所に看護職が配置されているのは，全国の認可保育所の約３割であるが，看護職は，自治体の母子保健部門との連携のキーパーソンとして重要な役割を果たしている。

　保育所に勤務している看護師の果たす役割を**表11－4**にまとめた。

❸今後の課題について

　連携の迅速性と適切性を保持するため，個人情報の保護に配慮しつつ，保育所

表11－4　保育所の看護職と保健所・市町村に勤務する母子保健担当の保健師との連携について

１．連携の形式と内容
１）保健部門との連絡会の開催
年１回以上。内容は，スタッフの顔合わせ，活動状況報告，事例検討など
例として，
・保育所の連絡会に保健部門の保健師が参加する。
・保育所側が保健部門の連絡会に参加する。
・共同で開催する勉強会・学習会
・障害児保育に関する指導委員会の開催
・相互に講師として参加など
２）事例別の連携
必要に応じて，個別事例を検討する。
２．事例別の連携の理由
・発達の遅れの疑い等のフォロー
・被虐待児（疑い含む）の支援
・自閉症・情緒障害児の支援
・心身障害児の支援
・家庭内暴力への対応
・知的障害のある保護者や家族に対する支援
・転入者や健康診査未受診児の保育所における生活に関する情報提供
・育児不安への対応
・感染症への対応など
３．事例別の連携の内容
１）保育所から
・保育所における日常的な子どもの様子を伝える。
・養育者の様子を伝える。
・健康診断の結果等の情報の提供など
２）保健部門から
・保健師が行っている子どもや家族に対する支援にかかわる情報提供
・健康診査等の保健活動に関連した情報の提供
・発達の遅れや障害児などで保育所入所を希望している子どもや保護者への対応
・専門医療機関・療育機関に関する情報提供
・入所前の子どもの家庭養育に関する情報提供など
４．個人情報の保護に関する留意点
必要に応じて，本人または保護者の同意を得て情報を提供する，または上司と相談した上で情報を限定して情報を提供するなど，個人情報の保護に留意する。

出典）高野陽他「母子保健と保育所の連携に関する保健師の意識調査」日本子ども家庭総合研究所紀要第40集，p.117-128，
　　　2003より一部改変

は，自治体との間で適切に情報を交換する必要がある。保育所における保健活動は，地域における母子保健活動と密接な関係を保ちつつ進められる。さらに自治体との緊密な連携の下に，地域の子育て家庭も含めた育児支援を展開し，円滑に学校保健につなげていくことをめざしている。

4. 家庭，専門機関，地域関係機関との連携

1 情報交換―家庭（保護者）とのパートナーシップ

　現代は，育児書・育児雑誌，インターネット，SNSなどから簡単に情報を得やすい状況にある一方で，知識は豊富だが実際に子どもとどのようにかかわったらよいのかわからない保護者が増えている。その理由として，保護者自身が少子化・核家族化の家庭の中で育ち，子どものころから自分や家族とは異なる世代とかかわる体験が不足していることに加え，地域の中で子育ての伝承がされていないことがあげられる。

　子ども，特に乳幼児は生きることの多くをおとなに依存し，おとなの保護や世話を受けて成長・発達する。そのため保育者は子どもへの直接的なかかわりとともに，保護者が親として育つことを支援し，保護者とパートナーシップを組んで保育をする必要性がある。よいパートナーシップを育むには，保護者と保育者の信頼関係が根底になければならない。子どもの様子を保護者に具体的に伝えるだけでなく，保護者の不安や悩みに真摯に耳を傾けることで，子育てに対して困難だけでなく喜びを感じられるようになっていく。日々の丁寧なやり取りを通し，子どもの成長の喜びを共有する体験を積み重ねることで，保護者との信頼関係が構築されていく。

（1）多様な家庭との連携方法

　保育者と保護者の信頼関係の形成は，入園前から始まる。初めて会う保育者に大切な子どもを託す保護者の複雑な心情に心を寄せることが大切である。保護者の心の中には，子育てへの不安，仕事復帰の喜びと緊張，そして保育所への期待など，さまざまな思いがめぐっていることが想像できる。入園してくる子どもや保護者の家庭状況はさまざまだが，保育者には子どもと保護者の支援者として，どんな時でも温かくおおらかに，すべてを包み込むような力量と雰囲気が求められる。

　気がかりな子どもやその保護者がいる場合には，指摘をしたり要求や指示を出す前に，保護者の不安や大変さを察したうえで，その思いや要求に耳を傾けて共感的な言葉をかけることが大切である。保育者の寄り添おうとする姿勢が保護者

の心を開くきっかけになり，しだいにいろいろなことを話せる関係が築かれ，やがては保育者の子ども理解へとつながっていく。これが信頼関係を築く第一歩である。

（2）入園前における子どもと保護者の把握

　入園前の面接・説明会で，子ども一人ひとりの生活の実態や特性を把握する。成育歴，発育・発達の状態，既往歴，予防接種状況など，保育をするうえで必要と思われる項目について，書類や問診票を用意し，記載してもらう。授乳・離乳食の状況などの食生活，睡眠や排泄のリズム，体質や保護者が感じている性格の特徴など，それまでの普段の生活の様子を知っておくことで，子ども一人ひとりに合わせたかかわりが可能になり，子どもにとって保育所の生活がスムーズにスタートできることにつながる。その他にも，保護者の育児への姿勢や不安，悩みなどを直接聞くことで，保護者，保護者と子どもとの関係を理解するきっかけにもなる。

　また母子健康手帳には出産時の状況，発育状況等が詳しく記載されているため，子どもを理解するための情報として大変参考になる。しかし，多くの個人情報が記載されているため，母子健康手帳の内容を共有する場合は，保護者の了解を得て行う必要がある。知り得た情報については守秘義務への配慮と十分な情報の管理がなされなければならない。

（3）1日体験入園の工夫

　初めて子どもを保育所へ通わせる保護者は，期待だけでなくさまざまな不安を抱いている場合が多い。園の様子について，言葉や書面だけでは理解しづらいことも多くあるので，1日もしくは半日をかけて，親子ともに園内で過ごす機会を設け，実際の保育の様子をみてもらいながら，園の保育理念・保育方針，1日の生活の流れ，食事・アレルギーへの対応への様子，衣類など持ち物やその管理などを具体的に説明するとよい。園からの一方的な説明・指示に終わらないように，保護者の意見や気持ちを尊重して家庭と園が協力して子育てしていくことの重要性を伝えられるようにする。

　また入園前に，災害時の対応や連絡方法の危機管理や，苦情処理についても触れておくと，保護者の安心につながる。

（4）入園後の連携方法

　保育所に通いはじめた子どもは，それまでと異なり生活の場が2つになる。そのため保育所と家庭の緊密な連携を欠かすことはできない。園は園，家庭は家庭と生活を分けるのではなく，保育者と保護者が連携を密にとり，情報を共有することで，子どもの生活がコマ切れになることなく，子どもが心地よく過ごせるよう配慮する。特に年齢の小さな子どもに対しては，一人ひとりに対する日々の丁

寧な対応が必要である。

　保護者にとっては園での子どもの様子，保育者には家庭での状態について，お互いに知ろうとする姿勢が大切である。それにより，言葉で自分の状態を伝えられない子どもたちにとって，途切れることのない連続性を持った生活が保障される。

　園と家庭との連携の方法にはさまざまな方法があり，それぞれに意図や目的がある。それぞれの連携についての意味を理解し，子どもの育ちにとってプラスになるような情報の発信・共有，連携を行っていけるよう心掛ける（表11－5）。

　話し言葉による情報共有の方法に，登園・降園時の連絡がある。直接顔を合わせたコミュニケーションでは，表情，声などを通してより多くの情報が正確に伝わりやすいので，非常に有意義で，もっとも大切にしなければならない。

　個別のかかわりが必要な場合には，個人面談や家庭訪問を行う。大切なことは保護者の話をじっくりと聞くことで，内容によっては担任1人で抱え込まず，園長をはじめチームを組んで適切に対応する。家庭訪問はプライバシーの侵害にならないように注意しながら，虐待などが危惧される場合は専門機関と連携をとって対処する必要がある。

　書き言葉による情報共有には連絡帳がある（図11－3）。毎日，家庭と園がそれぞれの状態を記入し，共通理解を持つとともに，子どもの生活リズムを大切にするために欠かせないものである。特に近年は保育時間が長時間化する傾向にあり，1日の大半を保育所で過ごす子どもの様子を，喜びや悩みも含めて保護者と共有するために不可欠である。記録として残り，仕事が忙しい保護者にとっては

表11－5　入園後の保護者との連携方法

連携方法	頻度	内容・メリット
送迎時のやり取り	毎日	表情を観ながら応答的にやり取りすることができる。
家庭との連絡帳	毎日	子どもの情報を共有できる。保護者にとって育児日誌にもなる。送迎時に会えない保護者とも関係を積み重ねられる。
給食の展示	毎日	実際にみることで家庭支援にもなる。ITシステムでの写真の配信も可能。
園だより	毎月	園の保育方針や園全体の様子を伝えたり，保育情報を提供することができる。
クラスだより	毎月	一人ひとりの様子以外にクラスの様子を伝えることができる。
保健だより	毎月	保健的な視点から発信。
お食事だより	隔月	食育を中心にした発信。
ドキュメンテーション	必要な時	子どもの活動の様子を写真などを使って具体的に発信。
個人面談	必要な時 定期的	1回／年 必要に応じて，また保護者からの要望があったときに実施。
家庭訪問	定期的 必要な時	1回／年 必要に応じて，また保護者からの要望があったときに実施。

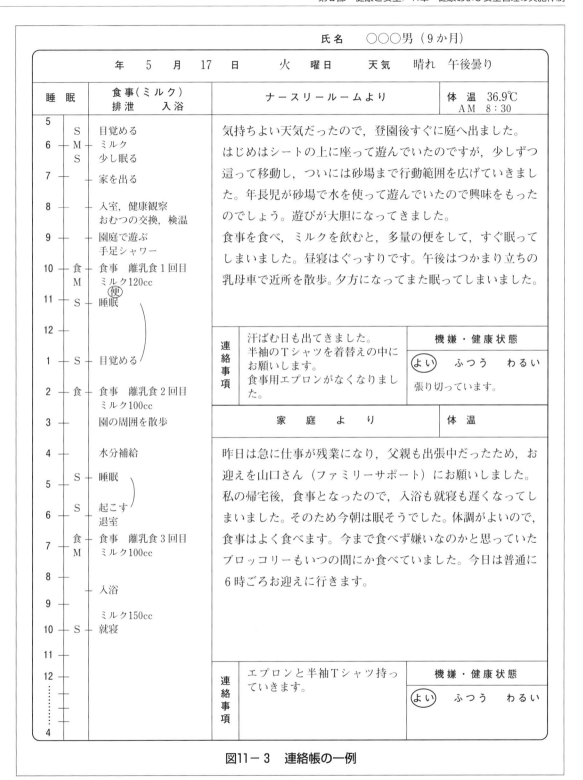

氏名　　○○○男（9か月）

| 年 5 月 17 日 | 火 曜日 | 天気 | 晴れ　午後曇り |

睡　眠	食事（ミルク） 排泄　　入浴	ナースリールームより	体　温　36.9℃ AM 8：30
5 6 7 8 9 10 11 12 1 2 3 4 5 6 7 8 9 10 11 12 4			

睡眠欄・食事欄：

- 5　S　目覚める
- 6　M　ミルク
- 　　S　少し眠る
- 7　　　家を出る
- 8　　　入室，健康観察
- 　　　おむつの交換，検温
- 9　　　園庭で遊ぶ
- 　　　手足シャワー
- 10　食　食事　離乳食1回目
- 　　M　ミルク120cc
- 　　　（便）
- 11　S　睡眠
- 12
- 1　S　目覚める
- 2　食　食事　離乳食2回目
- 　　　ミルク100cc
- 3　　　園の周囲を散歩
- 4　　　水分補給
- 5　S　睡眠
- 6　S　起こす
- 　　　退室
- 7　食　食事　離乳食3回目
- 　　M　ミルク100cc
- 8　　　入浴
- 9　　　ミルク150cc
- 10　S　就寝

気持ちよい天気だったので，登園後すぐに庭へ出ました。はじめはシートの上に座って遊んでいたのですが，少しずつ這って移動し，ついには砂場まで行動範囲を広げていきました。年長児が砂場で水を使って遊んでいたので興味をもったのでしょう。遊びが大胆になってきました。

食事を食べ，ミルクを飲むと，多量の便をして，すぐ眠ってしまいました。昼寝はぐっすりです。午後はつかまり立ちの乳母車で近所を散歩。夕方になってまた眠ってしまいました。

連絡事項	汗ばむ日も出てきました。半袖のTシャツを着替えの中にお願いします。食事用エプロンがなくなりました。	機嫌・健康状態
		（よい）　ふつう　わるい 張り切っています。

家　庭　よ　り	体　温

昨日は急に仕事が残業になり，父親も出張中だったため，お迎えを山口さん（ファミリーサポート）にお願いしました。私の帰宅後，食事となったので，入浴も就寝も遅くなってしまいました。そのため今朝は眠そうでした。体調がよいので，食事はよく食べます。今まで食べず嫌いなのかと思っていたブロッコリーもいつの間にか食べていました。今日は普通に6時ごろお迎えに行きます。

連絡事項	エプロンと半袖Tシャツ持っていきます。	機嫌・健康状態
		（よい）　ふつう　わるい

図11－3　連絡帳の一例

育児日誌ともなっている。

そのほかに，ほぼ月1回発行される園だよりやクラスだより，季節ごとに発行されることが多い保健だより（図11－2，p.231），また必要に応じて行事に関するものや子育てに関する情報についての配布物などがある。

また，取り組み方や回数は園によってさまざまであるが，子どもと保護者，あるいは保護者同士が共通の体験を通して育ちあえるものとして，保育参観や保育参加，懇談会がある。

保育の現場でもIT化が進み，情報共有・発信の方法が多様化してきている。それぞれの良さを生かしながら活用していくことを心がける。発信が一方通行になっていないか，偏っていないか，また発信することが中心になり，目の前の子どものことがおろそかになっていないかなどを振り返りながら利用していく必要がある。

②生活リズム

（1）生体リズムと生活リズム

私たちは朝起きて食事をとり，活動（遊び）や休息を繰り返し，夜寝るまで一連の流れを毎日周期的に行っている。そのリズムを生活リズムという。また，生きている体は恒常性を保ちながら一定のリズムで変化している。これを生体リズムという。人の体には心臓の鼓動，脈拍，呼吸の内的リズムがあり，1日ほぼ24時間を周期としたリズムの中に昼と夜の生活が繰り返されるのも生体のリズムである。

太古には季節の巡りや昼夜の繰り返しなど，地球のリズムがそのまま生活のリズムになっていた。しかし文明が発達し人の活動時間が延びると，人間社会のリズム（生活リズム）と生体リズムとの間で調和しない部分が増えてきた。特に現代はテレビやパソコン，スマートフォンを夜間まで視聴する人が多く，親世代の生活習慣が子どもにも受け継がれるようになっている。その結果，地球のリズムととともに培われてきた人間本来の生体リズムと，子どもの生活リズムが合わず，心身の健康を損なう原因となっている。

（2）生体リズム発達の臨界期

新生児は2～3時間ごとの授乳と排泄以外，ほとんど1日うつらうつら眠っていて昼夜の区別がない。生後2か月を過ぎると，授乳後など昼間目覚めている時間が少しずつ長くなってくる。昼間起きている時間が長くなるにしたがい，その間の授乳により十分栄養がとれ，その分夜間にまとめて眠るので，夜半の授乳がなくなってくる。

太陽の光，授乳，人とのかかわり，生活の音，昼間の刺激を十分に体験させ，

夜間は暗く，静かに過ごさせる。このように昼夜の刺激を適切に与えることにより，生物時計が外界に同調するようになり，昼夜1日24時間周期のリズムで生活できるようになってくる。生後2～3か月ごろは昼と夜の生体リズムをつける大切な時期である。

　生体リズムは自律神経のはたらきと密接に関係しているので，子どもの健康な育ちのために，0歳児期に生活リズムを身につけることは基本的なポイントといえる。生活リズムの乱れは，乳幼児期だけではなく，学童期にも大きく影響する。乳児を含め子どもの生活リズムを整えることで，家族全体の生活リズムが夜型から朝方へ変化していくことは保護者にとってもメリットが大きい。生活リズムを整え，朝方にすることで，子育てのさまざまな問題や悩みが自然に解決することも少なくない。

（3）生活リズムを通した保育所と家庭の連携

　子どもの生活リズムが1日を通してこま切れにならないように，保育所では家庭での子どもの生活の流れを受け継ぎ，家庭では保育所の流れを受け継ぐように配慮する。

　朝は7時ごろまでに自然に目覚めるのが理想である。例えば早起きのためにカーテンを薄めにし，朝日が差し込むようにしたり，窓を開け戸外の小鳥の鳴き声や生活音も自然に聞こえるようにする工夫をしていく。冬は寒気で目覚めるのも体の鍛錬になる。なにより親自身が楽しく起きることができるように工夫する。親が見本になり，早起きの気持ちよさを実感させる。そのために，前夜は遅くとも午後9時ごろには就寝するようにする。遅寝，睡眠不足で朝食をきちんと食べられないと，昼間の活動に大きな悪影響をもたらす。

　保育所では体を使った遊びを十分に取り入れる。体を動かして遊ぶことで，体温を上げる産熱と発汗などによる放熱の機能が活性化され，体温調節機能が目を覚ます。太陽のリズムに合わせた生活，十分な活動は，子どもが成長し，健康に暮らすために欠くことができない。保育所では年少，年中くらいまでは午睡をするが，午後3時までには済ませ，それ以降も体を十分に動かすことが大切である。心地よい疲れが，心地よい睡眠へとつながっていく。

　十分に体を動かして遊び，家に帰り，夕食と入浴を早めに済ませ，眠るまでの時間にゆとりをもてるような過ごし方を心がける。夜遅くまでテレビやインターネット（YouTube）などの刺激を与えないようにする。そのためには，保護者自身の過ごし方も見直していく必要がある。また，就寝前に活動的な運動をすると，大脳が活性化して眠れなくなる。子どもが寝る体制を作り，子どもが心地よく眠りにつけるようゆったり過ごしたり，絵本を読んだり子守唄をうたうなど，その子にあった睡眠儀式を取り入れながら，明日の登園が楽しみになるような雰囲気

をつくる。子どもが小さいうちは保護者も考え方を切り替えて，子どもとともに早寝をし，朝方の生活に切り替えることを勧めていくことも大切である。

3 食事，健康教育

（1）朝食と排便

　気持ちよく1日のスタートを切るために朝食は欠かすことができない。一時，子育てに携わるおとなの意識が高まり，「早寝，早起き，朝ごはん」のスローガンで，朝食を食べる子どもが増えた時期もあった。しかし中には，欠食もしくは菓子パン程度の食事しかとらず，味噌汁やスープなど朝の水分補給も不足がちで，排便を済ませていない子どももいる。早起きすれば胃は空で，そこに朝食が入れば脳に刺激がいき，大腸のぜん動運動が起こる。ひと晩かけて大腸まで送り込まれた食べ物の残りかすをうまく押し出すことができ快便である。そのためには十分な量の朝食と，朝食後30分くらいの時間のゆとりが必要である。早寝，早起きで朝のリズムを整えると，その後，体温が高まり，充実した活動へのウォーミングアップにつながる。図11-4，図11-5，図11-6は，子どもの排便習慣ならびに，起床時刻と朝食習慣の傾向を表す資料である。

（2）コミュニケーションを育む食卓

　食事は生きていくために必要な栄養を摂取することが目的だが，それだけではない。家庭においては家族同士の，保育所では友だちとのかかわりやコミュニケーションを育む場でもある。親の働き方が多様な現代社会においては，毎食家族全員で食卓を囲むことは難しいが，それぞれの家庭の状況に合わせて朝昼夕3食のどこかで家族がそろう食事を心がけたい。また保育所ではこのような家族の現

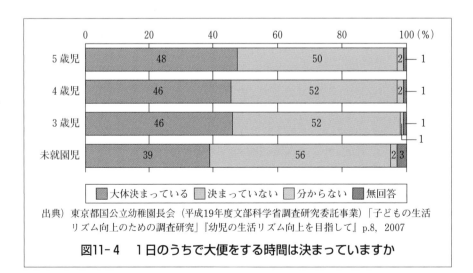

出典）東京都国公立幼稚園長会（平成19年度文部科学省調査研究委託事業）「子どもの生活リズム向上のための調査研究」『幼児の生活リズム向上を目指して』p.8, 2007

図11-4　1日のうちで大便をする時間は決まっていますか

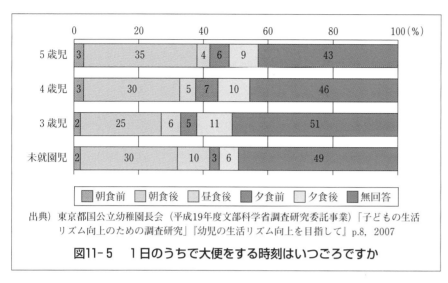

出典）東京都国公立幼稚園長会（平成19年度文部科学省調査研究委託事業）「子どもの生活
リズム向上のための調査研究」『幼児の生活リズム向上を目指して』p.8, 2007

図11-5　1日のうちで大便をする時刻はいつごろですか

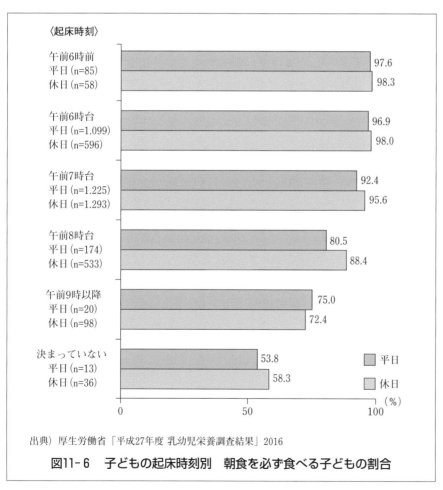

出典）厚生労働省「平成27年度 乳幼児栄養調査結果」2016

図11-6　子どもの起床時刻別　朝食を必ず食べる子どもの割合

状を受け止めたうえで，それを補うべく楽しい食事を計画するとよい。

　残さず食べる，好き嫌いなく食べる，行儀よく食べる，よくかんで食べるなどのしつけを重んじすぎると，いちばん大切なことである「楽しくて，食べたいから食べる」が片隅に追いやられてしまう。まず，食事はおいしく楽しいものであると感じてもらいたい。子どもが成長して理解力や知識が備わったら，みんなと楽しく食べるため，また一人ひとりが健康に育つために，マナーを教えていくようにする。

（2）健康教育

　子どもの健康支援については保育所保育指針「第3章　健康及び安全」のなかの，「1　子どもの健康支援」「2　健康増進」「3　疾病等への対応」で詳細に記載されている。保育所で一日の多くの時間を過す子どもについて，保育者が一人ひとりの日々の健康状態の把握と成長・発達について把握し，積極的観点で健康教育を行うことは，成長・発達の支援であり，また養護と自立支援でもある。

　成長・発達の著しい乳幼児においては，その配慮は年齢によって大きく異なる。保育者は各年齢における発達の特徴を理解したうえで，子どもの健康と安全を守る配慮をしてく必要がある。年齢に応じて，子ども自身が生活の中で自分の体のことを理解し，清潔や安全に対して興味をもって自分で行えるようになったり，ケガや事故を回避し安全に安心して暮らしていけるような経験を積み重ねていけるような健康教育が必要である。

　先述の通り，保育所保育指針では保健計画の立案が義務付けられている。それぞれの園にあった保健計画を作成することで，子どもの健康増進の充実が図られることが期待される。

　また，子どもの健康や安全は園だけで達成されるものではない。園と家庭が情報を共有し連携することでより効果的になる。既述の「保健だより」などを作成

表11-6　保育所における食の工夫

・ランチルームでみんなで食べる
・異年齢グループで食べる
・自分でおかわりをよそう
・できる範囲で調理に参加する（例えば，おにぎり，ふりかけ，焼きそばなどをつくってみる）
・場所を変え，園庭で食べる
・お弁当にして散歩先で食べる
・子どものリクエストメニューを出す
・調理をしているところを見学する
・絵本に出てくるおやつをつくってみる
・バイキング形式の食事を取り入れる
・旬の食べ物を味わう　など

し，園から保護者へ発信していくことで家庭と連携した子どもの健康増進，健康教育が行われるようにしていくことが大切である。

④児童相談所，要保護児童対策地域協議会等との連携

（1）子どもを取り巻く組織

　少子化，核家族化が進み，家族のあり方やライフススタイルが多様化する現在は，それぞれのニーズに合った子育て支援が求められる。妊娠期から子育て期にわたって切れ目のない支援を行う**子育て世代包括支援センター（母子健康包括支援センター）**，虐待を受けた子どもを始めとする要保護児童等に関する情報の交換や支援を行うために協議を行う**要保護児童対策地域協議会**，児童福祉司・児童心理司・医師・保健師などの専門スタッフを擁し，18歳未満の子どもに関する相談や通告について相談を受ける**児童相談所**など，子どもの健やかな成長を支援する組織にはさまざまな種類と役割がある。現代はそれらの組織がともに必要に応じて情報を提供，共有しあい，多様なニーズに応じた子育て支援を行うことが強く求められている。

（2）虐待の早期発見・早期対応

　保育の現場で虐待が疑われるような様子が見られた場合は，園内でとどめることなく，各関係機関と情報を共有し速やかに対応していかなくてはならない★。関係機関への通告について，厚生労働省「子ども虐待対応の手引き（平成25年 8月改正版）」では次のように示されている。

★子ども虐待への対応
第Ⅰ部 子どもの保健／
第2章 親と子どもの保健，p.29

第12章　関係機関との連携　5．保育所，幼稚園・小学校・中学校等との連携

（2）保育所，学校等との連携にあたっての留意事項

②通告の仕方

子どもが所属している現場から通告するに当たっては，

ア　「疑い」の段階でよいから早めに知らせる。

イ　クラス担任等の担当者の判断で通告してかまわないが，組織としての判断があった方が調査の時などに混乱が少ないため，できるだけ組織として判断して通告する。

ウ　受傷状況の写真をとっておく。（市区町村や児童相談所は通告受理時に写真の撮影を依頼する。）

エ　虐待に関する事実関係は，できるだけ細かく具体的に記録しておく。

オ　子どもから聴き取る際には誘導とならないように注意する。（子どもからの聴き取りには，オープンクエスチョン形式が適切である。）また，子どもを責めるような口調にならないように注意する。

（3）保育現場の役割

　長時間子どもが過ごす保育の現場では，保育者は子どもの体や心の異変，保護者の異変に気付きやすい存在である。日ごろから子どもの体や表情，態度などの変化に対して気を付けて観察することが必要である。何かが起こってからではなく，何かが起こる前に，問題を抱えている子ども，保護者，家庭に手を差し伸べることで，子どもの健全な育ちに空白を作ることを防ぎ，子どもの心や体に傷を負わせることを防ぐことになる。そのためには保育者の子どもを観る丁寧なまなざしや子どもを尊重した迅速な判断が求められる。

5 これからの子どもの健康と安全に向けて

　これからの時代，子どもが育っていく場として保育所に求められるもの，果たしていく役割はますます大きくなっていくものと考えられる。この時期の子どもの健康を守り，危険を回避し，一人ひとりの子どもが自分のペースで健やかに成長することを保障し，また保護者が安心して子育てをしていくためには，子どもの最もそばにいる専門性を持った立場の保育者の存在は欠かすことができない。

　子どもの健康と安全を守るために，保育者は常に最新の情報を取り入れながら，目の前の子どもに向き合い，保護者に寄り添っていけるよう努力をつみ重ねていくことが求められる。

【参考文献】

厚生労働省「保育所保育指針」2017

厚生労働省「保育所保育指針解説」2018

日本保育協会「保育所の環境整備に関する調査研究報告書―保育所の人的環境としての看護師等の配置―平成21年度」2010

高野陽他「母子保健と保育所の連携に関する保健師の意識調査」日本子ども家庭総合研究所紀要第40集，p.117-128，2003

厚生労働省「令和元年度 児童相談所での児童虐待相談対応件数」2020

厚生労働省雇用均等・児童家庭局総務課「子ども虐待対応の手引き（平成25年8月改訂版）」2013

資料①　妊産婦のための食事バランスガイド

「妊娠前からはじめる妊産婦のための食生活指針」より

妊産婦のための
食事バランスガイド

バランスの良い例　　バランスの悪い例

食事バランスガイドとは、1日に「何を」「どれだけ」食べたらよいかがわかる食事量の目安です。
「主食」「副菜」「主菜」「牛乳・乳製品」「果物」の5グループの料理や食品を組み合わせてとれる
よう、コマに例えてそれぞれの適量をイラストでわかりやすく示しています。

このイラストの料理例を
組み合わせるとおおよそ
2200kcal

妊娠前、妊娠初期の1日分を基本に、妊娠中期、
妊娠末期・授乳期の方は付加量をプラス

	非妊娠時	1日分付加量		
		妊娠初期	妊娠中期	妊娠末期 授乳期
主食	5～7 つ(SV)	—	—	+1
副菜	5～6 つ(SV)	—	+1	+1
主菜	3～5 つ(SV)	—	+1	+1
牛乳・乳製品	2 つ(SV)	—	—	+1
果物	2 つ(SV)	—	+1	+1

厚生労働省・農林水産省決定

お母さんにとって
適切な食事の量と質を

妊娠中と授乳中は、お母さんと赤ちゃ
んの健やかな成長のために、妊娠前よ
りも多くの栄養素の摂取が必要となり
ます。食事バランスガイドの目安量に
加え、妊娠期、授乳期に応じたプラス
に摂取してほしい量（付加量）もしっ
かり摂取するよう、数日単位で食事を
見直し、無理なく続けられるよう、食
事を調整しましょう。

具体的な食事量の参考は
「食事バランスガイド」の
詳細をご確認ください！

読み込み

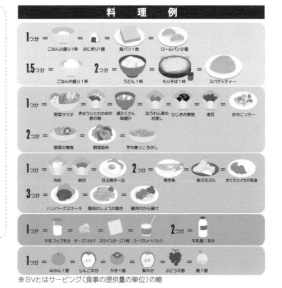

料　理　例

※SVとはサービング（食事の提供量の単位）の略

資料）厚生労働省「妊娠前からはじめる妊産婦のための食生活習慣」2021
https://www.mhlw.go.jp/seisakunitsuite/bunya/kodomo/kodomo_kosodate/boshi-hoken/ninpu-02.html

資料② 子どもの病気 〜症状に合わせた対応〜

「保育所における感染症対策ガイドライン（2018年改訂版）」より

別添3 子どもの病気 〜症状に合わせた対応〜

①子どもの症状を見るポイント

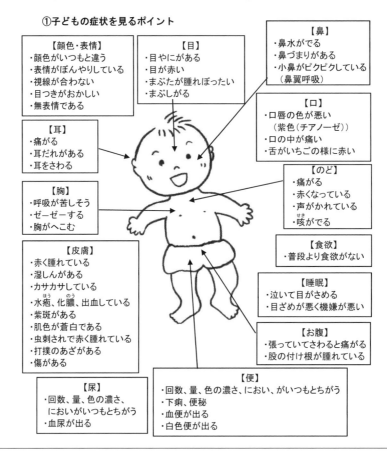

【顔色・表情】
・顔色がいつもと違う
・表情がぼんやりしている
・視線が合わない
・目つきがおかしい
・無表情である

【目】
・目やにがある
・目が赤い
・まぶたが腫れぼったい
・まぶしがる

【鼻】
・鼻水がでる
・鼻づまりがある
・小鼻がピクピクしている
　（鼻翼呼吸）

【耳】
・痛がる
・耳だれがある
・耳をさわる

【口】
・口唇の色が悪い
　（紫色（チアノーゼ））
・口の中が痛い
・舌がいちごの様に赤い

【胸】
・呼吸が苦しそう
・ゼーゼーする
・胸がへこむ

【のど】
・痛がる
・赤くなっている
・声がかれている
・咳がでる

【食欲】
・普段より食欲がない

【皮膚】
・赤く腫れている
・湿しんがある
・カサカサしている
・水疱、化膿、出血している
・紫斑がある
・肌色が蒼白である
・虫刺されで赤く腫れている
・打撲のあざがある
・傷がある

【睡眠】
・泣いて目がさめる
・目ざめが悪く機嫌が悪い

【お腹】
・張っていてさわると痛がる
・股の付け根が腫れている

【尿】
・回数、量、色の濃さ、
　においがいつもとちがう
・血尿が出る

【便】
・回数、量、色の濃さ、におい、がいつもとちがう
・下痢、便秘
・血便が出る
・白色便が出る

○子ども一人一人の元気な時の『平熱』を知っておくことが症状の変化に気づくめやすになります。

○いつもと違うこんな時は，子どもからのサインです！

- 親から離れず機嫌が悪い（ぐずる）
- 元気がなく顔色が悪い
- 便がゆるい

- 睡眠中に泣いて目が覚める
- きっかけがないのに吐いた
- 普段より食欲がない

○ 今までなかった発しんに気がついたら……

- 他の子どもたちとは別室へ移しましょう。
- 発しん以外の症状はないか，発しんが時間とともに増えていないか，などの観察をしましょう。
- クラスや兄弟姉妹，一緒に遊んだ子どもの中に，感染症が疑われる症状がみられる子どもがいないか，確認しましょう。

資料）厚生労働省「保育所における感染症対策ガイドライン（2018年改訂版）」2018，p.71
https://www.mhlw.go.jp/file/06-Seisakujouhou-11900000-Koyoukintoujidoukateikyoku/0000201596.pdf

資料③　緊急時の役割分担表の書式例

「教育・保育施設等における事故防止及び事故発生時の対応のためのガイドライン【事故防止のための取組み】～施設・事業者向け～」より〈参考例4〉

「保育現場の『深刻事故』対応ハンドブック」の書式例を元に作成

緊急時の役割分担表（順序）の書式例

緊急時の役割分担表（順序）

心肺蘇生	施設・事業所内外にいる全職員、管理者の動向把握と連絡（＝事故後の現場責任者）	直後の外部連絡（当該子どもの保護者、地方自治体の担当者など）	保護者や近隣への説明（求められたとき）※	残った職員による継続保育を監督※※	事実の記録を促す

【役割分担表の記入・活用のポイント】

＜準備段階＞
・左側の列（心肺蘇生の欄）から順番に、そして上の欄から順番に「今、施設・事業所にいない人」を×で消していき、今、施設・事業所にいる職員のうち一番上の欄に書かれている職員がその役割を担当する。不在の職員の動向については、下の余白に記入する。

○　役割分担表の記入・活用のポイント
・※の役割は、内容を冷静に伝えることができる者とする。
・※※の役割は、子どもが不安にならないよう、職員を落ち着かせることができ、かつ、保育上の安全について特に配慮できる者とする。
・施設・事業所の長がいない組織、施設・事業所の副長がいる組織など、施設・事業者の組織はさまざまなので、自らの組織に合わせて記入する。
・「心配蘇生」は、できる人から順に名前を記入する。
・「心肺蘇生」以外は、すべて同じ順番でもかまわない。
・施設のリーダー層（理事長～主任、クラス・リーダー）は、危機に際して率先して動く。

＜土曜保育、休日保育、遅番早番時の役割分担＞
・分担表を特別に作る必要はない。
・深刻事故が発生した場合には、左（心肺蘇生）から順に、上の欄から「いない人」に×をつけていき、いる人だけで対応する。
・今後、施設・事業所に来る職員がいる場合は、下の余白に記入する。

＜施設・事業所外保育（お散歩、遠足、宿泊活動など）の場合＞
・施設・事業所外保育の場合も土曜保育等と同様に対応する。
・出発前に、施設・事業所外にいる職員と施設・事業所に残っている職員の両方において、「動向把握と連絡の担当」を決めること。

資料）内閣府・文部科学省・厚生労働省「教育・保育施設などにおける事故防止及び事故発生時の対応のためのガイドライン【事故発生時の対応】～施設・事業者向け」2016, p.34
https://www8.cao.go.jp/shoushi/shinseido/meeting/kyouiku_hoiku/pdf/guideline1.pdf

資料④　119番通報のポイントと伝えるべきことの書式例

「教育・保育施設等における事故防止及び事故発生時の対応のためのガイドライン【事故防止のための取組み】～施設・事業者向け～」より〈参考例5〉

「保育現場の「深刻事故」対応ハンドブック」の書式例を元に作成

119番通報のポイントと伝えるべきことの例

119番通報のポイントと伝えるべきこと

1.「救急です」

119番につながったら、まずはっきり「救急です」と言います（＝火事ではない）。

> 住所：
> 目印：

2. 場所（住所）を告げる

施設・事業所の敷地内で起きた場合は、施設・事業所の住所を言います。施設・事業所は住宅地の中のわかりにくい場所にあることも多いので、救急車が来るときに目印となる公園や交差点名なども告げましょう（住所、目印は電話の横に書き出しておきます）。

散歩や施設・事業所外の活動のときも、公園や施設の名前や住所、通過する大きな交差点や目立つ建物などの名前を言えるよう地図を作って携帯します。

3. 事故の状況を説明する

「誰が」「どうしたのか」を正確にわかりやすく伝えます。たとえば、「○時○分ごろ、×歳児が1人、高さ1.5メートルの滑り台から落ちました。動きません。泣いてもいません。どこを打ったかはわかりません」「○時○分ごろ、×歳児が給食中に○○を（何かを）喉に詰まらせました。唇が青くなってきました」。

基本は、「いつ、どこで、誰が、何を（何から、何に）、どうした」と「今、〜な状態である」です。こうした情報は救急を要請するときだけでなく、ヒヤリハットや事故の情報を共有するときにも重要です。

4. 通報者の氏名と連絡先を告げる

「私の名前は、○○です。電話番号は〜」と告げます。施設・事業所外におり、携帯電話から通報している場合には、携帯電話であることも告げます。

5. 通報後は、しばらく電源を切らない

通報を処理するセンターから確認の電話がくる場合もあるので、通報後しばらくは電源を切らないこと。

6. 救急車を迎える

道路などに出て、救急車に合図をしましょう。すでに暗くなっていたら懐中電灯を持って出て、救急車に合図をしましょう。

※「正しい119番通報の方法」（総務省消防庁防災情報室）の内容を保育施設向けに改変しました。

http://www.fdma.go.jp/ugoki/h1610/19.pdf

資料）内閣府・文部科学省・厚生労働省「教育・保育施設などにおける事故防止及び事故発生時の対応のためのガイドライン【事故発生時の対応】～施設・事業者向け」2016, p.35

https://www8.cao.go.jp/shoushi/shinseido/meeting/kyouiku_hoiku/pdf/guideline1.pdf

保育所保育指針

（平成29年3月31日厚生労働省告示第117号）（抄）

第3章　健康及び安全

　保育所保育において，子どもの健康及び安全の確保は，子どもの生命の保持と健やかな生活の基本であり，一人一人の子どもの健康の保持及び増進並びに安全の確保とともに，保育所全体における健康及び安全の確保に努めることが重要となる。

　また，子どもが，自らの体や健康に関心をもち，心身の機能を高めていくことが大切である。

1　子どもの健康支援

（1）子どもの健康状態並びに発育及び発達状態の把握

ア　子どもの心身の状態に応じて保育するために，子どもの健康状態並びに発育及び発達状態について，定期的・継続的に，また，必要に応じて随時，把握すること。

イ　保護者からの情報とともに，登所時及び保育中を通じて子どもの状態を観察し，何らかの疾病が疑われる状態や傷害が認められた場合には，保護者に連絡するとともに，嘱託医と相談するなど適切な対応を図ること。看護師等が配置されている場合には，その専門性を生かした対応を図ること。

ウ　子どもの心身の状態等を観察し，不適切な養育の兆候が見られる場合には，市町村や関係機関と連携し，児童福祉法第25条に基づき，適切な対応を図ること。また，虐待が疑われる場合には，速やかに市町村又は児童相談所に通告し，適切な対応を図ること。

（2）健康増進

ア　子どもの健康に関する保健計画を全体的な計画に基づいて作成し，全職員がそのねらいや内容を踏まえ，一人一人の子どもの健康の保持及び増進に努めていくこと。

イ　子どもの心身の健康状態や疾病等の把握のために，嘱託医等により定期的に健康診断を行い，その結果を記録し，保育に活用するとともに，保護者が子どもの状態を理解し，日常生活に活用できるようにすること。

（3）疾病等への対応

ア　保育中に体調不良や傷害が発生した場合には，その子どもの状態等に応じて，保護者に連絡するとともに，適宜，嘱託医や子どものかかりつけ医等と相談し，適切な処置を行うこと。看護師等が配置されている場合には，その専門性を生かした対応を図ること。

イ　感染症やその他の疾病の発生予防に努め，その発生や疑いがある場合には，必要に応じて嘱託医，市町村，保健所等に連絡し，その指示に従うとともに，保護者や全職員に連絡し，予防等について協力を求めること。また，感染症に関する保育所の対応方法等について，あらかじめ関係機関の協力を得ておくこと。看護師等が配置されている場合には，その専門性を生かした対応を図ること。

ウ　アレルギー疾患を有する子どもの保育については，保護者と連携し，医師の診断及び指示に基づき，適切な対応を行うこと。また，食物アレルギーに関して，関係機関と連携して，当該保育所の体制構築など，安全な環境の整備を行うこと。看護師や栄養士等が配置されている場合には，その専門性を生かした対応を図ること。

エ　子どもの疾病等の事態に備え，医務室等の環境を整え，救急用の薬品，材料等を適切な管理の下に常備し，全職員が対応できるようにしておくこと。

2　食育の推進

（1）保育所の特性を生かした食育

ア　保育所における食育は，健康な生活の基本としての「食を営む力」の育成に向け，その基礎を培うことを目標とすること。

イ　子どもが生活と遊びの中で，意欲をもって食に関わる体験を積み重ね，食べることを楽しみ，食事を楽しみ合う子どもに成長していくことを期待するものであること。

ウ　乳幼児期にふさわしい食生活が展開され，適切な援助が行われるよう，食事の提供を含む食育計画を全体的な計画に基づいて作成し，その評価及び改善に努めること。栄養士が配置されている場合は，専門性を生かした対応を図ること。

（2）食育の環境の整備等

ア　子どもが自らの感覚や体験を通して，自然の恵みとしての食材や食の循環・環境への意識，調理する人へ

の感謝の気持ちが育つように，子どもと調理員等との関わりや，調理室など食に関わる保育環境に配慮すること。

イ　保護者や地域の多様な関係者との連携及び協働の下で，食に関する取組が進められること。また，市町村の支援の下に，地域の関係機関等との日常的な連携を図り，必要な協力が得られるよう努めること。

ウ　体調不良，食物アレルギー，障害のある子どもなど，一人一人の子どもの心身の状態等に応じ，嘱託医，かかりつけ医等の指示や協力の下に適切に対応すること。栄養士が配置されている場合は，専門性を生かした対応を図ること。

3　環境及び衛生管理並びに安全管理

（1）環境及び衛生管理

ア　施設の温度，湿度，換気，採光，音などの環境を常に適切な状態に保持するとともに，施設内外の設備及び用具等の衛生管理に努めること。

イ　施設内外の適切な環境の維持に努めるとともに，子ども及び全職員が清潔を保つようにすること。また，職員は衛生知識の向上に努めること。

（2）事故防止及び安全対策

ア　保育中の事故防止のために，子どもの心身の状態等を踏まえつつ，施設内外の安全点検に努め，安全対策のために全職員の共通理解や体制づくりを図るとともに，家庭や地域の関係機関の協力の下に安全指導を行うこと。

イ　事故防止の取組を行う際には，特に，睡眠中，プール活動・水遊び中，食事中等の場面では重大事故が発生しやすいことを踏まえ，子どもの主体的な活動を大切にしつつ，施設内外の環境の配慮や指導の工夫を行うなど，必要な対策を講じること。

ウ　保育中の事故の発生に備え，施設内外の危険箇所の点検や訓練を実施するとともに，外部からの不審者等の侵入防止のための措置や訓練など不測の事態に備えて必要な対応を行うこと。また，子どもの精神保健面における対応に留意すること。

4　災害への備え

（1）施設・設備等の安全確保

ア　防火設備，避難経路等の安全性が確保されるよう，定期的にこれらの安全点検を行うこと。

イ　備品，遊具等の配置，保管を適切に行い，日頃から，安全環境の整備に努めること。

（2）災害発生時の対応体制及び避難への備え

ア　火災や地震などの災害の発生に備え，緊急時の対応の具体的内容及び手順，職員の役割分担，避難訓練計画等に関するマニュアルを作成すること。

イ　定期的に避難訓練を実施するなど，必要な対応を図ること。

ウ　災害の発生時に，保護者等への連絡及び子どもの引渡しを円滑に行うため，日頃から保護者との密接な連携に努め，連絡体制や引渡し方法等について確認をしておくこと。

（3）地域の関係機関等との連携

ア　市町村の支援の下に，地域の関係機関との日常的な連携を図り，必要な協力が得られるよう努めること。

イ　避難訓練については，地域の関係機関や保護者との連携の下に行うなど工夫すること。

児童福祉法
（昭和22年法律第164号）（抄）

第1章　総則

第1条　全て児童は，児童の権利に関する条約の精神にのっとり，適切に養育されること，その生活を保障されること，愛され，保護されること，その心身の健やかな成長及び発達並びにその自立が図られることその他の福祉を等しく保障される権利を有する。

第4条　この法律で，児童とは，満18歳に満たない者をいい，児童を左のように分ける。

一　乳児　満1歳に満たない者

二　幼児　満1歳から，小学校就学の始期に達するまでの者

三　少年　小学校就学の始期から，満18歳に達するまでの者

②　この法律で，障害児とは，身体に障害のある児童，知的障害のある児童，精神に障害のある児童（発達障害者支援法第2条第2項に規定する発達障害児を含

む。）又は治療方法が確立していない疾病その他の特殊の疾病であって障害者の日常生活及び社会生活を総合的に支援するための法律第4条第1項の政令で定めるものによる障害の程度が同項の厚生労働大臣が定める程度である児童をいう。

第6条の2の2　この法律で，障害児通所支援とは，児童発達支援，医療型児童発達支援，放課後等デイサービス，居宅訪問型児童発達支援及び保育所等訪問支援をいい，障害児通所支援事業とは，障害児通所支援を行う事業をいう。

② 　この法律で，児童発達支援とは，障害児につき，児童発達支援センターその他の厚生労働省令で定める施設に通わせ，日常生活における基本的な動作の指導，知識技能の付与，集団生活への適応訓練その他の厚生労働省令で定める便宜を供与することをいう。

③ 　この法律で，医療型児童発達支援とは，上肢，下肢又は体幹の機能の障害（以下「肢体不自由」という。）のある児童につき，医療型児童発達支援センター又は独立行政法人国立病院機構若しくは国立研究開発法人国立精神・神経医療研究センターの設置する医療機関であって厚生労働大臣が指定するもの（以下「指定発達支援医療機関」という。）に通わせ，児童発達支援及び治療を行うことをいう。

④ 　この法律で，放課後等デイサービスとは，学校教育法第1条に規定する学校（幼稚園及び大学を除く。）に就学している障害児につき，授業の終了後又は休業日に児童発達支援センターその他の厚生労働省令で定める施設に通わせ，生活能力の向上のために必要な訓練，社会との交流の促進その他の便宜を供与することをいう。

⑤ 　この法律で，居宅訪問型児童発達支援とは，重度の障害の状態その他これに準ずるものとして厚生労働省令で定める状態にある障害児であって，児童発達支援，医療型児童発達支援又は放課後等デイサービスを受けるために外出することが著しく困難なものにつき，当該障害児の居宅を訪問し，日常生活における基本的な動作の指導，知識技能の付与，生活能力の向上のために必要な訓練その他の厚生労働省令で定める便宜を供与することをいう。

⑥ 　この法律で，保育所等訪問支援とは，保育所その他の児童が集団生活を営む施設として厚生労働省令で定めるものに通う障害児又は乳児院その他の児童が集団生活を営む施設として厚生労働省令で定めるものに入所する障害児につき，当該施設を訪問し，当該施設における障害児以外の児童との集団生活への適応のための専門的な支援その他の便宜を供与することをいう。

⑦ 　この法律で，障害児相談支援とは，障害児支援利用援助及び継続障害児支援利用援助を行うことをいい，障害児相談支援事業とは，障害児相談支援を行う事業をいう。

⑧〜⑨ （略）

第2章　福祉の保証

第21条の9　市町村は，児童の健全な育成に資するため，その区域内において，放課後児童健全育成事業，子育て短期支援事業，乳児家庭全戸訪問事業，養育支援訪問事業，地域子育て支援拠点事業，一時預かり事業，病児保育事業及び子育て援助活動支援事業並びに次に掲げる事業であって主務省令で定めるもの（以下「子育て支援事業」という。）が着実に実施されるよう，必要な措置の実施に努めなければならない。

一　児童及びその保護者又はその他の者の居宅において保護者の児童の養育を支援する事業

二　保育所その他の施設において保護者の児童の養育を支援する事業

三　地域の児童の養育に関する各般の問題につき，保護者からの相談に応じ，必要な情報の提供及び助言を行う事業

第25条　要保護児童を発見した者は，これを市町村，都道府県の設置する福祉事務所若しくは児童相談所又は児童委員を介して市町村，都道府県の設置する福祉事務所若しくは児童相談所に通告しなければならない。ただし，罪を犯した満十四歳以上の児童については，この限りでない。この場合においては，これを家庭裁判所に通告しなければならない。

② 　刑法の秘密漏示罪の規定その他の守秘義務に関する法律の規定は，前項の規定による通告をすることを妨げるものと解釈してはならない。

第3章　事業，養育里親及び養子縁組里親並びに施設

第45条　都道府県は，児童福祉施設の設備及び運営について，条例で基準を定めなければならない。この場合において，その基準は，児童の身体的，精神的及び社会的な発達のために必要な生活水準を確保するものでなければならない。

②都道府県が前項の条例を定めるに当たっては，次に掲げる事項については厚生労働省令で定める基準に従い定めるものとし，その他の事項については厚生労働省令で定める基準を参酌するものとする。

　一　児童福祉施設に配置する従業者及びその員数

　二　児童福祉施設に係る居室及び病室の床面積その他児童福祉施設の設備に関する事項であって児童の健全な発達に密接に関連するものとして厚生労働省令で定めるもの

　三　児童福祉施設の運営に関する事項であって，保育所における保育の内容その他児童（助産施設にあっては，妊産婦）の適切な処遇の確保及び秘密の保持，妊産婦の安全の確保並びに児童の健全な発達に密接に関連するものとして厚生労働省令で定めるもの

③児童福祉施設の設置者は，第一項の基準を遵守しなければならない。

④児童福祉施設の設置者は，児童福祉施設の設備及び運営についての水準の向上を図ることに努めるものとする。

母子保健法
（昭和40年法律第141号）（抄）

（目的）

第1条　この法律は，母性並びに乳児及び幼児の健康の保持及び増進を図るため，母子保健に関する原理を明らかにするとともに，母性並びに乳児及び幼児に対する保健指導，健康診査，医療その他の措置を講じ，もって国民保健の向上に寄与することを目的とする。

（用語の定義）

第6条　この法律において「妊産婦」とは，妊娠中又は出産後1年以内の女子をいう。

2　この法律において「乳児」とは，1歳に満たない者をいう。

3　この法律において「幼児」とは，満1歳から小学校就学の始期に達するまでの者をいう。

4　この法律において「保護者」とは，親権を行う者，未成年後見人その他の者で，乳児又は幼児を現に監護する者をいう。

5　この法律において「新生児」とは，出生後28日を経過しない乳児をいう。

6　この法律において「未熟児」とは，身体の発育が未熟のまま出生した乳児であって，正常児が出生時に有する諸機能を得るに至るまでのものをいう。

（保健指導）

第10条　市町村は，妊産婦若しくはその配偶者又は乳児若しくは幼児の保護者に対して，妊娠，出産又は育児に関し，必要な保健指導を行い，又は医師，歯科医師，助産師若しくは保健師について保健指導を受けることを勧奨しなければならない。

（新生児の訪問指導）

第11条　市町村長は，前条の場合において，当該乳児が新生児であって，育児上必要があると認めるときは，医師，保健師，助産師又はその他の職員をして当該新生児の保護者を訪問させ，必要な指導を行わせるものとする。ただし，当該新生児につき，第19条の規定による指導が行われるときは，この限りでない。

2　前項の規定による新生児に対する訪問指導は，当該新生児が新生児でなくなった後においても，継続することができる。

（健康診査）

第12条　市町村は，次に掲げる者に対し，厚生労働省令の定めるところにより，健康診査を行わなければならない。

　一　満1歳6か月を超え満2歳に達しない幼児

　二　満3歳を超え満4歳に達しない幼児

2　前項の厚生労働省令は，健康増進法第9条第1項に規定する健康診査等指針と調和が保たれたものでなければならない。

第13条　前条の健康診査のほか，市町村は，必要に応じ，妊産婦又は乳児若しくは幼児に対して，健康診査を行い，

又は健康診査を受けることを勧奨しなければならない。

2　厚生労働大臣は，前項の規定による妊婦に対する健康診査についての望ましい基準を定めるものとする。

（栄養の摂取に関する援助）

第14条　市町村は，妊産婦又は乳児若しくは幼児に対して，栄養の摂取につき必要な援助をするように努めるものとする。

（妊娠の届出）

第15条　妊娠した者は，厚生労働省令で定める事項につき，速やかに，市町村長に妊娠の届出をするようにしなければならない。

（母子健康手帳）

第16条　市町村は，妊娠の届出をした者に対して，母子健康手帳を交付しなければならない。

2　妊産婦は，医師，歯科医師，助産師又は保健師について，健康診査又は保健指導を受けたときは，その都度，母子健康手帳に必要な事項の記載を受けなければならない。乳児又は幼児の健康診査又は保健指導を受けた当該乳児又は幼児の保護者についても，同様とする。

3　母子健康手帳の様式は，厚生労働省令で定める。

4　前項の厚生労働省令は，健康診査等指針と調和が保たれたものでなければならない。

（妊産婦の訪問指導等）

第17条　第13条第1項の規定による健康診査を行った市町村の長は，その結果に基づき，当該妊産婦の健康状態に応じ，保健指導を要する者については，医師，助産師，保健師又はその他の職員をして，その妊産婦を訪問させて必要な指導を行わせ，妊娠又は出産に支障を及ぼすおそれがある疾病にかかっている疑いのある者については，医師又は歯科医師の診療を受けることを勧奨するものとする。

2　市町村は，妊産婦が前項の勧奨に基づいて妊娠又は出産に支障を及ぼすおそれがある疾病につき医師又は歯科医師の診療を受けるために必要な援助を与えるように努めなければならない。

（低体重児の届出）

第18条　体重が2,500グラム未満の乳児が出生したときは，その保護者は，速やかに，その旨をその乳児の現在地の市町村に届け出なければならない。

（未熟児の訪問指導）

第19条　市町村長は，その区域内に現在地を有する未熟児について，養育上必要があると認めるときは，医師，保健師，助産師又はその他の職員をして，その未熟児の保護者を訪問させ，必要な指導を行わせるものとする。

2　第11条第2項の規定は，前項の規定による訪問指導に準用する。

（養育医療）

第20条　市町村は，養育のため病院又は診療所に入院することを必要とする未熟児に対し，その養育に必要な医療（以下「養育医療」という。）の給付を行い，又はこれに代えて養育医療に要する費用を支給することができる。

2　前項の規定による費用の支給は，養育医療の給付が困難であると認められる場合に限り，行なうことができる。

3　養育医療の給付の範囲は，次のとおりとする。

一　診察

二　薬剤又は治療材料の支給

三　医学的処置，手術及びその他の治療

四　病院又は診療所への入院及びその療養に伴う世話その他の看護

五　移送

4〜7　（略）

第22条　市町村は，必要に応じ，母子健康包括支援センターを設置するように努めなければならない。

2　母子健康包括支援センターは，第一号から第四号までに掲げる事業を行い，又はこれらの事業に併せて第五号に掲げる事業を行うことにより，母性並びに乳児及び幼児の健康の保持及び増進に関する包括的な支援を行うことを目的とする施設とする。

一　母性並びに乳児及び幼児の健康の保持及び増進に関する支援に必要な実情の把握を行うこと。

二　母子保健に関する各種の相談に応ずること。

三　母性並びに乳児及び幼児に対する保健指導を行うこと。

四　母性及び児童の保健医療又は福祉に関する機関と

の連絡調整その他母性並びに乳児及び幼児の健康の保持及び増進に関し，厚生労働省令で定める支援を行うこと。

五　健康診査，助産その他の母子保健に関する事業を行うこと（前各号に掲げる事業を除く。）。

3　市町村は，母子健康包括支援センターにおいて，第9条の相談，指導及び助言並びに第10条の保健指導を行うに当たって，児童福祉法第21条の11第1項の情報の収集及び提供，相談並びに助言並びに同条第2項のあっせん，調整及び要請と一体的に行うように努めなければならない。

児童福祉施設の設備及び運営に関する基準

（昭和23年厚生省令第63号）（抄）

（児童福祉施設の一般原則）

第5条　児童福祉施設は，入所している者の人権に十分配慮するとともに，一人一人の人格を尊重して，その運営を行わなければならない。

2　児童福祉施設は，地域社会との交流及び連携を図り，児童の保護者及び地域社会に対し，当該児童福祉施設の運営の内容を適切に説明するよう努めなければならない。

3　児童福祉施設は，その運営の内容について，自ら評価を行い，その結果を公表するよう努めなければならない。

4　児童福祉施設には，法に定めるそれぞれの施設の目的を達成するために必要な設備を設けなければならない。

5　児童福祉施設の構造設備は，採光，換気等入所している者の保健衛生及びこれらの者に対する危害防止に十分な考慮を払って設けられなければならない。

（児童福祉施設と非常災害）

第6条　児童福祉施設においては，軽便消火器等の消火用具，非常口その他非常災害に必要な設備を設けるとともに，非常災害に対する具体的計画を立て，これに対する不断の注意と訓練をするように努めなければならない。

2　前項の訓練のうち，避難及び消火に対する訓練は，少なくとも毎月1回は，これを行わなければならない。

（衛生管理等）

第10条　児童福祉施設に入所している者の使用する設備，食器等又は飲用に供する水については，衛生的な管理に努め，又は衛生上必要な措置を講じなければならない。

2　児童福祉施設は，当該児童福祉施設において感染症又は食中毒が発生し，又はまん延しないように必要な措置を講ずるよう努めなければならない。

3　（略）

4　児童福祉施設には，必要な医薬品その他の医療品を備えるとともに，それらの管理を適正に行わなければならない。

（職員）

第11条

1　（略）

2　児童福祉施設において，入所している者に食事を提供するときは，その献立は，できる限り，変化に富み，入所している者の健全な発育に必要な栄養量を含有するものでなければならない。

3　食事は，前項の規定によるほか，食品の種類及び調理方法について栄養並びに入所している者の身体的状況及び嗜好を考慮したものでなければならない。

（入所した者及び職員の健康診断）

第12条　児童福祉施設の長は，入所した者に対し，入所時の健康診断，少なくとも一年に二回の定期健康診断及び臨時の健康診断を，学校保健安全法に規定する健康診断に準じて行わなければならない。

2　児童福祉施設の長は，前項の規定にかかわらず，次の表の上欄に掲げる健康診断が行われた場合であって，当該健康診断がそれぞれ同表の下欄に掲げる健康診断の全部又は一部に相当すると認められるときは，同欄に掲げる健康診断の全部又は一部を行わないことができる。この場合において，児童福祉施設の長は，それぞれ同表の上欄に掲げる健康診断の結果を把握しなければならない。

児童相談所等における児童の入所前の健康診断	入所した児童に対する入所時の健康診断
児童が通学する学校における健康診断	定期の健康診断又は臨時の健康診断

3　第一項の健康診断をした医師は、その結果必要な事項を母子健康手帳又は入所した者の健康を記録する表に記入するとともに、必要に応じ入所の措置又は助産の実施、母子保護の実施若しくは保育の提供若しくは法第二十四条第五項若しくは第六項の規定による措置を解除又は停止する等必要な手続をとることを、児童福祉施設の長に勧告しなければならない。

第33条　保育所には、保育士、嘱託医及び調理員を置かなければならない。ただし、調理業務の全部を委託する施設にあっては、調理員を置かないことができる。

2　保育士の数は、乳児おおむね3人につき1人以上、満1歳以上満3歳に満たない幼児おおむね六人につき1人以上、満3歳以上満4歳に満たない幼児おおむね20人につき1人以上、満4歳以上の幼児おおむね30人につき1人以上とする。ただし、保育所1につき2人を下ることはできない。

（保育の内容）

第35条　保育所における保育は、養護及び教育を一体的に行うことをその特性とし、その内容については、厚生労働大臣が定める指針に従う。

家庭的保育事業等の設備及び運営に関する基準

（平成26年厚生労働省令第61号）（抄）

（衛生管理等）

第14条　家庭的保育事業者等は、利用乳幼児の使用する設備、食器等又は飲用に供する水について、衛生的な管理に努め、又は衛生上必要な措置を講じなければならない。

2　家庭的保育事業者等は、家庭的保育事業所等において感染症又は食中毒が発生し、又はまん延しないように必要な措置を講ずるよう努めなければならない。

3　家庭的保育事業所等には、必要な医薬品その他の医療品を備えるとともに、それらの管理を適正に行わなければならない。

4　居宅訪問型保育事業者は、保育に従事する職員の清潔の保持及び健康状態について、必要な管理を行わなければならない。

5　居宅訪問型保育事業者は、居宅訪問型保育事業所の設備及び備品について、衛生的な管理に努めなければならない。

（職員）

第23条　家庭的保育事業を行う場所には、次項に規定する家庭的保育者、嘱託医及び調理員を置かなければならない。ただし、次の各号のいずれかに該当する場合には、調理員を置かないことができる。

一・二　（略）

2・3　（略）

（職員）

第29条　小規模保育事業所A型には、保育士（特区法第十二条の五第五項に規定する事業実施区域内にある小規模保育事業所A型にあっては、保育士又は当該事業実施区域に係る国家戦略特別区域限定保育士。次項において同じ。）、嘱託医及び調理員を置かなければならない。ただし、調理業務の全部を委託する小規模保育事業所A型又は第16条第1項の規定により搬入施設から食事を搬入する小規模保育事業所A型にあっては、調理員を置かないことができる。

2・3　（略）

（職員）

第31条　小規模保育事業B型を行う事業所（以下「小規模保育事業所B型」という。）には、保育士（特区法第12条の5第5項に規定する事業実施区域内にある小規模保育事業所B型にあっては、保育士又は当該事業実施区域に係る国家戦略特別区域限定保育士。次項において同じ。）その他保育に従事する職員として市町村長が行う研修（市町村長が指定する都道府県知事その他の機関が行う研修を含む。）を修了した者（以下この条において「保育従事者」という。）、嘱託医及び調理員を置かなければならない。ただし、調理業務の全部を委託する小規模保育事業所B型又は第16条第1

項の規定により搬入施設から食事を搬入する小規模保育事業所Ｂ型にあっては，調理員を置かないことができる。

2・3　（略）

（職員）

第34条　小規模保育事業所Ｃ型には，家庭的保育者，嘱託医及び調理員を置かなければならない。ただし，調理業務の全部を委託する小規模保育事業所Ｃ型又は第16条第１項の規定により搬入施設から食事を搬入する小規模保育事業所Ｃ型にあっては，調理員を置かないことができる。

2　（略）

（職員）

第44条　保育所型事業所内保育事業所には，保育士（特区法第12条の５第５項に規定する事業実施区域内にある保育所型事業所内保育事業所にあっては，保育士又は当該事業実施区域に係る国家戦略特別区域限定保育士。次項において同じ。），嘱託医及び調理員を置かなければならない。ただし，調理業務の全部を委託する保育所型事業所内保育事業所又は第16条第１項の規定により搬入施設から食事を搬入する保育所型事業所内保育事業所にあっては，調理員を置かないことができる。

2・3　（略）

学校保健安全法
（昭和33年法律第56号）（抄）

第1章　総則

（目的）

第1条　この法律は，学校における児童生徒等及び職員の健康の保持増進を図るため，学校における保健管理に関し必要な事項を定めるとともに，学校における教育活動が安全な環境において実施され，児童生徒等の安全の確保が図られるよう，学校における安全管理に関し必要な事項を定め，もって学校教育の円滑な実施とその成果の確保に資することを目的とする。

第2章　学校保健

第1節　学校の管理運営等

（学校保健に関する学校の設置者の責務）

第4条　学校の設置者は，その設置する学校の児童生徒等及び職員の心身の健康の保持増進を図るため，当該学校の施設及び設備並びに管理運営体制の整備充実その他の必要な措置を講ずるよう努めるものとする。

（学校保健計画の策定等）

第5条　学校においては，児童生徒等及び職員の心身の健康の保持増進を図るため，児童生徒等及び職員の健康診断，環境衛生検査，児童生徒等に対する指導その他保健に関する事項について計画を策定し，これを実施しなければならない。

（学校環境衛生基準）

第6条　文部科学大臣は，学校における換気，採光，照明，保温，清潔保持その他環境衛生に係る事項について，児童生徒等及び職員の健康を保護する上で維持されることが望ましい基準を定めるものとする。

2　学校の設置者は，学校環境衛生基準に照らしてその設置する学校の適切な環境の維持に努めなければならない。

3　校長は，学校環境衛生基準に照らし，学校の環境衛生に関し適正を欠く事項があると認めた場合には，遅滞なく，その改善のために必要な措置を講じ，又は当該措置を講ずることができないときは，当該学校の設置者に対し，その旨を申し出るものとする。

第3節　健康診断

（就学時の健康診断）

第11条　市（特別区を含む。以下同じ。）町村の教育委員会は，学校教育法第十七条第一項の規定により翌学年の初めから同項に規定する学校に就学させるべき者で，当該市町村の区域内に住所を有するものの就学に当たって，その健康診断を行わなければならない。

第12条　市町村の教育委員会は，前条の健康診断の結果に基づき，治療を勧告し，保健上必要な助言を行い，及び学校教育法第17条第１項に規定する義務の猶予若しくは免除又は特別支援学校への就学に関し指導を行う等適切な措置をとらなければならない。

（児童生徒等の健康診断）

第13条　学校においては，毎学年定期に，児童生徒等（通信による教育を受ける学生を除く。）の健康診断を行

わなければならない。

2　学校においては，必要があるときは，臨時に，児童生徒等の健康診断を行うものとする。

第14条　学校においては，前条の健康診断の結果に基づき，疾病の予防処置を行い，又は治療を指示し，並びに運動及び作業を軽減する等適切な措置をとらなければならない。

第4節　感染症の予防

（出席停止）

第19条　校長は，感染症にかかっており，かかっている疑いがあり，又はかかるおそれのある児童生徒等があるときは，政令で定めるところにより，出席を停止させることができる。

（臨時休業）

第20条　学校の設置者は，感染症の予防上必要があるときは，臨時に，学校の全部又は一部の休業を行うことができる。

（文部科学省令への委任）

第21条　前2条（第19条の規定に基づく政令を含む。）及び感染症の予防及び感染症の患者に対する医療に関する法律その他感染症の予防に関して規定する法律（これらの法律に基づく命令を含む。）に定めるもののほか，学校における感染症の予防に関し必要な事項は，文部科学省令で定める。

第3章　学校安全

（学校安全に関する学校の設置者の責務）

第26条　学校の設置者は，児童生徒等の安全の確保を図るため，その設置する学校において，事故，加害行為，災害等（以下この条及び第二十九条第三項において「事故等」という。）により児童生徒等に生ずる危険を防止し，及び事故等により児童生徒等に危険又は危害が現に生じた場合（同条第一項及び第二項において「危険等発生時」という。）において適切に対処することができるよう，当該学校の施設及び設備並びに管理運営体制の整備充実その他の必要な措置を講ずるよう努めるものとする。

（学校安全計画の策定等）

第27条　学校においては，児童生徒等の安全の確保を図

るため，当該学校の施設及び設備の安全点検，児童生徒等に対する通学を含めた学校生活その他の日常生活における安全に関する指導，職員の研修その他学校における安全に関する事項について計画を策定し，これを実施しなければならない。

（危険等発生時対処要領の作成等）

第29条　学校においては，児童生徒等の安全の確保を図るため，当該学校の実情に応じて，危険等発生時において当該学校の職員がとるべき措置の具体的内容及び手順を定めた対処要領（次項において「危険等発生時対処要領」という。）を作成するものとする。

2　校長は，危険等発生時対処要領の職員に対する周知，訓練の実施その他の危険等発生時において職員が適切に対処するために必要な措置を講ずるものとする。

3　学校においては，事故等により児童生徒等に危害が生じた場合において，当該児童生徒等及び当該事故等により心理的外傷その他の心身の健康に対する影響を受けた児童生徒等その他の関係者の心身の健康を回復させるため，これらの者に対して必要な支援を行うものとする。この場合においては，第十条の規定を準用する。

学校保健安全法施行令
（昭和33年政令第174号）（抄）

（出席停止の指示）

第6条　校長は，法第19条の規定により出席を停止させようとするときは，その理由及び期間を明らかにして，幼児，児童又は生徒（高等学校（中等教育学校の後期課程及び特別支援学校の高等部を含む。以下同じ。）の生徒を除く。）にあってはその保護者に，高等学校の生徒又は学生にあっては当該生徒又は学生にこれを指示しなければならない。

2　出席停止の期間は，感染症の種類等に応じて，文部科学省令で定める基準による。

（出席停止の報告）

第7条　校長は，前条第一項の規定による指示をしたときは，文部科学省令で定めるところにより，その旨を学校の設置者に報告しなければならない。

学校保健安全法施行規則
（昭和33年文部省令第18号）（抄）

（事後措置）

第9条　学校においては，法第13条第1項の健康診断を行ったときは，21日以内にその結果を幼児，児童又は生徒にあっては当該幼児，児童又は生徒及びその保護者に，学生にあっては当該学生に通知するとともに，次の各号に定める基準により，法第14条の措置をとらなければならない。※編集編集注：21日以内の通知は幼保連携型認定こども園に準用される。

一　疾病の予防処置を行うこと。

二　必要な医療を受けるよう指示すること。

三　必要な検査，予防接種等を受けるよう指示すること。

四　療養のため必要な期間学校において学習しないよう指導すること。

五　特別支援学級への編入について指導及び助言を行うこと。

六　学習又は運動・作業の軽減，停止，変更等を行うこと。

七　修学旅行，対外運動競技等への参加を制限すること。

八　机又は腰掛の調整，座席の変更及び学級の編制の適正を図

ること。

九　その他発育，健康状態等に応じて適当な保健指導を行うこと。

2　前項の場合において，結核の有無の検査の結果に基づく措置については，当該健康診断に当たつた学校医その他の医師が別表第1に定める生活規正の面及び医療の面の区分を組み合わせて決定する指導区分に基づいて，とるものとする。

第3章　感染症の予防

（感染症の種類）

第18条　学校において予防すべき感染症の種類は，次のとおりとする。

一　第一種エボラ出血熱，クリミア・コンゴ出血熱，痘そう，南米出血熱，ペスト，マールブルグ病，ラッサ熱，急性灰白髄炎，ジフテリア，重症急性呼吸器症候群（病原体がベータコロナウイルス属SARSコロナウイルスであるものに限る。），中東呼吸器症候群（病原体がベータコロナウイルス属MERSコロナウイルスであるものに限る。）及び特定鳥インフルエンザ

二　第二種インフルエンザ（特定鳥インフルエンザを除く。），百日咳せき，麻しん，流行性耳下腺炎，風しん，水痘，咽頭結膜熱，結核及び髄膜炎菌性髄膜炎

三　第三種コレラ，細菌性赤痢，腸管出血性大腸菌感染症，腸チフス，パラチフス，流行性角結膜炎，急性出血性結膜炎その他の感染症

2　感染症の予防及び感染症の患者に対する医療に関する法律第6条第7項から第9項までに規定する新型インフルエンザ等感染症，指定感染症及び新感染症は，前項の規定にかかわらず，第一種の感染症とみなす。

（出席停止の期間の基準）

第19条　令第6条第2項の出席停止の期間の基準は，前条の感染症の種類に従い，次のとおりとする。

一　第一種の感染症にかかった者については，治癒するまで。

二　第二種の感染症（結核及び髄膜炎菌性髄膜炎を除く。）にかかった者については，次の期間。ただし，病状により学校医その他の医師において感染のおそれがないと認めたときは，この限りでない。

イ　インフルエンザ（特定鳥インフルエンザ及び新型インフルエンザ等感染症を除く。）にあっては，発症した後5日を経過し，かつ，解熱した後2日（幼児にあっては，3日）を経過するまで。

ロ　百日咳にあっては，特有の咳せきが消失するまで又は5日間の適正な抗菌性物質製剤による治療が終了するまで。

ハ　麻しんにあっては，解熱した後3日を経過するまで。

ニ　流行性耳下腺炎にあっては，耳下腺，顎下腺又は舌下腺の腫脹が発現した後5日を経過し，かつ，全身状態が良好になるまで。

ホ　風しんにあっては，発しんが消失するまで。

ヘ　水痘にあっては，すべての発しんが痂か皮化す

るまで。

　ト　咽頭結膜熱にあっては，主要症状が消退した後
　　２日を経過するまで。

三　結核，髄膜炎菌性髄膜炎及び第三種の感染症にか
　かった者については，病状により学校医その他の医
　師において感染のおそれがないと認めるまで。

四　第一種若しくは第二種の感染症患者のある家に居
　住する者又はこれらの感染症にかかっている疑いが
　ある者については，予防処置の施行の状況その他の
　事情により学校医その他の医師において感染のおそ
　れがないと認めるまで。

五　第一種又は第二種の感染症が発生した地域から通
　学する者については，その発生状況により必要と認
　めたとき，学校医の意見を聞いて適当と認める期間。

六　第一種又は第二種の感染症の流行地を旅行した者
　については，その状況により必要と認めたとき，学
　校医の意見を聞いて適当と認める期間。

（感染症の予防に関する細目）

第21条　校長は，学校内において，感染症にかかってお
　り，又はかかっている疑いがある児童生徒等を発見し
　た場合において，必要と認めるときは，学校医に診断
　させ，法第十九条の規定による出席停止の指示をする
　ほか，消毒その他適当な処置をするものとする。

2　校長は，学校内に，感染症の病毒に汚染し，又は汚
　染した疑いがある物件があるときは，消毒その他適当
　な処置をするものとする。

3　学校においては，その附近において，第一種又は第
　二種の感染症が発生したときは，その状況により適当
　な清潔方法を行うものとする。

感染症の予防及び感染症の患者に対する医療に関する法律
（平成10年法律第114号）（抄）

（定義等）

第６条　（略）

2〜6　（略）

7　この法律において「新型インフルエンザ等感染症」
　とは，次に掲げる感染性の疾病をいう。

一　新型インフルエンザ（新たに人から人に伝染する
　能力を有することとなったウイルスを病原体とする
　インフルエンザであって，一般に国民が当該感染症
　に対する免疫を獲得していないことから，当該感染
　症の全国的かつ急速なまん延により国民の生命及び
　健康に重大な影響を与えるおそれがあると認められ
　るものをいう。）

二　再興型インフルエンザ（かつて世界的規模で流行
　したインフルエンザであってその後流行することな
　く長期間が経過しているものとして厚生労働大臣が
　定めるものが再興したものであって，一般に現在の
　国民の大部分が当該感染症に対する免疫を獲得して
　いないことから，当該感染症の全国的かつ急速なま
　ん延により国民の生命及び健康に重大な影響を与え
　るおそれがあると認められるものをいう。）

三　新型コロナウイルス感染症（新たに人から人に伝
　染する能力を有することとなったコロナウイルスを
　病原体とする感染症であって，一般に国民が当該感
　染症に対する免疫を獲得していないことから，当該
　感染症の全国的かつ急速なまん延により国民の生命
　及び健康に重大な影響を与えるおそれがあると認め
　られるものをいう。）

四　再興型コロナウイルス感染症（かつて世界的規模
　で流行したコロナウイルスを病原体とする感染症で
　あってその後流行することなく長期間が経過してい
　るものとして厚生労働大臣が定めるものが再興した
　ものであって，一般に現在の国民の大部分が当該感
　染症に対する免疫を獲得していないことから，当該
　感染症の全国的かつ急速なまん延により国民の生命
　及び健康に重大な影響を与えるおそれがあると認め
　られるものをいう。）

8　この法律において「指定感染症」とは，既に知られ
　ている感染性の疾病（一類感染症，二類感染症，三類
　感染症及び新型インフルエンザ等感染症を除く。）で
　あって，第三章から第七章までの規定の全部又は一部
　を準用しなければ，当該疾病のまん延により国民の生
　命及び健康に重大な影響を与えるおそれがあるものと
　して政令で定めるものをいう。

9　この法律において「新感染症」とは，人から人に伝染すると認められる疾病であって，既に知られている感染性の疾病とその病状又は治療の結果が明らかに異なるもので，当該疾病にかかった場合の病状の程度が重篤であり，かつ，当該疾病のまん延により国民の生命及び健康に重大な影響を与えるおそれがあると認められるものをいう。

10〜24　（略）

（情報の公表）

第16条　厚生労働大臣及び都道府県知事は，第十二条から前条までの規定により収集した感染症に関する情報について分析を行い，感染症の発生の状況，動向及び原因に関する情報並びに当該感染症の予防及び治療に必要な情報を新聞，放送，インターネットその他適切な方法により積極的に公表しなければならない。

2　前項の情報を公表するに当たっては，個人情報の保護に留意しなければならない。

アレルギー疾患対策基本法
（平成26年法律第98号）（抄）

（学校等の設置者等の責務）

第9条　学校，児童福祉施設，老人福祉施設，障害者支援施設その他自ら十分に療養に関し必要な行為を行うことができない児童，高齢者又は障害者が居住し又は滞在する施設（以下「学校等」という。）の設置者又は管理者は，国及び地方公共団体が講ずるアレルギー疾患の重症化の予防及び症状の軽減に関する啓発及び知識の普及等の施策に協力するよう努めるとともに，その設置し又は管理する学校等において，アレルギー疾患を有する児童，高齢者又は障害者に対し，適切な医療的，福祉的又は教育的配慮をするよう努めなければならない。

アレルギー疾患対策の推進に関する基本的な指針
（平成29年厚生労働省告示第76号）（抄）

第一　アレルギー疾患対策の推進に関する基本的な事項

（2）国，地方公共団体，医療保険者，国民，医師その他の医療関係者及び学校等の設置者又は管理者の責務

カ　学校，児童福祉施設，老人福祉施設，障害者支援施設その他自ら十分に療養に関し必要な行為を行うことができない乳幼児，児童，生徒（以下「児童等」という。），高齢者又は障害者が居住し又は滞在する施設の設置者又は管理者は，国及び地方公共団体が講ずるアレルギー疾患の重症化の予防及び症状の軽減に関する啓発及び知識の普及等の施策に協力するよう努めるとともに，その設置又は管理する学校等において，アレルギー疾患を有する児童等，高齢者又は障害者に対して，適切な医療的，福祉的又は教育的配慮をするよう努めなければならない。

第五　その他アレルギー疾患対策の推進に関する重要事項

（1）アレルギー疾患を有する者の生活の質の維持向上のための施策に関する事項

エ　国は，財団法人日本学校保健会が作成した「学校のアレルギー疾患に対する取り組みガイドライン」及び文部科学省が作成した「学校給食における食物アレルギー対応指針」等を周知し，実践を促すとともに，学校の教職員等に対するアレルギー疾患の正しい知識の習得や実践的な研修の機会の確保等について，教育委員会等に対して必要に応じて適切な助言及び指導を行う。児童福祉施設や放課後児童クラブにおいても，職員等に対して，「保育所におけるアレルギー対応ガイドライン」等既存のガイドラインを周知するとともに，職員等に対するアレルギー疾患の正しい知識の習得や実践的な研修の機会の確保等についても地方公共団体と協力して取り組む。また，老人福祉施設，障害者支援施設等においても，職員等に対するアレルギー疾患の正しい知識の啓発に努める。

オ　国は，アレルギー疾患を有する者がアナフィラキシーショックを引き起こした際に，適切な医療を受けられるよう，教育委員会等に対して，アレルギーを有する者，その家族及び学校等が共有している学校生活管理指導表等の情報について，医療機関，消防機関等とも平時から共有するよう促す。

Index
索引

保育・教育ネオシリーズ [21]

子どもの保健
―理論と実際―

2011 年 12 月 10 日　第一版第 1 刷発行
2016 年 4 月 1 日　第一版第 4 刷発行

保育・教育ネオシリーズ [21]

子どもの保健・健康と安全
―理論と実際―
改訂新版

2022 年 2 月 17 日　第一版第 1 刷発行
2024 年 4 月 1 日　第一版第 2 刷発行

編著者　岩田 力・前澤眞理子
著　者　益邑千草・宮島 祐・中原初美
　　　　高見澤 勝・八木麻理子・石川正子
　　　　小國美也子・細井 香・工藤佳代子
本文イラスト　いば さえみ
DTP　株式会社 レオプロダクト
発行者　宇野文博
発行所　株式会社 同文書院
　　　　〒112-0002
　　　　東京都文京区小石川5-24-3
　　　　TEL (03)3812-7777
　　　　FAX (03)3812-7792
　　　　振替　00100-4-1316
印刷・製本　中央精版印刷株式会社